STUDIERENDEN KONGRESS KOMPARATISTIK

SPANNUNGSFELDER LITERATUR UND FREIHEIT

*Institut für
Europäische und
Vergleichende
Sprach- und
Literaturwissenschaft
Universität Wien*

Ursula Ebel
Sophie Lembcke
(Hg.)

Spannungsfelder: Literatur und Freiheit

1. Wiener Studierendenkongress der Komparatistik

Tectum Verlag

Ursula Ebel, Sophie Lembcke (Hg.):
Spannungsfelder: Literatur und Freiheit.
1. Wiener Studierendenkongress der Komparatistik
ISBN: 978-3-8288-2263-4
Covergestaltung – Andrea Hanzl
Layout – Raphaël Pluvinage

Besuchen Sie uns im Internet
www.tectum-verlag.de

Bibliografische Informationen der Deutschen Nationalbibliothek
Die Deutsche Nationalbibliothek verzeichnet diese Publikation in der Deutschen Nationalbibliografie; detaillierte bibliografische Angaben sind im Internet über http://dnb.ddb.de abrufbar.

Vorwort

In diesem Sammelband findet sich eine Auswahl der Vorträge abgedruckt, die auf dem 1. Studierendenkongress der Komparatistik im Januar 2010 in Wien zum Thema *Spannungsfelder – Literatur und Freiheit* gehalten wurden.

Der 1. Studierendenkongress fand mit rund 40 Vorträgen, einer Lesung, drei Literarischen Streifzügen durch die Stadt Wien und über 150 Besucher/innen aus Österreich, Deutschland und der Schweiz breite und positive Resonanz und wird nun jährlich an wechselnden Komparatistik-Instituten im deutschsprachigen Raum abgehalten.

Wichtigster Moment dieses Studierendenkongresses war der Austausch und die Zusammenarbeit der Studierenden, um gemeinsam die Grenzen und Möglichkeiten des Fachgebiets Komparatistik auszuloten, sich über die Forschungsschwerpunkte und -ansätze anderer Institute zu informieren und universitäre Paradigmen zu hinterfragen. So ist auch der Rahmen eines universitären Kongresses mit Problemen behaftet, die sichtbar gemacht werden müssen. Um Ausschlussmechanismen entgegenzuwirken, hatten wir den Ansatz, alle Studierenden vortragen zu lassen und keine Auswahl anhand der eingereichten Abstracts zu treffen. Da der SKK 2010 gezeigt hat, dass mit solch starken affirmativen Konstrukten wie dem heutigen Arbeitsverständnis der Gesellschaftsstruktur und den damit einhergehenden Selbstregierungsmechanismen und der geforderten Inszenierung des Selbst nicht so leicht gebrochen werden kann, lässt sich konstatieren, dass weiterhin versucht werden muss, Alternativen wie eine antihierarchisch organisierte und emanzipatorische Praxis sowie eine kollektive Arbeitsweise zu entwickeln und umzusetzen.

Methodisch lag der wissenschaftliche Vortrag und die Diskussion über die unterschiedlichsten Themenkomplexe und Fragestellungen im Zentrum des Kongresses und dieses spiegelt sich in vorliegendem Reader wider. Beispielsweise könnte dem Ausprobieren und Ausloten neuer Verknüpfungspunkte zwischen freiem, kreativem und wissenschaftlichem Arbeiten auf künftigen Studierendenkongressen mehr Aufmerksamkeit geschenkt werden. Wir hoffen daher auf eine Zukunft des SKK, damit ein Forum besteht, das die Vernetzung und Zusammenarbeit der Komparatist/innen untereinander in einem neuen Rahmen ermöglicht und innerhalb eines geschützten Raumes die Freiheit bietet, sich mit den bereits etablierten Mustern des Wissenschaftsbetriebs auseinanderzusetzen und erlaubt, fern von karrierestrategischen Überlegungen mit Alternativen zu experimentieren.

Wichtig war uns die Sensibilisierung für und Diskussion über gendergerechtes Schreiben und Sprechen. Es ist jedoch den einzelnen Autor/innen der Texte überlassen worden, inwiefern dies letztlich umgesetzt wird. An dieser Stelle möchten wir uns noch einmal herzlich bei den Kolleg/innen bedanken, die uns beim Korrekturlesen dieses Readers unterstützten: Julia Meyer, Martina Pellet, Thomas Schwentenwein und Carina Tiefenbacher. Den Referent/innen, deren Beitrag nicht in diesem Reader abgedruckt werden konnte, boten wir die Möglichkeit, diesen auf die SKK Wien-Homepage hochzuladen. Dort sind zu finden: Christina Madenach: *Die literarische Freiheit Gottfried Benns durch die Überwindung eines biographischen Deutungsansatzes;* Julia Röthinger: *Die Pervertierung der Freiheit. Zu Elfriede Jelineks Theaterstück über Tiere;* Susanne Teutsch: *Julia Kristevas Begriff des Abjekts als alternativer Karneval.*

Das Thema *Spannungsfelder – Literatur und Freiheit* haben wir gewählt, um Studierenden unterschiedlicher Fachrichtungen Anknüpfungsmöglichkeiten zu bieten, sich unter komparatistischen Fragestellungen mit ‚Freiheit' auseinanderzusetzen. Der Sammelband spiegelt diese Vielfalt wider: Von einer Gruppenarbeit zur ‚Narrenfreiheit' über sozialgeschichtlich, sprachphilosophisch und poetologisch orientierte Vorträge bis hin zu dezidierten Auseinandersetzungen mit konkreten Formen des politischen Widerstandes von Schriftsteller/innen und deren literarischer Bearbeitung des Sujets ‚Freiheit' und/oder ‚Unabhängigkeitskampf' reichen die Textbeiträge.

In den lebhaften Auseinandersetzungen nach den Vorträgen wurde im Zusammenhang mit Persönlichkeitsrechten und ökonomischen Zwängen über Open Access, neue Medien und Copyright als aktuelle Herausforderungen für die Literaturdistribution und –produktion debattiert. Die Folgen der Vereinnahmungsbestrebungen von künstlerischen Innovationen, neuen Ästhetiken und kritischen Impulsen durch Politik, Institutionen oder die Popkulturindustrie wurden herausgearbeitet. Die Diskussionen zeigten auch, dass hinlänglich bekannte Fragestellungen zu jeder Zeit neu gestellt werden müssen:

Was kann, darf und muss die Kunst / die Literatur, beziehungsweise welche Rolle kommt ihr in den unterschiedlichsten Gesellschaftsformen zu? Erweitert die Kunst Handlungsspielräume in den bestehenden Diskursen oder suggeriert Kunst nur einen Schein von Freiheit? Soll Kunst dazu auffordern, die in ihr erfahrene Freiheit in die Lebenspraxis zu überführen? Impliziert nicht jeder Begriff von Freiheit auch einen Begriff von Unfreiheit? Ist daher eine Definition unmöglich, denn integriert nicht die sprachliche Annäherung an Freiheit diese in eine vorherrschende Ordnung? Und, verpasst Literatur, die nach dem Wesen der Freiheit fragt, dieses zwangsläufig?

Für Literaturwissenschaftler/innen stellt sich die Frage nach der Funktion von Sprache: Ist sie ein bloßes Instrument um zu analysieren, zu argumentieren, Wirklichkeit abzubilden und Wahrheit zu erfassen? Sollte man sich daher an idealen Sprachen orientieren, wie beispielsweise von Gottlob Frege, Bertrand Russell und Rudolf Carnap postuliert, oder gibt es Realitäten abseits von Sprache, die niemals in das Materielle / Sprachliche transponiert werden können, aber die Literatur es doch faszinierenderweise schafft, das Abwesende, Latente, Immaterielle zur Geltung zu bringen?

Wenn man von einer theoriegeleiteten Wahrnehmung ausgeht und daher Diskurse und Dispositive bestimmt, wie die Welt gesehen und verstanden wird, kommt der Literatur eine subversive und spracherweiternde Rolle zu – unabhängig von der Beantwortung der vorangestellten Frage nach dem Abbildungsverhältnis. Mittels der Literatur können neue Wirklichkeiten konstruiert und neue Wahrheiten denkbar gemacht werden, die keinesfalls nur für die Gender- und Postcolonial Studies relevant sind. Französische Differenzfemistinnen bestimmten als erste die Sprachen in patriarchalen Gesellschaftsformen als ein männliches Konstrukt und entwickelten unterschiedliche Strategien, um dieses zu unterlaufen, wie beispielsweise die Idee der Écriture Féminine von Luce Irigaray oder der White Ink von Hélène Cixous. Im vorliegenden Reader werden u.a. Texte von Virginia Woolf und Elfriede Jelinek diesbezüglich analysiert, wobei sowohl den inhaltlichen als auch den sprachlichen Ebenen Beachtung geschenkt wird.

Auf dem Prüfstand stehen die ambivalenten Haltungen der Literaturwissenschaft immer dann, wenn es um die Veröffentlichung eines brisanten Textes geht, der beispielsweise die Fragen nach Assimilation, Akkulturation an und Emanzipation von Bevölkerungsgruppen innerhalb einer anderen Kultur berührt, Tabuthemen anspricht, rassistische und patriarchale Geisteshaltungen in Szene setzt oder bewusst Skandale provozieren soll. Die Literaturwissenschaft kennt Theorieansätze, die alles aus einem relativistischen, ‚abgehobenen' Standpunkt betrachten, ohne sich für die gesellschaftliche Relevanz und das subversive Potential der Texte zu interessieren. Wir sind auf dem SKK zu dem Schluss gekommen, dass an den Universitäten erneut zu wenig thematisiert wird, welche Rolle Literaturwissenschaftler/innen in einer von Marktmechanismen dominierten Gesellschaftsordnung zukommen könnte.

Natürlich stellte sich auch die nur exemplarisch zu beantwortende Frage, ob Literat/innen einfach nur einen Raum, ungestörte Zeit und finanzielle Unabhängigkeit benötigen, um schöpferisch tätig sein zu können. Im Idealfall bildet sich so ein abgeschotteter Ort zur Kontemplation – oder braucht ein/e Künstler/in doch Reibung? Fördert der Widerstand gegen autoritäre Staatssysteme das Entstehen von Innovation in der Literatur, da von Dichter/innen gefordert wird, ihre systemkritischen Gedanken, subversiv und kunstvoll vor der Zensur zu verstecken? Braucht Kunst eine repressive, konfliktreiche oder eine offene, freie Gesellschaft, um sich zu entfalten? Ein inner-literarischer Zugang wäre es, sich an die Experimente der OuLiPo – Bewegung heranzulesen oder das Aufbegehren des Dichterischen im Vers Libre gegen strikte Reimschemata, die Versuche mit der Écriture Automatique und jene mit der Konkreten Poesie gegen die Verweisfunktion der Sprache zu genießen, um nur wenige Beispiele des Kongresses zu nennen.

Grundsätzlich gab es einen Konsens dahingehend, künstlerische Praxis immer auch als eine Emanzipationsstrategie zu verstehen, die in Folge bestehende Umstände beeinflusst – sei der Einfluss nun direkt oder nur über diskursive Zusammenhänge erfolgreich. Wir haben allerdings ein großes argumentatives Problem, wenn wir die Kunst und ihre Künstler/innen als frei von gesellschaftlichen Zusammenhängen beschreiben müssen, um an die Autonomie von Kunst glauben zu können, um diese Freiheit dann als Literaturwissenschaftler/innen wirkungsvoll zu verteidigen.

Denn die Kunst ist nicht nur dort unfrei, wo sie institutionell vereinnahmt wird oder – zeitweilig auch unabhängig von der Autor/innen-Intention – systemstabilisierend wirkt, sondern ebenso dort, wo die künstlerische Praxis (auch) anderen Interessen dient, Mittel des Aufbegehrens und (politischen) Widerstandes gegen jegliche Unterdrückung ist. Gleichzeitig ist der Gedanke, dass es nicht alleinig höchstes Interesse der Kunst sein kann, alles sagen und zeigen zu dürfen, in der Diskussion über japanische Comics virulent geworden. Dieses Oszillieren der Kunst zwischen Freiheit, Zwang und Einschränkung – die Illusion Freiheit zu haben, sich dennoch Freiheit nehmen zu können und auch zu erzeugen – dieses sich Befinden der Kunst in einem Spannungsfeld mit der Freiheit macht Literatur spannend. Dies führt uns letztendlich zu der aus dem SKK herausgetragenen Fragen, die wir auch unseren Leserinnen und Lesern mit auf den Weg der Lektüre dieser Textsammlung geben möchten:

Benötigt Kunst / die Künstler/innen – und damit auch Literatur / die Literat/innen – Grenzen und Regeln, seien sie auch noch so artifiziell oder willkürlich, nicht nur damit Kunst als Kunst außerhalb eines institutionellen Rahmens identifiziert wird, sondern auch um überhaupt produziert werden zu können? Gibt es literarische Denk_frei_räume oder ist Sprache zwangsläufig ein Ort der (Un)Freiheit?

Wir wünschen Euch / Ihnen viel Vergnügen bei der Lektüre!
Wien 2010,
Ursula Ebel, Sophie Lembcke
www.wskk.at.tf

Wir bedanken uns bei der Fakultätsvertretung Geistes- und Kulturwissenschaften Wien für ihre Unterstützung.

1 Narrenfreiheit in der Literatur

Redebeitrag der Gruppe AVL Universität Zürich

Abstract

Spontan hat sich eine Gruppe von AVL-Studierenden der Uni Zürich entschieden, in einer Fünfergruppe ein gemeinsames Projekt zum Thema „Literatur und Freiheit" zu erarbeiten. Das Ziel ist es nun, uns gemeinsam dem Konzept der Narrenfreiheit anzunähern, indem wir literarische Texte aus verschiedenen Gattungen, Epochen und Sprachräumen unter einer gemeinsamen Fragestellung analysieren werden. Zudem spielen im Thema der Narrenfreiheit unterschiedliche Aspekte eine Rolle, die aus verwandten Disziplinen wie Philosophie, Psychologie etc. stammen können. Nach den Werkuntersuchungen der einzelnen Gruppenmitgliedern wurde wir in einer Diskussionsrunde versucht, die Synergien zu nutzen, die eine ‚multiple Autorschaft' ergeben kann. Dabei wurden die Ergebnisse verdichtet und auf dem Kongress mit einem gewissen Grad an ‚Narrenfreiheit' präsentiert.

1. Einleitung

Philipp Ramer

In *Grimms Wörterbuch* von 1889 steht zum Begriff ‚Narr' verzeichnet: „die kräftigste und wol auch nachweisbar älteste (jetzt aber veraltende) bedeutung ist wie bei den sinnverwandten gecke und thor eine verrückte, irrsinnige und überhaupt geisteskranke, an einer fixen idee leidende person". Ein Narr ist per definitionem einer, der sich unvernünftig benimmt, sich nicht an Normen und Regeln hält und Grenzen übertritt. Schon in *Johann Zedlers Universal-Lexicon* von 1740 werden jedoch zwei Arten von Narren unterschieden: Es gibt den ‚echten' Narren, der „aus Mangel an Beurtheilungs-Krafft die Herrschaft über sich selbst" nicht hat, und den Narren, der seine Verrücktheit nur spielt, der in Wahrheit klug ist. Letztere Narren heissen „Schalcks- oder Stock-Narren", schreibt Zedler, und werden „außer dem Theater sonderlich an großer Herren Höfe gerne gelitten, weil sie Kurtzweil anzurichten und ein Gelächter zu erwecken geschickt sind." (Juntke 1956) Der Typus des Hofnarren, der hier gemeint ist, existiert mindestens seit dem 12. Jahrhundert, und erlebt im 15. und 16. Jahrhundert seinen Höhepunkt. Kaum ein Fürsten- oder Königshof zu dieser Zeit, an dem nicht ein Narr zur Belustigung gehalten wurde. In seiner Lehrrede *Das Lob der Torheit* von 1509 erklärt Erasmus von Rotterdam die Beliebtheit des Hofnarren damit, dass dieser stets damit aufwarte, wonach die Herrschenden bei jeder Gelegenheit ganz verrückt seien: „Scherze, Spott, schallendes Gelächter und Zoten." Und als weitere „Begabung der Toren" nennt er folgende:

> *„Sie alleine sind offen und ehrlich und sagen stets die Wahrheit. Was aber verdient mehr Lob als die Wahrheit? […] Zwar ist es schon so, daß den Königen die Wahrheit verhaßt ist. Doch erstaunlicherweise verhält es sich bei den Narren so, daß man sich aus ihrem Mund nicht nur die Wahrheit, sondern auch unverblümte Verunglimpfungen mit größtem Vergnügen anhört; das führt so weit, daß dasselbe Wort, entschlüpft es einem Weisen, ein todeswürdiges Verbrechen wäre, von einem Narren ausgesprochen hingegen unglaubliches Entzücken hervorruft."* (Erasmus 2002)

Was Erasmus von Rotterdam hier schildert, ist das, was wir gemeinhin unter dem Begriff der ,Narrenfreiheit' verstehen: Die Narren hatten eine soziale Ausnahmestellung inne und waren in ihrem Handeln und Tun an keinerlei Normen gebunden. Sie konnten sich ihren Herren gegenüber ungestraft Kühnheiten erlauben, die andere Mitglieder des Hofstaates teuer zu stehen gekommen wären. Mit dieser längst sprichwörtlich gewordenen ,Narrenfreiheit' – wie sie uns nicht zuletzt alljährlich im Zusammenhang mit Fastnacht, Fasching oder Karneval begegnet – möchten wir uns heute auseinandersetzen. Wir werden uns nacheinander den literarischen Narrenfiguren Till Eulenspiegel, Don Quixote und Herrn Brouček (aus Janáčeks Oper) widmen, und beleuchten, wie sich in ihrem je spezifischen Handeln eine bestimmte Form von Narrenfreiheit manifestiert. Abschliessend werden wir anhand C. G. Jungs Konzept des Schattens einen sozialpsychologischen Blick auf das heutige ,Narrentum' werfen.

2. Dil Ulenspiegel: Spiegel der Gesellschaft

Ein kurtzweilig Lesen von Dil Ulenspiegel, so heißt das 1515 anonym erschienene Werk, eigentlich eine Sammlung von 96 Historien. (Lindow 2002) Dil Ulenspiegel, oder Till Eulenspiegel – wie er heute heißt – ist ein Schalk, ein Schelm, Taugenichts, Trickbetrüger und auch Lebenskünstler. Er ist stets auf Reisen, gibt sich immer wieder einen anderen Beruf, mal ist er Schneider, Bäcker oder Schmied. Dann wird er als Gaukler oder Narr an den Hof gerufen. In der 27. Historie wird er vom Marburger Landgrafen als Künstler engagiert, um einen Saal mit der Familiengeschichte des Grafengeschlechts zu bemalen. Ulenspiegel möchte in seiner Kunst nicht gestört werden und verbietet daher dem Grafen, sein Werk vor der Vollendung zu sehen. Eulenspiegel nimmt sich Gesellen und spielt mit ihnen Brettspiele anstatt zu arbeiten. Als der Graf das Werk sehen will, warnt ihn Eulenspiegel: wer aber nicht ehelich geboren sei, der werde sein Gemälde nicht sehen können. (Lindow, S. 79) Eulenspiegel erklärt ihm vor der leeren Wand nun all die Personen, die er gemalt hat. Der Graf gibt sich beeindruckt und lobt vor der Fürstin Eulenspiegels Arbeit. Auch sie will das Werk sehen und geht mit acht Jungfrauen und einer Törin in den Saal. Alle schweigen still vor sich hin, bis die Törin das Wort wagt: „Lieber Meister, ich sehe nichts von dem Gemälde, sollte ich auch all mein Lebtag ein Hurenkind sein!"[1] (Lindow, S. 80) Daraufhin antwortet Till: „Das wird nicht gehen, wenn die Thoren die Wahrheit sagen, dann muss ich wahrlich weiterziehen."[2] (Lindow 2002, S. 80) Und so reist Eulenspiegel weiter.

1. Übersetzt aus: „Liebster Meister, nun sih ich nüt von Gemält, und solt ich all mein Lebtag ein Hurenkint sein."

2. Übersetzt aus: „Daz will nit gut werden, wöllen die Thoren die Warheit, so mus ich warlich wandern."

Diese Episode zeigt, wie berechnend Till Eulenspiegel seine Streiche ansetzt. Nur durch eine bewusste Distanzierung von der gesellschaftlichen Normalität und ihren Konventionen schafft er es, ihr den Spiegel vorzuhalten. In Historie 27 erreicht er dabei einen Moment der Verkehrung der Welt, nämlich, dass die Törin als einzige von allen die Wahrheit (aus)spricht. Diese Rolle eines Entlarvers kann dabei nur eine Person einnehmen, die gesellschaftlich nicht kategorisierbar, nicht fassbar ist. Er hat daher eine gesellschaftliche Randposition inne, in welcher er sich in bewusste Opposition zur Gesellschaft setzt, darin aber stets mit ihr interagiert.

Zum Abschluss meines Teils möchte ich noch einen Aspekt anführen, der Eulenspiegel zusätzlich von einem normalverständigen Menschen unterscheidet. Er zeichnet sich nämlich durch ein Sprachverständnis aus, in welchem die metaphorische Sprechweise stets wörtlich verstanden und umgesetzt wird. So wäscht er den Frauen die Pelze tatsächlich, nimmt er „um-Geld-Essen" beim Wort und will für's Essen bezahlt werden und als ein Schneidermeister ihn beauftragt so zu nähen, dass man es nicht sieht, versteckt er sich nähend unter einem Bottich. Dieses Andersverstehen zeigt Eulenspiegels andere Sicht auf die Welt und damit auch, dass unsere Realität nur eine ist von mehreren. An diesem Punkt überschneidet sich Eulenspiegel mit Don Quixote, der um sich und seine Mitmenschen eine eigene Welt, eine eigene Realität aufbaut.

3. Die Figur von Don Quixote und die Narrenfreiheit

Sonsoles Aramburu

Der Roman *Don Quixote von la Mancha* wurde von Miguel de Cervantes geschrieben und 1605 (erster Teil) und 1615 (zweiter Teil) publiziert. Der Roman erzählt das Leben und die Taten des „scharfsinnigen Edlen" Don Quixote. Der ursprüngliche Name der Figur ist Alonso Quixada oder Quesada, dessen ist sich der Erzähler nicht sicher. Er ist ein Landadliger, der so gerne Ritterromane liest, dass er denkt, er sei selbst ein fahrender Ritter. So zieht er als Don Quixote hinaus, um Abenteuer zu suchen und das Unrecht der Welt zu besiegen. Er gibt auch seinem Pferd einen neuen Namen (Rocinante) und erhebt eine Nachbarin zur „Herrin seiner Gedanken", obwohl er sie kaum kennt. Er nennt sie Dulcinea de Toboso. Später rekrutiert er noch einen Schildträger mit dem Namen Sancho Panza, ein einfacher Bauer, der von dem Orden der Ritterschaft wenig versteht. Das Buch ist in Episoden unterteilt, die von den Abenteuern berichten, in die Don Quixote sich stürzt. Nach mehreren Misserfolgen kehrt er nach Hause zurück, wo er sich wieder der Realität bewusst wird und kurz danach stirbt.

Wie kommt in diesem Werk die Narrenfreiheit zum Ausdruck? Welche Art von Freiheit nimmt sich Don Quixote als Narr? Die Narrenfreiheit kann als ein strukturelles Phänomen betrachtet werden. Wie wir anhand verschiedener Narrenfiguren bemerkt haben, ist die Distanz in dieser Hinsicht ein wichtiges Merkmal. Don Quixote stellt ein klares Beispiel dar: Er entäußert sich, er distanziert sich von sich selbst, um eine neue Rolle zu übernehmen. Der erste Schritt in diesem Prozess ist der Identitätsverlust, der bereits bei der Unsicherheit des Erzählers über den ursprünglichen Namen der Figur zum Ausdruck kommt: „Quieren decir que tenía el sobrenombre de Quijada, o Quesada, que en esto hay alguna diferencia en los autores que deste caso escriben; [...]. Pero esto importa poco a nuestro cuento; basta que en la narración dél no se salga un punto de la verdad." (Cervantes, S.33) Zu dem Identitätsverlust kommt die Erfindung eines neuen Namens hinzu, der Don Quixotes neuer Aufgabe entspricht. Sobald er sich von sich selbst distanziert hat, distanziert er sich auch von der Realität, die ihn umgibt, und zwar auf einer räumlichen und auf einer zeitlichen Ebene. Wie andere Narrenfiguren ist Don Quixote immer unterwegs. Die Verpflichtungen seiner neuen Position als fahrender Ritter führen ihn dazu, hinaus zu ziehen. Auf der zeitlichen Ebene bewegt sich Don Quixote gedanklich im Mittelalter, der Zeit der großen Ritter, auf die sich alle Ritterromane beziehen, die er gelesen hat. Seine altmodische Rüstung, sowie seine veraltete Sprache bringen dies zum Vorschein, und bewirken gleichzeitig, dass die anderen Figuren des Romans Don Quixote als Narr erkennen und – ebenso wie der Leser – zum Lachen angeregt werden.

In dieser Distanzierung – von sich selbst, von Raum und Zeit – geschieht die Realitätsverkehrung, die der Narr durch seine Freiheit vollzieht. In unserem Fall verleiht die Narrenfreiheit dem Narren sogar eine schöpferische Kraft. Dies kommt unter anderem durch die Namensänderungen zum Ausdruck. Er konstruiert eine neue Realität. Don Quixote nimmt die Realität anders wahr. Er interpretiert sie nach eigenen Maßstäben. So kämpft er zum Beispiel in der bekanntesten Episode gegen böse Riesen, die eigentlich Windmühlen sind, wie Sancho Panza ihm zu sagen versucht. Wichtig ist dabei zu bemerken, dass die Kommunikation zwischen den anderen Figuren und Don Quixote nur dann möglich ist, wenn die anderen sich in die verkehrte Welt Don Quixotes versetzen. Die Narrenfreiheit ermöglicht nicht nur – wie im Fall von Till Eulenspiegel – einen Bruch mit dem Konstrukt der Gesellschaft, sondern auch einen Bruch mit der Realität selbst, die als Konstrukt konzipiert wird. Dieser Bruch spiegelt sich auf der Erzählebene wider, indem der Erzähler den Leser ständig davon überzeugen will, dass die Fiktion eine Realität ist, wie die oben zitierte Stelle zeigt.

4. Ist Herr Brouček ein Narr?

Samuel Rusch

Ausgehend von der Beobachtung, dass in der Narrenliteratur einerseits die episodische Reihungsform sehr häufig vorkommt und andererseits Narrenfiguren oft in Umbruchzeiten auftreten, habe ich die Arbeitshypothese formuliert, bei Matěj Brouček, der Hauptfigur aus Leoš Janáčeks Oper *Die Ausflüge des Herrn Brouček*, handle es sich um eine Narrenfigur. Die Bilogie teilt sich in zwei *Episoden* (Ausflüge Broučeks auf den Mond bzw. ins 15. Jahrhundert). Fertiggestellt wurde die Oper 1917 (uraufgeführt 1920), in der Zeit also um das Ende des Ersten Weltkriegs und der beginnenden nationalen Souveränität der Tschechoslowakei – sicher eine Umbruchzeit.

Janáčeks ursprüngliche Intention bestand in einer bissigen *Satire* auf Brouček, den er als quietistischen Kleinbürger und opportunistischen Bourgeois der Verachtung preisgeben wollte. (Janáček 1979) In der Sekundärliteratur werden aber sowohl die Figur Broučeks als auch die Frage, ob es sich tatsächlich um eine Satire handelt, kontrovers diskutiert. Die Tendenz zur ‚totalen Satire', das heisst zur parodistischen Überzeichnung auch der Antagonisten Broučeks, wird so gelesen, dass dieser schliesslich als ruhender Pol und Exponent relativer Vernunft erscheint. (Kneif 1997) Der Auffassung, dass es sich, da die Satire nicht funktioniere, nur noch um Klamauk handelt, widerspreche ich, indem ich die ‚Ausflüge' als *burleske* Oper bezeichne.

Das *Burleske* ist ein Stil (weniger eine Gattung), der die Ebenen des ‚Niedrigen' und ‚Erhabenen' in ‚Verknüpfung' betrachtet. Da das ‚Erhabene' – wie moralische oder andere Normen – den Menschen zu überfordern droht, wird es zwar in komischer Verulkung scheinbar erniedrigt. Das ‚Höhere' wird jedoch im Burlesken – anders als in der Posse – nie negiert, sondern lediglich durch das Inbeziehungsetzen mit der Alltagsrealität in seinem absoluten Geltungsanspruch relativiert. Die Alltagsrealität behält gleichermassen ihre Berechtigung. Denn, obwohl sie möglicherweise trivial ist, ist sie allen vertraut und wird von allen geteilt. So bleibt nichts, als sie zu akzeptieren. Kennzeichen des Burlesken ist demnach, dass es vielmehr eine dynamische, versöhnliche Balance zwischen Gegensätzen anstrebt, als einseitig Partei zu ergreifen, wie die Satire es tut. Im Kunstwerk tritt das Burleske dergestalt auf, dass ein sichtbares ‚Niedriges' das ‚Höhere' ‚durchscheinen' lässt, beispielsweise durch Mittel der Komposition. (Werner 1966)

Die ‚Ausflüge' zeigen für mich in ihrer musikdramaturgischen Struktur klare Anzeichen des Burlesken. Auf der Makroebene unterstützen im Sinne einer Collage kontrastierend montierte Formteile den vordergründig komischen Effekt. In Janáčeks kompositorischem Substrat aber, seinen spezifischen ‚Sprechmotiven' (Gülke 1979), erkenne ich auf der Mikroebene genau jene Elemente, die im Sinne des Burlesken als ‚Mittel' dienen, um das ‚Höhere' ‚durchscheinen' zu lassen.

Diese Übereinstimmung belegt für mich meine Vermutung, dass Brouček eine Narrenfigur ist. Denn die gleiche Ambivalenz, die das Burleske in der Spannung von ‚Niedrigem' und ‚Erhabenem' aufweist, erkenne ich im Narren wieder. Dass Brouček Anlass zur Kontroverse gibt, ist für mich somit nicht überraschend, sondern geradezu sprechend.

Wenn meine These zutrifft, ein (realer oder literarischer) Narr sei eine **gesellschaftliche Projektionsfigur, in der sich der Grad an Bewusstheit spiegelt, mit der eine Gesellschaft um die stets prekäre Legitimität ihrer Normen weiß**, dann wird deutlich, dass Narren höchst ambivalente Figuren sind. Ihre konkrete Gestalt steht immer im Verhältnis dazu, wie sich die jeweilige Gesellschaft mit ihren Normen auseinandersetzt – ob sie aufgeklärt mit ihnen umgeht oder nicht. In Umbruchzeiten wird das Verhältnis zu Normen selbstredend besonders problematisch. Gerade in absolutistischen Systemen treten die Narrenfiguren – so mein Eindruck – oft als ‚niedrig' (töricht, böse) in Erscheinung, dann nämlich, wenn die Gesellschaft bzw. die Herrschenden versuchen, das wahre Wesen der Normen zu verdrängen. Der Narr indessen lässt jederzeit das ‚Höhere', das sich in den Normen manifestiert, ‚durchscheinen'. Seine Freiheit ist die Freiheit des Mahners, der immer wieder dafür einsteht, dass Normen auf ihre Legitimität hin zu befragen sind.

5. Eine sozialpsychologische Betrachtung des Narrentums

Dragica Stojković

Wie zeigt sich das Närrische in einer Gesellschaft, in welcher sich der Sinn für das Kollektive scheinbar zugunsten des Individuums geschmälert hat und deren Individuen zunehmend auf sich selbst gestellt sind? Die Individualisierung gab dem Individuum die Möglichkeit, stärker über die Gestaltung des eigenen Lebens zu verfügen, drängte es damit aber in die Eigenverantwortung, der viele nicht gewachsen sind. (Beck u. Beck-Gernsheim 1994)

Der Analytiker Carl Gustav Jung meinte, eine ähnliche Entwicklung auch in der Erscheinung des Narren beobachtet zu haben. In seiner Theorie ist der Narr durch Gegentendenzen im Unbewussten repräsentiert, wobei diese Gegentendenzen zum Schatten gehören und kollektiver oder persönlicher Natur sein können. 1954 schrieb Jung Folgendes im Rahmen eines Kommentars zu einem indianischen (Narren-) Mythenzyklus:

> *„Wir sind uns nicht mehr bewusst, dass z. B. in den Karnevals- und ähnlichen Gebräuchen sich noch Überbleibsel einer kollektiven Schattenfigur finden, welche beweisen, dass der persönliche Schatten sozusagen der Abkömmling einer numinosen Kollektivgestalt ist. Letztere nämlich zersetzt sich unter dem Einfluss der Zivilisation allmählich und bleibt nur in schwer als solche erkennbaren folkloristischen Resten bestehen. Ihr Hauptteil aber verpersönlicht sich und wird zum Gegenstand subjektiver Verantwortung." (Radin, Kerényi u. Jung, S.194)*

Nach Jung ist es wichtig zu versuchen, die Schattenfigur nicht völlig aus dem Bewusstsein verschwinden zu lassen, sondern sie der Kritik zu unterstellen. Dabei können Narrengeschichten hilfreich sein und einen psychotherapeutischen Effekt haben. Ist der eigene Schatten vollkommen verdrängt, wartet der Schatteninhalt lediglich auf den geeigneten Moment, um sich manifestieren zu können und dem verdrängenden Ich einen Streich zu spielen. Narrengeschichten werden im Allgemeinen als lustig empfunden; ob dies auch der Fall ist, wenn man sich als Hauptfigur fühlt, sei dahingestellt.

„Worüber man nicht sprechen kann, darüber muss man schreiben“ 2

Jacques Derrida, Richard Rorty und Vladimir Nabokov über eine unmögliche Freiheit.

Sebastian Kletzl

I. Eine gewisse unmögliche Möglichkeit von der Freiheit zu sprechen

Meines Erachtens ist es philosophisch weder hilfreich noch interessant, zu versuchen, die Freiheit in der Form von „Freiheit ist das und das“ zu definieren. Ich möchte daher einen Umgang mit dem philosophischen Begriff von Freiheit vorschlagen, der strukturell einiges mit dem gemein hat, was Jacques Derrida ‚das Ereignis' nennt.

Derridas grundlegende Annahme, dass es kein Bedeutungszentrum von Texten gibt, erklärt seine besondere Schreibweise, „die zugleich beharrlich und elliptisch ist, die [...] auch das aufnimmt, was ausgestrichen ist, die jeden Begriff in eine unendliche Kette von Differenzen hineinzieht, die sich mit derart vielen Vorsichtsmaßnahmen, Referenzen, Anmerkungen, Zitaten, Zusammengeklebtem, Zusätzen umgibt oder belastet“. (Derrida, 2009 S. 36f) Dieses Vorgehen ist auch in Derridas Vortrag *Eine gewisse unmögliche Möglichkeit, vom Ereignis zu sprechen* spürbar, in dem er versucht, sich dem Begriff „Ereignis“ zu nähern. Ein Ereignis bricht immer unvorhersehbar und unkontrollierbar in unsere gewohnte Ordnung ein. Deswegen ist das Sprechen vom Ereignis, der Versuch ein Wissen darüber mitzuteilen, problematisch. Denn die Sprache ist eben jene gewohnte Ordnung, die vom Ereignis gestört wird. Derrida schreibt, dass das Sprechen als Sprechen strukturell immer zu spät kommt und kommen muss. Durch die prinzipielle Iterabilität von Zeichen ist es der Sprache nicht möglich, die Singularität, die ein Ereignis ausmacht, in Wissen, das heißt in einen wiederholbaren Ausdruck, zu verwandeln. Sprache setzt immer erst ein, wenn das Ereignis als solches schon verschwunden ist, wenn die Störung schon in die Ordnung integriert wurde. Erst dann kann sich die Ordnung daran machen, wiederzugeben, was da eigentlich passiert ist. Derrida schreibt deshalb:

> *„Das Ereignis, wenn es das gibt, besteht darin, das Unmögliche zu tun. Wenn aber jemand das Unmögliche tut, wenn er es wirklich tut, dann ist niemand, angefangen beim Urheber einer solchen Handlung, imstande, diesem Ereignis eine ihrer selbst gewisse theoretische Aussage anzumessen, des Typs: Dies und das hat stattgefunden.“ (Derrida, 2003 S. 30)*

Ich würde sagen, es stellt sich bei „Freiheit“ ein ähnliches Problem. Man kann ihr nicht so leicht beikommen, vor allem nicht in Aussagesätzen, die ein Wissen transportieren sollen. Denn sobald man versucht, sich der „Freiheit“ mit Worten zu nähern, ist sie schon in eine vorhersehbare Ordnung integriert und alles ist entschieden. Derrida meint also, dass es unmöglich sein wird, den Sinnmittelpunkt aller Texte ausfindig zu machen. Es ist eher so, dass wir immer Begriffe ausschließen, indem wir bestimmte andere Begriffe für unser System als zentral festlegen. Derrida spricht daher von der Gewalt einer Deutung. (Derrida, 1991 S. 23f) Ein Sprechen ist immer das Aufrechterhalten und das Festlegen einer gewohnten Ordnung, ein Gewaltakt gegen eine Freiheit. Denn wo eine Gewalt herrscht, auch wenn es sich um eine legitimierte

Gewalt handelt, ist Freiheit verschwunden. Das Sprechen ist somit kein Abbilden der wahren Wirklichkeit, sondern immer ein Deuten, ein Ordnen, ein Reduzieren von vielen Möglichkeiten auf eine Wirklichkeit. Gefährlich wird das, wenn ich sage, dass meine Wirklichkeit die einzige Möglichkeit ist. Das passiert beispielsweise, wenn man unter dem Banner von Freiheit und Gerechtigkeit politisch agiert oder wenn man versucht, das „Wesen der Freiheit" zu explizieren. Hier herrscht die möglicherweise durchaus legitime „Gewalt einer Deutung", aber keine „Freiheit". Ich knüpfe deshalb an Derrida an, wenn ich sage, dass Freiheit nicht direkt thematisiert werden kann. Ich kann nicht endgültig festlegen „Freiheit ist das und das" wenn ich ihr philosophisch gerecht werden möchte. Freiheit muss den Aussagesätzen und dem Wissen Widerstand leisten.

Auf der anderen Seite machen weder Philosophie noch Literatur ohne die Annahme von Freiheit viel Sinn. Sie machen wenig Sinn, wenn man nicht annimmt, dass man sich für etwas entscheiden kann, dass sich etwas Neues ereignen kann. Man hat hier das Problem, dass man etwas in Worte fassen möchte, das sich so vielleicht nicht sagen lässt.

Ich möchte also den Gewaltakt einer These wagen. Sie lautet, dass man vielleicht nicht direkt über die philosophische Bedeutung von Freiheit sprechen kann, aber dass sich diese Freiheit zeigen kann und zwar in literarischen Versuchen, neue Sprechweisen zu erfinden.[3]

3. Um mit Derrida zu sprechen: dass die konstative Ebene der Sprache um eine performative Ebene ergänzt werden muss. (Vgl. Derrida, 2003 S. 18ff)

Um das zu veranschaulichen, möchte ich auf eine Unterscheidung des amerikanischen Neopragmatisten Richard Rorty eingehen. In Anlehnung an Thomas Kuhn nennt er unsere alltäglichen Sprechsituationen „normale Diskurse". Für Rorty ist ein normaler Diskurs der, der sich in einem allgemein anerkannten System von Konventionen abspielt. (Vgl. Rorty, S. 348f) Man hat hier bekannte Maßstäbe, um Aussagen zu deuten. Anders ausgedrückt: man hat eine gewohnte Ordnung, eine gewohnte Sprache.

Doch dieses Bewegen innerhalb eines Systems von bekannten Konventionen kann nicht alles sein. Das Befolgen eines normalen Diskurses ist wenig mehr, als wenn eine Maschine ein Programm abspielt. Das wird Menschen philosophisch gesehen nicht gerecht, schließlich ändern sich auch die Konventionen, die Bewertungsrahmen. Rorty ergänzt daher den normalen Diskurs, wiederum in Anlehnung an Kuhn, um den revolutionären Diskurs. Um einen revolutionären Diskurs handelt es sich, wenn etwas nicht mit den herkömmlichen Bewertungsmaßstäben erfasst werden kann, wenn etwas die gewohnte Ordnung stört. Bei diesen unvorhersehbaren Einbrüchen müssen Maschinen, die ein Programm abspielen, ihre Tätigkeit einstellen. Hier wird man als Mensch aktiv werden müssen, man wird handeln müssen.

An der (letztlich nicht überschreitbaren) Schwelle zum revolutionären Diskurs ist aber auch der Punkt, an dem die Gewalttat der Deutung für ein philosophisches Sprechen über Freiheit ein Problem wird. Denn sobald man eine Störung als revolutionären Diskurs deutet, befindet man sich bereits in einem normalen Diskurs. Man kann einen revolutionären Diskurs immer nur vom Standpunkt eines normalen Diskurses aus untersuchen, denn man wird versuchen, sich auch dort zurechtzufinden, wo man noch nicht versteht, was vor sich geht. Man wird also die Störung deuten und damit tut man der Freiheit schon eine Gewalt an, man integriert die Störung in eine Ordnung, das Sprechen kommt zu spät, um diese Freiheit zu erfassen. Das ist einerseits gerechtfertigt, denn würde man nicht versuchen, sich zu orientieren, könnte niemals etwas gesagt werden, die Vorstellung einer Sprache wäre sinnlos. Andererseits sollte man sich beim Philosophieren darüber im Klaren sein, dass sich der momentanen Deutung immer Vieles entzieht. Wenn man sich in der Philosophie im Besitz eines Wissens über Freiheit wähnt, versucht man eher den eigenen normalen Diskurs zu verabsolutieren, als dass man sich um ein philosophisches Forschen bemüht, das sich laut Derrida eigentlich im Modus des Fragens abspielen sollte. (Vgl. Derrida, 2003 S. 10)

Da man sich als Sprechender immer in einer geregelten Ordnung befindet, ist es also ein Problem, über eine Freiheit zu sprechen, die diese geregelte Ordnung prinzipiell übersteigen soll. Wie oben bereits erwähnt, besteht das Ereignis darin, das Unmögliche zu tun. Denn das Ereignis wird und muss, genau wie „Freiheit", aus der normalen Ordnung als unmöglich erscheinen. Denn würde ich das bloß Mögliche aktualisieren, würde sich nichts ereignen, ich würde wiederum wie eine Maschine einfach ein Programm abspielen und in diesem Rahmen den verschiedenen Wegen folgen, die mir der normale Diskurs vorgibt. Auch die Bezeichnung revolutionärer Diskurs stammt schon aus einem normalen Diskurs und damit bin ich auch schon zu spät gekommen, bewege mich im Rahmen bloßer Möglichkeiten. Ich habe die Störung schon gedeutet und kann über sie sprechen. Aber auch diese gedeutete Störung veranlasst uns manchmal, die Regeln des normalen Diskurses zu modifizieren. Es scheint, als ob die prinzipielle Offenheit für einen unmöglichen, revolutionären Diskurs, der über unseren normalen Diskurs hereinbricht, eine Freiheit geltend macht. Ich meine damit, dass sich die Regeln unseres normalen Diskurses auf unvorhersehbare Weise ändern. Aufgrund dieser Unvorhersehbarkeit kann Freiheit von den transparenten Konventionen des normalen Diskurses nicht erfasst werden. Sie bleibt immer unmöglich, widersetzt sich der Festlegung in Aussagesätzen. Daher müssen auch diese, meine Sätze letztlich scheitern. Aber vielleicht gibt es literarische Anzeichen dieser unaussprechlichen Freiheit.

II. Die armen Verwandten richtiger Worte

Auch wenn die folgende Aussage von dem bisher Gesagten letztlich als falsch entlarvt wird, möchte ich vermuten, dass sich vielleicht dort eine Freiheit zeigt, wo Menschen neue Sprechweisen erfinden, um etwas bis dahin Unmögliches (im Sinne Derridas) zu sagen. Das Sprechen kommt zwar auch hier immer zu spät, aber das Gefühl, dass das bisher Gesagte nicht alles sein kann, verschwindet nie.

Dieses Gefühl hegt auch Cincinnatus C., der Hauptcharakter von Vladimir Nabokovs Roman *Einladung zur Enthauptung*. Dieses Werk beginnt damit, dass Cincinnatus zum Tode verurteilt und in eine Festung gebracht wird. Auf den ersten Blick ist er nun ein Gefangener, der auf seine Hinrichtung wartet. Es zeigt sich aber, dass er Zeit seines Lebens ein Gefangener war, die Festung wird wiederholt mit seinem täglichen Leben assoziiert. In einer Traumsequenz kann Cincinnatus die Festung verlassen und spaziert nach Hause, und als er seine Wohnungstüre öffnet, steht er wieder in seiner Zelle. In einer anderen Situation wird auch sein Brustkasten mit einem Kerker verglichen. (Nabokov, 2003 S. 34f) Sein wahres Gefängnis ist das routinierte Leben der Menschen, das inhaltslose Gerede seiner Umgebung, die gespielte Freundlichkeit – ein normaler Diskurs, eine gewohnte Ordnung.

Nabokovs Biograph Brian Boyd, schreibt, dass Cincinnatus in einem „Gefängnis der Sprache“ (Vgl. Boyd, S. 664) sitzt. Ich möchte diesen Aspekt gegenüber den politischen Deutungen hervorheben. Der Roman handelt an vielen wichtigen Stellen von Sprache. Das Todesurteil wird als Metapher formuliert und im Flüsterton mitgeteilt. An anderer Stelle kann man lesen, dass Cincinnatus wegen des Tons seiner Stimme hingerichtet wird. Sein Verbrechen ist, dass er für die anderen Menschen nicht transparent ist, nicht durchsichtig, nicht vorhersehbar. Diese Transparenz wird an der Sprache festgemacht, denn die Menschen in Cincinnatus‘ Welt verstehen einander nach dem ersten Wort. Denn ihre Worte haben keine unbekannten oder neuen Bedeutungen.

„Was unbenannt ist, existiert nicht. Leider war alles benannt.“ (Nabokov, 2003 S. 27)

Auch schreibt Cincinnatus sehr viel in seiner Zelle, unter anderem, dass es keinen einzigen Menschen in dieser Welt gibt, der seine Sprache spricht, was für ihn bedeutet, dass es überhaupt keinen einzigen Menschen gibt. Das normale Leben um ihn herum ist für ihn nicht mehr als eine Horde Gespenster und Attrappen, die auf einer schlecht gezimmerten Bühne eine Farce aufführen.

Die transparenten Menschen in diesem Roman kann man als Sinnbild für den Versuch sehen, einen normalen Diskurs zu verabsolutieren. Sie gleichen Maschinen, die ein Programm abspielen. Sie haben alles benannt, was existiert. Alles, was sie nicht benannt haben, existiert für sie einfach nicht. Die Menschen in dieser Welt haben Angst davor, dass sich etwas Unvorhersehbares ereignen könnte, für das sie keine fertige Handlungsregel haben. Jeder Versuch, von Freiheit Gebrauch zu machen, jeder Versuch, bis dahin Unsagbares zu sagen, wird als ein Verbrechen verurteilt. Cincinnatus irritiert seine Umgebung, er stört mit seinen Wortgebrauch die gewohnte Ordnung und wird mit einer Gewalt zum Schweigen gebracht. Oft schreibt Cincinnatus in seiner Zelle, dass ihm die Worte fehlen, um zu sagen, was gesagt werden müsste. So schreibt er: „Alle meine besten Worte sind Deserteure und antworten nicht auf das Trompetensignal, und die übrigen sind Krüppel“. (ebd., S. 231f)

Im Laufe des Romans versuchen verschiedene Personen, Cincinnatus zum Widerruf zu bewegen. Unter anderem seine Frau, die bei ihrem Besuch ihr ganzes tägliches Leben – den ganzen normalen Diskurs – mitbringt. Wenn er nur transparent würde, so beschwören sie ihn, müsste er auch nicht eingesperrt oder hingerichtet werden. Doch Cincinnatus weigert sich beharrlich, auch wenn er Angst vor dem Tod hat. Denn vor den Oberflächlichkeiten seiner Umgebung graut ihm noch mehr. Diese Oberflächlichkeiten werden besonders an seinen Bewachern und an seinem Henker M‘sieur Pierre offensichtlich. Dieser ist auch die Gestalt, die dem traditionellen Philosophen sehr nahe kommt. So beschwatzt er Cincinnatus einmal mit platonischem

Pathos mit einer philosophischen Explikation zum Thema Genuss.[4] Man erkennt, so möchte ich behaupten, wiederholt inhaltliche Ähnlichkeiten von *Einladung zur Enthauptung* und dem platonischen Dialog *Phaidon*. In diesem Text werden die letzten Stunden des zum Tode verurteilten Sokrates beschrieben. Dieser philosophiert im Kerker bis zum Schluss über die Seele, deren Unsterblichkeit und warum der Philosoph keine Angst vor dem Tod haben darf. Ohne Angst leert er sodann den Schierlingsbecher und stirbt.

4. Auch kündigt er, um noch einen Hinweis zu nennen, einmal ein Theaterstück mit dem Titel Mach dich klein, Sokratlein an. (Vgl. Nabokov, 2003 S. 250)

Die *Einladung zur Enthauptung* wie der *Phaidon* beschreiben Menschen, die eingesperrt werden, weil sie unverständliche und verstörende Dinge sagen. In der Situation von Sokrates und Cincinnatus zeigt sich meines Erachtens eine unmögliche Freiheit gerade in dem Verlangen, bis dahin Unmögliches zu sagen. Die zu seiner Zeit neuen Ideen des platonischen Sokrates verändern die Regeln eines normalen Diskurses auf sehr nachhaltige Weise. Doch auch dieser neue normale Diskurs wird nun verabsolutiert. Gegen solche Versuche möchte wiederum Cincinnatus eine unsagbare Freiheit geltend machen. Ich möchte behaupten, dass Gestalten wie Sokrates und Cincinnatus gar nicht vorstellbar wären, wenn es nur den normalen Diskurs gäbe. Oder sie müssten als verrückte Verbrecher erscheinen, die man einsperren muss. Doch weder die Gestalt des Cincinnatus noch die des Sokrates kommen uns verrückt oder verbrecherisch vor. Eher erzeugen sie Sympathie oder nötigen uns doch zumindest einen gewissen Respekt ab. Man hat das Gefühl, dass sie in einer Welt voller Maschinen die Menschlichkeit verteidigen.

Doch Cincinnatus wird, wie auch Sokrates, am Ende hingerichtet – sein unmöglicher Versuch, etwas Unsagbares auszudrücken, ist Opfer einer sehr buchstäblichen Deutungsgewalt geworden. Die Störung der Ordnung wurde scheinbar beseitigt. Aber die Gewalt der Deutung kann das Gefühl für Freiheit, das Gefühl, dass Worte fehlen, um wichtige Dinge zu sagen, nie endgültig bändigen. Die normale Ordnung kann das unmögliche Ereignis nicht kontrollieren und so endet auch das Leben von Cincinnatus trotz der Enthauptung nicht. Er sucht die Sprache als unmögliche Möglichkeit weiter heim. Die Attrappen, die Cincinnatus umgeben, sind darüber gar nicht begeistert. Es war doch unmöglich, dass Cincinnatus die Enthauptung überleben würde.

Die Situation, in der sich Cincinnatus befindet, ist meiner Ansicht nach der Situation einer Philosophin ähnlich, die ernsthaft über Freiheit sprechen möchte. Beide können ihrer Situation begrifflich nicht beikommen und fühlen sich in einem normalen Diskurs eingesperrt. Beiden – Cincinnatus wie der Philosophin – fehlen die Worte, obwohl sie das Gefühl haben, dass hier etwas Wichtiges gesagt werden müsste. Sie versuchen trotz der Aussichtslosigkeit, das Unmögliche in neue Worte zu fassen und erscheinen weltfremd und unverständlich. Nachdem es in Worte gefasst wurde, ist es natürlich nicht mehr unmöglich, die Bezeichnung „revolutionärer Diskurs“ ist schon eine Deutung der Störung. Das, was die gewohnte Ordnung gestört hat, unterliegt nun schon der Gewalt der Deutung und vieles hat sich schon entzogen. Eine Freiheit ist damit schon verschwunden. Die Worte, die fügsam auf das „Trompetensignal der Aussage“ hören, fühlen sich nur an wie „die armen Verwandten richtiger Worte.“ (Nabokov, 2008, S. 96) Mit diesen Worten kann noch nicht alles gesagt worden sein.

Ich meine, um zu meiner These zurück zu kommen: Literarische Perspektiven können unser Gespür für eine unmögliche Freiheit schärfen. Sie können dafür empfänglich machen, dass wichtige Dinge noch nicht gesagt wurden, weil die Worte dazu fehlen. Und dass es wichtig ist, dass immer noch etwas zu sagen bleiben wird und dass wir nicht versuchen sollten, unsere liebgewonnenen Konventionen dogmatisch zu verabsolutieren. Der Versuch, neue Sprechweisen zu finden, kann also ein Ausdruck einer gefühlten, sich der Gewalt der Deutung entziehenden Freiheit sein.

So schreibt auch Rorty, dass die Einzigartigkeit des Menschen nicht darin besteht, alles in ein einzelnes, vernünftiges System einordnen zu können, sondern in dem poetischen Vermögen, einzigartige und dunkle Dinge zu sagen, neue und überraschende Dinge. Neues bricht unvorhersehbar in unsere gewohnte Ordnung ein und wir müssen darauf reagieren, indem wir unsere Ordnung anpassen. Menschsein wird sich daher nie auf einen Begriff bringen lassen und deswegen ist Philosophie auf die Offenheit der Literatur angewiesen.

„Gesetzt, dass auch dies nur Interpretation ist – und ihr werdet eifrig genug sein, dies einzuwenden? – nun, umso besser. –" (Nietzsche, S. 586) Denn auch meine Worte kommen zu spät.

3 Erzählen nach dem Ende der Geschichte - Gibt es ein ,freies' Erzählen und wie könnte es aussehen?

Martina Kigle

I. Wir erzählen uns als Geschichte

Das ,Ende der Geschichte' möchte ich im Folgenden nicht als weiteres Glied in der Reihe der großen Leichen des 20. Jahrhunderts proklamieren: Es geht mir nicht um eine Fortsetzung des Todes von Subjekt, Autor, Roman, Gedicht und Kunst überhaupt. Vielmehr möchte ich fragen nach der Möglichkeit eines ,freien' Erzählens nach dem Ende der Geschichte, verstanden als Ergebnis eines Erzählaktes oder -vorgangs. Im Zuge von Sprachkritik und Forschungen über Machtstrukturen und Körperkonzepte, vor allem aber technischen Neuerungen wie dem Computer, stehen Identität und Geschichten Erzählen in einem Verhältnis zueinander, das mit der Art von Geschichten, die wir von Aristoteles kennen, bricht.

Im Folgenden möchte ich zwei Texte miteinander vergleichen, die Manifestcharakter besitzen. Dabei will ich keine neue Erzähltheorie propagieren, eher möchte ich versuchen, Richtungen und Entwicklungen aufzuzeigen, die die Frage nach einem ,freien' oder ,freieren' Erzählen aufwerfen und einen Spielraum abstecken. In *Das offene Kunstwerk* könnte man folgende Erklärung Umberto Ecos in Analogie zu diesem ,freien' Erzählen setzen:

> *„Und einigen Malern oder Romanschreibern, die uns nach der Lektüre dieses Buches ihre Werke mit der Frage vorlegten, ob es >>offene Kunstwerke<< seien, mussten wir in scheinbar polemischer Starrheit antworten, daß wir >>offene Kunstwerke<< noch nie gesehen hätten und es in Wirklichkeit wohl gar keine gebe." (Eco, S. 11)*

Bei den beiden ausgewählten Texten handelt es sich zum einen um das Konzept *Surfiction* von Raymond Federman aus dem Jahre 1992, zum anderen um *Das Prinzip Korsakow*[5] von Tobias Hülswitt, das mir bisher nur als unveröffentlichtes Manuskript vorliegt.

Raymond Federman war ein französisch-amerikanischer Schriftsteller und Holocaustüberlebender. Tobias Hülswitt ist Autor und Mitbegründer des seit 2008 bestehenden *Korsakow-Insitut für Nonlineare Erzählkultur*[6] in Berlin. Das Korsakow-Institut zeichnet sich verantwortlich für das Projekt *Hilfe, Freiheit!* an den Münchner Kammerspielen, in Berlin und Caracas werden dabei, im Rahmen von Diskussionen, zu Themen wie „Freiheit & Liebe", „Freiheit & Geld", „Freiheit & Mafia" oder „Freiheit & Energie" interaktive Formen des Erzählens und der Wissensbildung erprobt.

Ich möchte Erzählen also als menschliches Grundbedürfnis fassen und dessen Voraussetzungen, Bedingungen und ,Freiheitspotential' ausloten.

5. Sergei Sergejewitsch Korsakow (1854-1900) war ein russischer Nervenarzt, der Formen von Amnesie vor allem bei AlkoholpatientInnen erforschte. Dabei stieß er auf sogenannte Konfabulation: PatientInnen überbrücken Erinnerungslücken mit Phantasieinhalten. Nach ihm ist das Korsakow-Syndrom benannt.

6. Das Korsakow-Institut für Nonlineare Erzählkultur ist im Internet unter folgender Adresse zu finden: http://institut.korsakow.com/

II. Eine ‚Erzählutopie'

Beiden Autoren geht es in ihrer Programmatik um ein verändertes Verhältnis zu Welt und Wirklichkeit, um eine andere Beziehung zwischen Literatur und Welt, letzten Endes um das Ende der aristotelischen Geschichte: „Die Epik und die tragische Dichtung, ferner die Komödie und die Dithyrambendichtung [...]: sie alle sind, als Ganzes betrachtet, Nachahmungen", so Aristoteles in seiner *Poetik*. (Aristoteles, S. 5)

Federmans Modell der *Surfiction* fußt auf sprachkritischen und sprachphilosophischen Theorien und fragt nach der Fiktionalität von Wirklichkeit: Wirklichkeit ist nichts dem Erzählen Vorgelagertes, vielmehr konstituiert sie sich erst im Erzählvorgang. Es sind nicht Bedeutung und Sinn, die die Sprache generieren, sondern erst mit der Sprache, im Schreiben und Erzählen, wird Bedeutung geschaffen. „Das Leben also ist Fiktion [...] und eine Biographie ist etwas, das man im nachhinein erfindet" so zitiert Federman Louis Ferdinand Céline. (Louis Ferdinand Céline, zitiert nach Federman S. 420), Die Sprache ist demnach eine autonome Realität neben vielen weiteren. Sie ahmt Wirklichkeit nicht nach, wie bei Aristoteles, und ordnet sich ihr nicht unter, indem sie sie versucht zu repräsentieren. „In diesem Sinne kann Literatur nicht länger Realität sein, keine Imitation der Realität, keine Repräsentation der Realität, nicht einmal eine Neuschöpfung der Realität; sie kann nur EINE REALITÄT sein – eine autonome Realität [...]." (Federman, S. 420)

Bei Federman geht damit die Forderung einher, dass „die ganze traditionelle, konventionelle, fixierte und langweilige Art des Lesens in Frage gestellt, angegriffen und demoliert" (ebd., S. 422) werden müsse. Er verweigert sich der Linearität, Kausalität, dem Plot, einer Ordnung von Raum und Zeit, der Logik, einem System von Ursache und Wirkung, den Figuren als festgelegten Persönlichkeiten. (Vgl. ebd., S. 424ff.) Er verlangt nach Unordnung und Unlogik, hantiert mit Begriffen wie „unlogisch, irrational, irreal, disruptiv, abschweifend und unverständlich". (ebd., S. 427) Federman fordert eine Dramaturgie, die „keinen Anfang, keine Mitte und kein Ende" (ebd., S. 427f) hat, die „stets offener Diskurs" (ebd., S. 428) ist.

Die Abwendung von klassischen Erzählweisen und die Ablösung von Gesetzen der Ratio und Logik, von Wahrheit und Sinn, das Konzept von *Surfiction* also, lässt sich bei Federman nahezu als ein ‚anarchistisches' Manifest lesen: mit einem Mehr an Anarchie zu einem Mehr an Freiheit.

Tobias Hülswitts *Das Prinzip Korsakow* geht aus von der These, dass die Art und Weise, wie wir erzählen und erzählt bekommen, unsere Wahrnehmung von Welt und Wirklichkeit sowie unser Denken maßgeblich beeinflusst und bestimmt. Die Struktur, mit der wir uns selbst und unsere Umgebung erzählen, steht in Analogie zu der Struktur, mit der wir Welt wahrnehmen. Unser Erzählen ist also eine Metapher auf die Welt.[7] „Ein Buch ist dann gelungen, wenn es keinen Unterschied macht, ob ich darin lese oder aufschaue. Es muss nahtlos in die Welt übergehen. Es muss meine Aufmerksamkeit auf eine Art schulen, die mich befähigt, die Welt wie ein Buch zu lesen, wie das einzige Buch." (Hülswitt, Kapitel *Quit*) Mit seiner Forderung nach einem nonlinearen Erzählen wendet sich Hülswitt klar von der aristotelischen

7. Vgl. HÜLSWITT, Tobias: Das Prinzip Korsakow. Kapitel Erzählung und Metapher. Da es sich hier um ein noch unveröffentlichtes Manuskript handelt und sich bei der Überarbeitung etliche Seitenzahlen wahrscheinlich noch ändern, werde ich bei jedem Zitat lediglich das entsprechende Kapitel angeben.

Erzählung ab, in deren Tradition er den modernen Hollywoodfilm und seine Vertreter Syd Field und Robert McKee – beide sind Drehbuchautoren – sieht, deren Ziel vor allem ein kommerzielles sei:

„Wir möchten Geld verdienen. Möglichst viel bitte. Sehr gut geht das mit Filmen. Also brauchen wir Filme. Am meisten Kasse machen solche Filme, die auf einem Drehbuch basieren, das auf den Lehren Syd Fields und Robert McKees, also auf den Lehren des Aristoteles beruhen. [...]Diese Drehbücher enthalten immer eine vom Anfang bis zum Schluss aufgespannte Story. [...] Um die Story auszuführen, müssen die Figuren handeln. Am interessantesten ist es, wenn die Handlung wie die der Gladiatoren im Circus Maximus mit Konflikten gespickt ist, am besten mit tödlichen. Wenn wir all das haben, in der richtigen Mischung, wird auch die Kasse stimmen." (ebd., Kapitel Erzählung und Konflikt)

Die lineare Erzählung mit Anfang, Mitte, Schluss, mit steiler Dramaturgie, ausgeklügeltem Plot, nötigem Konflikt und dessen Lösung, mit Kohärenz, innerer Wahrheit, Sinn und Wesenskern entmündigt also die LeserInnen und ZuhörerInnen, indem es „immer ein Stück Gewaltanwendung" (ebd., Kapitel *Erzählung und Kommunikation*) ist. „Es zielt auf die Überwältigung fremder Gehirne, und zu ihrer Gleichschaltung mit den Mustern der eigenen Hirntätigkeit." (ebd.) Tobias Hülswitt formuliert hier ein Konzept von Freiheit, das einen kritischen Geist fordert, das Ent- statt Anspannung möglich macht, das der Ent-Dramatisierung von Welt und Wirklichkeit Raum gibt. „Es war, als versicherte jemand durch die Geschichte hindurch dem Betrachter wieder und wieder: „Du bist in Ordnung, Charlie Brown!"." (ebd., Kapitel *Intro*)

Neben dem Verhältnis von Literatur und Wirklichkeit sollen sowohl im Modell der *Surfiction*, als auch in *Das Prinzip Korsakow* die ZuschauerInnen, LeserInnen, ZuhörerInnen ‚aktiviert' werden. Ihre Aufmerksamkeit, ihr Interesse, ihr Beitrag sind basaler Bestandteil beider Konzepte.

In der diskursiven Gesprächsreihe *Hilfe, Freiheit!* des *Korsakow-Institut* in den Spielzeiten 2008/2009 und 2009/2010 an den Münchner Kammerspielen bestimmten die ZuschauerInnen mit Hilfe von Laserpointern den Verlauf des Abends. Die Entscheidung des Publikums über die nächste Erzählsequenz – zur Auswahl stehen zwei ExpertInnen, ein Publikumsmikrofon, und kurze Einspielfilme mit LaiInneninterviews, sowie die Möglichkeit, eine SMS an zwei Leinwandprojektionen zu schicken – legt die Erzählabfolge fest und verdeutlicht gleichzeitig die Kontingenz des Abends: Aus einer Fülle an Film- und Erzählmaterial entsteht letzten Endes nur ein Erzählstrang, dessen Erzähllinie von den ZuschauerInnen von Sequenz zu Sequenz neu geknüpft werden kann. Sie sind es auch, die die einzelnen erzählten Strukturelemente miteinander in Verbindung setzen und einen von vielen möglichen Zusammenhängen herstellen.

Auf eine „Read-Only-Kultur" (Hülswitt, Kapitel *Erzählung und Kommunikation*), bei der es in Folge von analogen Medien wie Fernsehen, Radio, Zeitung „einem Menschen aufgrund seines sprachlichen Talents, seiner Ausstrahlung oder seines unbedingten Willens zur Macht gelang, seine Artgenossen um sich zu versammeln und ihnen etwas zu erzählen, während sie zuhörten, nur zuhörten" (ebd.), folgt im nonlinearen Erzählen, wie das im Korsakow-Film[8] der Fall ist, eine „Read-and-Write-Kultur". (ebd.)

8.2002 schrieb Florian Thalhofer, Mitbegründer des Korsakow-Insitut, ein Computerprogramm, mit dem sich nonlineare Filme für Internet und DVD-Rom erstellen lassen. Sein erster Film mit dieser Technik handelt von Alkohol und hat deshalb den Titel Korsakow Syndrom erhalten. Das Computerprogramm heißt seitdem Korsakow-System, alle weiteren Filme sind Korsakow-Filme.

In eine ähnliche Richtung geht Raymond Federman. Auch er sieht in der Miteinbeziehung der LeserInnen und deren Mitgestaltung einen wesentlichen Schritt in Richtung Freiheit:

„Da der Leser nicht mehr länger durch einen auktorialen (und autoritären) Standpunkt manipuliert wird, wird der Leser es sein, der eine Bedeutung und eine Ordnung für die Geschöpfe und das Material der Literatur schafft, erfindet und erzeugt. [...] Der Schriftsteller wird nicht länger als Philosoph, Theologe, Prophet oder gar Soziologe betrachtet werden [...], sondern wird mit dem Leser auf gleichem Fuß stehen in den Bemühungen, der ihnen gemeinsamen Sprache einen Sinn zu geben." (Federman, S. 428)

Zusammenfassend lässt sich also sagen, dass die Möglichkeit von Freiheit gebunden ist an ein Verhältnis der Literatur zur Wirklichkeit, das kein darstellendes, nachahmendes, repräsentierendes ist, sondern das Erzählte als eigene, autonome Realität konstituiert und außerdem den RezipientInnen die Möglichkeit der Mitgestaltung bietet. Das Modell der *Surfiction* erlaubt dies, indem sich die LeserInnen eigenständig in einer offenen, flexiblen, nahezu anarchistischen Struktur orientieren. Das *Prinzip Korsakow*, das eine Art Poetik für den nonlinearen Korsakowfilm liefert, dezentriert den Konflikt als handlungs- und storybildendes Element und ermöglicht es den RezipientInnen so, einen eigenen Erzählstrang zu knüpfen; er aktiviert das Potential, assoziativ Zusammenhänge herzustellen.

Beide Autoren sagen damit einem Weltbild den Kampf an, das auf Dualismen beruht: „Jenes doppelköpfige Ungeheuer, das uns seit Jahrhunderten ein System von Werten, ethischen und ästhetischen Werten aufdrückt, die auf dem Prinzip von Gut und Böse, Wahr und Falsch, Schön und Hässlich basieren." (ebd., S. 420)

III. Programmatik ‚Sehnsucht Sinnlichkeit'?

„Und vielleicht geht es auch um eine Art aufgeklärte Wiederverzauberung der Welt, die nicht eine Wiedereinführung des Polytheismus ist, sondern um eine metaphysikfreie Bestaunung und Wertschätzung der Welt, eine Dankbarkeit ohne Gott", überlegt Tobias Hülswitt. (Hülswitt, Kapitel *Quit*) Spinnt man diese Gedanken weiter, steckt dann nicht in beiden Konzepten – in *Surfiction* und im *Prinzip Korsakow* – eine Sehnsucht nach einem Befreiungsschlag, in Form eines Abstreifens abstrakter Entwürfe und durch den ‚Reflexionswolf' gedrehter Modelle? Wird hier nicht eine Begierde nach Präsenz, Gegenwärtigkeit, Intensität spürbar? Ließe sich hier nicht auch von einem Konzept ‚Sehnsucht Sinnlichkeit' sprechen? „Die unfassbare Nahrung aus allen Dingen für mich und zu jeder Stunde des Tages", zitiert Hülswitt Walt Whitmann als seinem Buch vorangestelltes Motto. Geht man diesen Überlegungen nach, gelangt man schnell zu den Entwicklungen im zeitgenössischen und postdramatischen[9] Theater seit der performativen Wende der Künste in den 60er und 70er Jahren des 20. Jahrhunderts:

„Doch die Hypothese ist ausgesprochen, dass die postdramatischen Spiel-, Darstellungs- und Aktionsformen vielleicht auf eine Entwicklung vorausweisen, in welcher das ästhetische Dispositiv des überlieferten dramatischen Theater insgesamt zugunsten neuer Kommunikationsstrategien zurückgelassen wird." (Lehmann, S. 8)

9. Beim Begriff des Postdramatischen orientiere ich mich an LEHMANN, Hans-Thies: Postdramatisches Theater. Frankfurt am Main 2005. Es geht mir also um ein Theater, in dem der Text gleichwertig zu anderen theatralen Mitteln wie zum Beispiel den Körper und dem Sprechen der SchauspielerInnen ist und Grenzüberschreitungen hin zu anderen Künsten und Medien statt finden.

Den Worten von Sigmund Freud „Der Gegensatz von Spiel ist nicht ernst, sondern Wirklichkeit“ müsste dann widersprochen werden. Das Spiel im Theater versucht wirklich, wirklicher, am wirklichsten zu sein: „Real bodies in real time“ (Hentschel, S. 201) in einem „Theater der Erfahrung“, wie es bei Ingrid Hentschel heißt. Auch hier geht es um ein Verhältnis von Kunst und Wirklichkeit, das nicht in einer Opposition besteht, in der beide Begriffe einander als Dichotomie gegenübergestellt werden, sondern Welt und Wirklichkeit im Theater hergestellt und entfaltet werden. Dem Begriff des performativen Theaters wiederum sind dann auch die ZuschauerInnen als Mitwaltende- und gestaltende inhärent. „Eine Ästhetik des Performativen zielt auf diese Kunst der Grenzüberschreitung.“ (Fischer-Lichte, S. 356)

Auch im Theater gelten also die wirklichkeitsgenerierende Funktion von Kunst und die Möglichkeit zur Partizipation der ZuschauerInnen als wesentliche Definitionskomponenten einer Idee von Freiheit.

IV. Freiheit. Und dann?

Fragen wir also nach der Möglichkeit von ‚freiem‘ Erzählen oder bereits nach einem Erzählen als Freiheit – wie das in der *Surfiction* und im *Prinzip Korsakow* angelegt ist - müssen sich weitere Überlegungen anschließen: Ist nicht bereits der Begriff des Er-zählens ein trügerischer Wolf im Schafspelz, schlicht weil er semantisch ein zwingend linearer ist? Schließlich erfordert der Akt des Zählens das sinnvolle, kausale Nacheinander. Welche Etymologien liegen zum Beispiel dem Vorgang des Erzählens in anderen Sprachen wie dem Arabischen, Türkischen, Chinesischen, Russischen zugrunde? Sind hier die Wortursprünge möglicherweise mehr auf Gestaltung und Spielraum der SprecherInnen angelegt? Haben sie konstruktivistischeren Charakter oder rücken sie vielleicht die Funktion der Kommunikation mehr in den Vordergrund als das Erzählen einer ‚Wahrheit‘, die keine Kontingenz erlaubt?

Und was macht die oben vorgestellte Form der Partizipation mit unserem Verständnis von Politik und insbesondere von Demokratie? Kann ein anderes, ‚freieres‘ Erzählen unsere Diskussions- und Streitkultur fördern und unser politisches Bewusstsein stärken?

Und vor allem: Welche Rolle wird der Computer spielen, wenn es um ein ‚befreites‘ Erzählen geht? In Japan schart sich bereits seit circa zwei Jahren eine große Fangemeinde um die sogenannte *mobile phone novel*. Hier handelt es sich um einen Roman, der den LeserInnen ‚häppchenweise‘ als SMS auf ihr Handy gesendet und dann von ihnen kommentiert wird. Diese Kommentare bilden wiederum die Grundlagen für den weiteren Verlauf des Romans. Ein weiteres Beispiel ist Nanni Balestrinis *Tristano*. Das nonlineare Arbeiten des Computers ermöglicht es, den Roman, der angelehnt ist an den Tristan-Mythos, tatsächlich individuell auf den Markt zu bringen: Jedes der 2.000 nichtidentischen Exemplare erzählt die Geschichte – wenn sich hier überhaupt noch von DER Geschichte sprechen lässt – in anderen Szenenverknüpfungen.

Es ist so möglich wie wahrscheinlich, dass der Computer hier eine ähnliche Relevanz gewinnt wie die Erfindung des Buchdrucks. Die Struktur dieses nonlinearen Erzählens, die der Computer zulässt, erlaubt einerseits ein vielfaches an Komplexität dem gegenüber, was wir bisher praktizieren; andererseits erschließt diese Struktur womöglich auch unserer neurobiologischen Ausstattung eine vielschichtigere, flexiblere, ‚freiere' Form des Erzählens von uns und der Welt.

Der Computer eröffnet uns in der Tat neue Möglichkeiten des Erzählens, die wohl unserem Repertoire an Geschichten nichts Neues hinzufügen, die Art und Form unseres Erzählens aber möglicherweise revolutionieren.

4 Von der Freiheit zur Sprache

Dekonstruktive Textverfahren in Elfriede Jelineks Rechnitz oder Der Würgeengel

Carina Tiefenbacher

In Johann Nestroys Stücken treten „Zauberer auf, die sich verzaubert haben (...) es treten Spieler auf, die sich verspielt haben, es treten Spekulanten auf, die sich verspekuliert haben." (Jelinek, www.elfriedejelinek.com) Laut Elfriede Jelinek kommt das daher, dass Nestroy ein verspielter Autor ist, der sich mit der Sprache spielt. „Er (...) schmeißt ein bissel mit den Worten und Sätzen herum, dann läßt er sie wieder fallen, und dann sagen sie ohne Umschweife: was los ist. Was sich irgendwo losgerissen hat." (ebd.)

Es sind also die Worte und Sätze, die sagen, was los ist, nicht ihr Autor Nestroy. Die Sprache selbst sagt es uns, „weil", so Jelinek, „die Sprache sich selbst spricht und mit sich selbst spricht". (Jelinek, www.elfriedejelinek.com) Eine Sprache, die sich selbst spricht – (was) könnte sie bedeuten? Wie schlägt sie sich im literarischen Text nieder? Wer spricht diese Sprache? Unter welchen Bedingungen wird sie gesprochen? Und schließlich: Gibt es so etwas wie ein freies Sprechen?

Im Folgenden werde ich diese Fragen an Jelineks *Rechnitz oder Der Würgeengel* stellen. Dazu werde ich zuerst jene philosophische und literarische Traditionslinie grob nachzeichnen, gegen die sich Jelineks Schreiben richtet. Danach möchte ich zeigen, welche neuen theoretischen Perspektiven sich auf diese Weise eröffnen. Am Schluss werde ich anhand von ausgewählten Textstellen demonstrieren, dass *Rechnitz* exemplarisch für das Sprechen über das Sprechen gelesen werden kann.

In der traditionellen abendländischen Philosophie stand die Sprache lange Zeit auf einem festen Grund: Sie war die Abbildung der Welt, eine möglichst getreue Nachahmung der Dinge „wie sie wirklich sind". Sie war Ort der rationalen Überlegung, der geglückten Kommunikation, der Eindeutigkeit, Wahrheit und Konstanz. Die Literatur musste dementsprechend die Erwartung erfüllen, als Spiegel der Welt zu dienen. Das äußerte sich in einer starken Konzentration auf den Inhalt literarischer Texte und in strengen formalen Kriterien: ein Text musste eine gewisse Gliederung und Anfang, Mitte und Ende haben, sowie „realistische", psychologisch fundierte Charaktere, mit denen man sich identifizieren konnte und klare Ort- und Zeitangaben machen. Je nach Gattung kamen weitere, unterschiedliche Kriterien hinzu. Was jedoch alle diese Texte einte, war ihr Sinn: Jeder Text hatte stets eine Bedeutung, ein sinnstiftendes Zentrum und stand in der Möglichkeit, das Wahre, Gute und Schöne zu repräsentieren. Die Sprache, in der langen Tradition von Metaphysik und Rationalismus stehend, versprach ein klar strukturiertes Abbild eines Urbildes aller Dinge. Dieses Versprechen hat die Sprache jedoch gebrochen. (Lücke, S. 8ff)

Zeitlich festmachen lässt sich dieser Bruch – der Bruch des Versprechens, der ein epistemologischer Bruch ist – laut Michel Foucault in der Zeit um Nietzsche, bzw. im Übergang von der Klassik zur Moderne. Seit die Einheitlichkeit der Sprache in eine „rätselhafte Mannigfaltigkeit" (Foucault, S. 369) zersplitterte, seit die Sprache ihre Transparenz und Eindeutigkeit verlor, begann sie, Fragen an sich selbst zu stellen: Was ist die Sprache, was die Literatur? Was ist ein Autor? Wie lässt sich die Beziehung von Sprache und Sein denken? In der Ausweglosigkeit dieser und unzähliger weiterer Fragen tauchte plötzlich die Figur des Menschen auf. Dieser Mensch bedurfte keiner Metaphysik mehr. Die empirisch-transzendentale Dublette Mensch begründete sich selbst als autonom handelndes Subjekt. Die Literatur wurde nun in Hinblick auf diesen Menschen gedacht. Das souveräne Subjekt, der autonome Autor, war nun dazu in der Lage, frei aus seiner Innerlichkeit heraus etwas grundlegend Neues zu schaffen. Er schuf ein abgeschlossenes Werk, das auf seinen Sinn hin untersucht werden konnte, und bürgte für diesen Sinn. Foucault weist auf die Instabilität eines solchen Subjekts hin: es ist empirisch und transzendental, Erkenntnisobjekt und Erkenntnissubjekt zugleich. Es kann die Bedingungen seiner Erfahrung nicht denken und ist sich selbst ein unerreichbares Ziel. In dem Auftauchen der empirisch-transzendentalen Dublette ist also zugleich ihr Verschwinden angelegt.

Als eine positive Konsequenz dieses Verschwindens des Menschen führt Foucault den Auftritt Sigmund Freuds an. Das Konzept des Unbewussten bezeichnet einen rätselhaften Doppelgänger des Menschen, von dem dieser sich nicht zu lösen vermag. Der Mensch versucht, sein Double zu begreifen, um es schließlich zu fassen zu kriegen, was jedoch niemals gelingen kann. Nachdem die Sprache also ihr Versprechen gebrochen hat, die Welt richtig abzubilden, gibt es nun einen Menschen, der nicht mehr klar sprechen kann. Er verspricht sich, im Sinne des Freudschen Versprechers, und ist bar jeder Kontrolle und Souveränität über die Sprache. Der gescheiterte Mensch kann also nicht für den Text gerade stehen. Er kann die singuläre Bedeutung, die Rationalität, die Wahrheit und die Konstanz nicht wiederherstellen. Die Fragen, die seit Nietzsche aufgebrochen sind – Was ist Sprache? Was ist Literatur? Wie steht es um Verbindung von Sprache und Sein? – sind immer noch offen. Die Sprache richtet diese Fragen nun an sich selbst. Wir erinnern uns an die eingangs zitierten Worte Jelineks: Die Sprache spricht sich. Jelinek sagt weiters:

> *„Und diese Sprache denkt ja gleichzeitig ihre Voraussetzungen mit, sie schreibt sie mit, aber sie problematisiert sie nicht, sie sagt sie. Sie entwickelt sich aus sich selbst, in einer eigenen Art Logik, die in keiner Metaphysik, Religion, nicht einmal einem Materialismus gründet, sondern eben: ist was sie ist und immer weiter, spielerisch, entwickelt, was die ganze Zeit schon da ist und gar nicht entwickelt zu werden braucht." (Jelinek, www.elfriedejelinek.com)*

Es gibt nun also eine auto-referentielle, subversive und autonome Sprache. Autonom ist die Sprache in dem Sinn, dass sie nicht mehr in Bezug auf eine objektive Realität gedacht werden muss, die sie repräsentiert und strukturiert. Die Sprache erklärt sich aus sich selbst, denkt ihre eigenen Grundlagen mit und vermag diese performativ zu thematisieren. Dieses Sprechen lässt sich nun nicht mehr an einem Sprechenden[10] festmachen, der sich als Quelle der Worte für deren Bedeutung verbürgt. Das Sprechen ist nun losgelöst von der *einen* Quelle, und das Schreiben wird zur „Zerstörung jeder Stimme, jedes Ursprungs". (Barthes, S. 57) Der Text wird zu

10. Für „der Sprecher" bzw. „der Sprechende" ist absichtlich die männliche Form gewählt worden. Dies soll verdeutlichen, dass der Diskurs der Autorschaft lange in einem phallogozentristischen Kontext geführt wurde (und wird).

einem „Geflecht von Zitaten, die aus tausend Brennpunkten der Kultur stammen". (ebd., S. 61) Alles geht auf in einem vielfachen Sinn.

Kommen wir nun zu der Frage, wie sich ein solches dekonstruktivistisches Verständnis von literarischem Sprechen im Text selbst thematisieren kann. Jelineks Bruch mit gewissen Traditionen abendländischen Denkens findet sich in den ästhetischen Verfahren, die sie in *Rechnitz* anwendet. Das Stück bricht mit jenen strengen formalen Kriterien, die die Literatur im Anschluss an metaphysisches, rationalistisches Denken lange verfolgte. Daher gibt es keinen wirklichen Inhalt. In einem Raum im Schloss Rechnitz der Gräfin von Batthyány, im Burgenland nahe der ungarischen Grenze, treten Botinnen und Boten auf. Die Botinnen und Boten sind im Schloss zurückgeblieben, nachdem die reichen Partygäste, die am Höhepunkt des rauschenden Festes 180 ungarische Juden erschossen und erschlagen haben, vor den nahenden Russen geflohen sind, und berichten von dem Massaker. Gattungsspezifische Vorgaben werden von diesem Stück ebenso grob missachtet wie die drei aristotelischen Einheiten von Zeit, Handlung und Ort: Erstens gibt es keinen Plot, bloß das Sprechen dieser Botinnen und Boten. Zweitens gibt es, da ja auch die Handlungsabläufe fehlen, kein zeitliches Fortschreiten. Es gibt stattdessen immer zeitliche Verschiebungen. Während sich das historische Massaker zu Rechnitz faktisch 1945 ereignet hat, kommen im Theaterstück zeitlich spätere Ereignisse zur Sprache: zB. die Flucht des beteiligten – und übrigens niemals gefassten – SS-Offiziers Podezins nach Südafrika (Vgl. Jelinek, 2009, S. 82), der Irakkrieg (Vgl. ebd., S. 60) und der Bau der Nabucco-Pipeline (Vgl. ebd.). Es ist von „Spas" (ebd., S. 69), von „Digitalempfänger[n]" (ebd., S. 184) und „Sozialhilfeempfänger[n]" (ebd., S. 167) die Rede, während zugleich Zitate aus antiker griechischer Literatur[11] ins Stimmengewebe eingeflochten sind. Der Ort, mit dem die Figuren mangels Handlung nicht interagieren, wird zuletzt gewechselt: Das Ende spielt in einer Jagdhütte in den Bergen. Außerdem gibt es keine Aufteilung in Akte. Die Gliederung überlässt Jelinek der jeweiligen Inszenierung; und in der Regieanweisung heißt es lapidar: „Man kann das natürlich, wie immer bei mir, auch vollkommen anders machen." (ebd., S. 55) Das Stück versucht auch nicht, das Wahre, Gute und Schöne abzubilden. Stattdessen steht das Falsche, Grausame, obszön Hässliche im Mittelpunkt.

11. Euripides: Die Bakchen. Dieser Intertext wird in den Danksagungen ausgewiesen (Jelinek, 2009, S. 205).

Mit dem Tod des Subjekts gibt es auch keine „realistischen", psychologisch fundierten Charaktere mehr. Das Sprechen der Stimmen in *Rechnitz* lässt nicht einmal auf Figuren schließen, geschweige denn auf deren Charakter. Die Aufgabe, den Wust aus Stimmen aufzudröseln und dann einzelnen SchauspielerInnen zuzuordnen, überlässt Jelinek der jeweiligen Inszenierung. Jelinek vergrößert oder reduziert ihre Figuren auf groteske Weise und bringt sie so in eine Zwischenstellung. Dieses Zwischen verweigert Einheit, Geschlossenheit und Vollständigkeit. (Lücke, S. 108) Die Figuren werden so zu gespensterhaften Gestalten, zu fleischfressenden Zombies, die weder im Reich der Lebenden, noch im Reich der Toten heimisch sind. Sie sind weder jene, die gemordet haben, noch können sie sich von den Morden abgrenzen. Die Botinnen und Boten sind die Nachgeborenen des zweiten Weltkriegs, die im Sprechen die Geschichte formen. Sie berichten immer und immer wieder. Sie wiederholen und variieren ihre Berichte, oft widersprechen sie sich auch: Mal bezeichnet eine Stimme die Geschichte als eine, die ihre Instrumente spielt: „Wir sind ihre Instrumente", sagt die Stimme, „wir stimmen jetzt. Wir stimmen die Geschichte mit uns ab. Unsere Aussagen sollen ja stimmen, und sie sollen übereinstimmen." Gleich darauf jedoch sagt die Stimme: „Nein. Wir stimmen nie, es hört uns eh keiner zu." (Jelinek, 2009, S. 64) An einer anderen Stelle heißt es:

> *„Wozu haben wir sie dann gekauft, warum haben wir sie dann geholt? Haben wir ja gar nicht! So. Jetzt wissen Sies. Wir haben den Garantieschein verloren, wir haben keinen Beweis, daß wir sie überhaupt geholt haben, daß wir sie gekauft haben, die Sklaven. Die haben ja alle Spuren verwischt, ist ja logisch." (ebd., S. 88)*

Die sich widersprechenden Stimmen, die sich ver-sprechenden Stimmen versprechen ihren Hörerinnen Erklärungen, um sie gleich wieder zurückzuziehen. Das geschieht in solch einer Plötzlichkeit und Unerwartetheit, dass die Parallele zum Freudschen Versprecher nahe liegt. Die Stimmen können sich der Sprache nicht ermächtigen, weil die Sprache selbst unkontrollierbar ist, sich selbst nicht im Zaum halten kann. Das zeigt sich z.B. auch an jenen Stellen, in denen die Figuren Jelineks geläufige Phrasen und Wendungen scheinbar falsch anwenden. Die Sprache verspricht sich und demaskiert sich selbst, zeigt ihre Mehrdeutigkeit und Opazität wenn es z.B. heißt: „Unsere Botschaft hören Sie wohl, doch es fehlt Ihnen der Glaube? Es fehlt ihrem Dach die Taube, ich meine die Taube? Macht ja nichts. Wenn Sie taub sind, können Sie uns halt nicht hören." (ebd., S. 155) Die Tatsache, dass die Stimmen einander widersprechen, zuerst Aussagen machen und diese gleich wieder zurückziehen, lässt sich nicht einfach darauf reduzieren, dass das Stück die Leugnung der Gräuel des Zweiten Weltkriegs anklagt. Diese Stimmen, die sich im Text nicht lokalisieren, sondern nur mehr oder weniger willkürlich von einander trennen lassen, sind in sich polyphon. Sie reiterieren ein vorhergehendes Sprechen, den uneinholbaren Hintergrund, den sich immer entziehenden Ursprung jedes Sprechens. (Derrida, S. 24) Diese Mehrstimmigkeit zeigt sich auch in den klar markierten intertextuellen Bezügen von *Rechnitz*, die den Text zu weiteren Bezugspunkten hin öffnen. Während der Untertitel, *Der Würgeengel* auf Luis Buñuels surrealistischen Film *El Ángel exterminador* hinweist, sind in die Textflächen des Stücks immer wieder die collagierten, montierten Reste (Lücke, S. 19) von Euripides und Nietzsche[12] hineingeschnitten, oder auch z.B. von T.S. Eliots *The hollow men, the stuffed men*[13]. So bittet eine der BotInnenstimmen: „Gedenket unser, wenn überhaupt, nicht als verlorene gewalttätige Seelen, sondern denkt an uns nur als die hollow men the stuffed men, vollgestopft haben sie sich, haben wir uns, wieso sind sie, sind wir dann hohl...?". (Jelinek, 2009, S. 61) Die Stimme kommt dann auf „sie" zu sprechen, jene Reichen, die im Massaker ihr Vergnügen hatten: Die Gräfin Margit von Batthyány, den örtlichen Gestapoführer Franz Podezin, sowie den Gutsverwalter Oldenburg. Ihnen sagt sie nach: „The stuffed men. Die Gestopften". (ebd., S. 62) Solche Wortspiele sind typisch für Jelineks Stil und finden sich auch in *Rechnitz* zuhauf. Diese Positionierung der Stimmen im Übergang, an der Schwelle ist Jelineks literarische Verarbeitung von Jacques Derridas Konzept der différance. (Lücke, S. 17f und S. 20) Der niemals feststellbare, arretierbare Sinn befindet sich im Zwischen der binären Oppositionspaare. Die Gegensätze, die das traditionelle abendländische Denken durchziehen - Kultur / Natur, Wahr / Falsch, Mann / Frau – sollen auf diese Weise infrage gestellt werden. Das Zwischen ist daher in Form von WiedergängerInnen, Zombies und Vampiren ein immer wiederkehrendes Sujet in Jelinekschen Texten. Die kannibalistischen Gelüste

12. Nietzsche, Friedrich: Also sprach Zarathustra. Dieser Intertext wird in den Danksagungen ausgewiesen (Jelinek: Rechnitz., S. 205).

13. Dieser Intertext wird in den Danksagungen ausgewiesen (Jelinek: Rechnitz., S. 205).

– als Wiedergänger der Natur in der Kultur (Vgl. ebd., S. 23) – der Botinnen und Boten kehren sich v.a. gegen Ende des Stücks hervor, wo die anonymen Stimmen beschreiben, wie sie sich gegenseitig und auch selbst zuzubereiten und zu verspeisen gedenken. (Jelinek, 2009, S. 198ff)

Die Selbstbezüglichkeit des Sprechens zeigt sich jedoch nicht nur im ästhetischen Umsetzen literaturtheoretischer Ansätze. Sie zeigt sich auch, ganz offen und banal, an jenen Stellen, an denen die BotInnen auf ihre Rolle im Stück zu sprechen kommen, bzw. an denen die BotInnen die illokutionäre Kraft des eigenen Sprechens infrage stellen. So sagt z.B. ein Bote: „Die kommen sogar bald, sagt Ihnen ein Bote, wie Sie auch einer sind, Sie wissen ja, wie weit man uns glauben kann." (ebd., S. 56)

Ich habe nun ausgeführt, wie sich eine auto-refentielle Sprache in *Rechnitz* niederschlägt. Ein Versprechen, dass ich noch schuldig geblieben bin, ist die Beantwortung der Frage: Gibt es so etwas wie ein freies Sprechen? Mit anderen Worten: wie verhält es sich mit der Spannung zwischen Literatur und Freiheit?

Ausgehend vom Ende des Subjekts, vom Tod des Autors gibt es nun keine souveräne, autonome Instanz mehr, die frei zwischen den sich ihr bietenden Möglichkeiten wählen könnte. Ich möchte dafür plädieren, Jelineks Bezug auf Derrida ernst zu nehmen. Derridas Konzept der Iterabilität des Zeichens verbindet Wiederholung und Andersheit. Es ermöglicht ein Ausbrechen aus starren, vorgegebenen Strukturen ganz einfach durch den Akt der Iteration, des erneuten Nennens. Jedes Iterieren ist bereits ein Verändern, weil sich der Sinn des Wortes immer durch dessen Bezüge, durch dessen Kontext ergibt. (Derrida, S. 32) Die Vielzahl von Stimmen, die in *Rechnitz* von unbekannten Seiten her sprechen, ergibt zusammen mit jenen Stimmen, die sich klar als intertextuelle Bezüge ausweisen wollen, einen neuen Kontext. Jelineks Schreiben knüpft mehrere Diskurse zusammen und erzeugt so eine Vielschichtigkeit an Bedeutungen, die immer und immer wieder zu Tage befördert werden müssen. Ihre Themen sind dabei zum großen Teil gesellschaftskritisch: Faschismus, Nationalismus, Kapitalismus und Frauenhass geraten ins Fadenkreuz der Jelinekschen Feder. Das Textverfahren Jelineks bringt die Sprechweisen dieser Unterdrückungsdiskurse ins Rampenlicht und lässt diese sich so selbst zerstören. Auf diese Weise ermöglicht Jelineks Schreiben eine Neuerung, eine radikale Veränderung im Text, obwohl sie sich niemals wegbewegt aus dem Feld der Sprache, die eben „ist was sie ist und immer weiter, spielerisch, entwickelt, was die ganze Zeit schon da ist". (Jelinek, www.elfriedejelinek.com)

Die sich versprechende Sprache, die ihre Versprechen niemals einhalten konnte, eröffnet uns auf diese Weise neue Möglichkeiten: Sie befreit uns von der Freiheit des autonomen Subjekts und führt uns hin zur subversiven Kraft eines unendlichen, mehrstimmigen Sprechens.

5 Freiheit oder Tradition? Eine falsche Alternative.

Zum Beispiel des vers libre

Les chars d'argent et de cuivre, -
Les proues d'acier et d'argent, -
Battent l'écume...

Wagen aus Kupfer und Silber,
Boote aus Silber und Stahl,
Schlagen den Schaum...

(Rimbaud, S. 276f)

Clara Polley und Samir Sellami

So beginnt Arthur Rimbauds Gedicht *Marine*, das zwischen 1872 und 1873 entstanden ist. In diesen Zeilen entfaltet das Meer keine ehrwürdige Ruhe, hier ist es aufgewühlt und es schlagen die silbernen und kupfernen Wagen, die stählernen und silbernen Buge den Meeresschaum auf. Die Rillen, die die Ebbe auf dem Meeresgrund hinterlässt, laufen auf die harten Stämme des Waldes auf dem Festland zu, an deren Kanten sich die Wirbel des Lichts brechen:

Vers les piliers de la forêt, -
Vers les fûts de la jetée,
Dont l'angle est heurté par des tourbillons de lumière.

Zu den Säulen des Waldes,
Zu den Stämmen der Mole,
Deren Kante die Lichtwirbel stoßen.

Marine beschreibt und vollzieht einen Moment der schnellen Bewegung, des Aufruhrs und des An – und Aufeinanderprallens. Es gilt, zusammen mit *Mouvement*, dessen Titel die soeben genannten Eindrücke untermauert, als erstes Beispiel einer Lyrik *en vers libre*, der Dichtung in freien Versen. Am Beispiel von *Marine* wird Bewegung oder Beweglichkeit zugleich auf thematischer und stilistischer Ebene sichtbar: die technischen Kräfte, die das Meer vor- und zurücktreiben, werden von den abwechselnden Kürzen und Längen der Verse freigesetzt. Dass Rimbauds kalkulierte Destruktion der Verstraditionen eingebettet bleibt in die Darstellung der unruhigen industrialisierten Welt und nicht ausschließlich die emanzipatorische Rebellion gegen überkommene Formen beabsichtigt, lässt die Frage aufkommen, ob im freien Vers die formale Freiheit der Gestaltung überhaupt im Mittelpunkt steht. Oder ist die Beweglichkeit der Verse in diesem Fall lediglich das beste Mittel, die Grundbefindlichkeit von Bewegung und Beschleunigung zu transportieren?

Freier Vers, das klingt zunächst nach Befreiungsschlag und Lossagung von überholten Zwängen und Konventionen im Sinne einer revolutionären *Liberté* bzw. *Libération*, nach einem Bruch mit der Tradition, die die Existenz eines „unfreien Verses" - von dem es sich zu befreien gilt - impliziert. Doch wenn in der Literaturwissenschaft vom freien Vers die Rede ist, der wie die regulären Versformen als eine Stilrichtung verstanden wird und an eine repräsentative Dichtergarde geknüpft ist (Gustave Kahn, Jules Laforgue, Jean Moréas etc.), wenn Gedichte wie *Marine* und *Mouvement* als Beginn einer neuen Phase in der französischen Lyrik verhandelt werden – dann ist zunächst lediglich eine neue Konvention gemeint, die mit einer alten brechen will, ohne dass Konventionen generell abgeschafft würden.[14]

14. Zur Genealogie des vers libre Vgl. Clive Scott, Vers libre. The emergence of free verse in France 1886-1914, Oxford 1990 und Michel Murat, Le vers libre, Paris 2008.

Heben sich *vers* und *libre* im Prinzip nicht gegenseitig auf, wenn eine vorgängige äußere Form die grenzenlose Gestaltungsfreiheit der Dichter beschneidet? Wird der libertäre Charakter der Dichtung in einem naiven Verständnis von Freiheit überstrapaziert, entziehen sich die Texte jeglicher Kritisierbarkeit und verharren im unangreifbaren Raum innovativer Originalität. Das die neue Stilrichtung auszeichnende Adjektiv *libre* wird, will es der Willkürgefahr entgehen, ebenfalls zur Konvention, eben weil der Freiheitsbegriff als poetologische Größe auftritt, die bejaht, bestritten, kanonisiert oder verdrängt werden kann.

Dieser Befund bedeutet jedoch keineswegs, dass der freie Vers nicht eine tatsächliche Veränderung in der französischen Lyrik markiert, sondern nur, dass vielleicht eher von Übergängen als von Brüchen gesprochen werden sollte, also entgegen einer teleologischen Perspektive, die jede Entwicklung als lineare Fortschrittsgeschichte denkt. Rimbaud und seine Nachfolger, die auf die verschiedensten literarischen Traditionen zurückgreifen, schaffen weder den Reim, noch den in Frankreich heiß geliebten Alexandriner ab. Vielmehr zeigt sich in ihren Gedichten (wie auch in *Marine*) eine Reaktion auf die Erfahrungen ihrer Entstehungszeit, auf den *Zeitgeist* des 19. Jahrhunderts. Die stählernen und eisernen Maschinen, die sich bei Rimbaud dynamisch ihren Weg durchs Meer bahnen, sind Signaturen einer Zeit, in der die Industrialisierung als globales Phänomen eine zweite Phase erfährt.

Das 19. Jahrhundert ist nicht nur in Bezug auf Erfindungen im Transportwesen, sondern auch in Bezug auf Zeiterfahrung der Menschen ein Jahrhundert der Beschleunigung. (Osterhammel, S. 126 – 128) Auch werden „am laufenden Band" Erfindungen gemacht, die tiefgreifende Auswirkungen auf das Weltverhältnis der Menschen zur Folge haben.[15] Diese Grunderfahrung, die die Geschichtswissenschaft dem 19. Jahrhundert häufig attestiert, wird in Rimbauds Gedicht nicht bloß abgebildet, sondern findet dort ihre ekstatische Bejahung.

15. Es ist ein witziger Zufall, dass Rimbauds Marine aus der Sammlung Illuminations nur wenige Jahre vor der Erfindung der Glühbirne 1876 steht. (Osterhammel, S. 111)

Kurz nach dem Erscheinen von *Marine* und *Mouvement*, im letzten Jahrzehnt des 19. Jh., wird der freie Vers in Frankreich theoretisiert. Bemerkenswert ist dabei, dass die 1890er Jahre, die von der Geschichtswissenschaft für Frankreich mit *Fin de Siècle* betitelt werden, keine eindeutige Epochenzäsur markieren. Vielmehr zieht sich das sogenannte lange 19. Jahrhundert bis zum Ende des 1. Weltkriegs hin, was auch für die konfliktreiche Ausdifferenzierung des freien Verses gelten kann. (Vgl. Murat, insbes. S. 9-33) Laut Jürgen Osterhammel ist die Jahrhundertwende als Weg in die

„klassische Moderne" zuerst eine französische Erscheinung, die mit den Gedichten Stéphane Mallarmés, der Malerei Paul Cézannes und der Musik Claude Debussys eingesetzt habe. (Vgl. Osterhammel, S. 113) Dass die Entstehung einer Poesie in freien Versen sich diesen langwierigen Prozessen in seiner Entwicklung anpasst und gerade keinen abrupten Bruch mit alten Lyriktraditionen darstellt, wird vor diesem Hintergrund erkennbar.

Die Problematik einer Verortung des freien Verses in teleologischen Fortschrittsmodellen hat Mallarmé in seinem Aufsatz *Crise de Vers* von 1895 aufgezeigt. Obwohl von Osterhammel als Vorreiter der modernen Literatur angepriesen, sieht Mallarmé im freien Vers die Gefahr zur Willkür und attestiert dem *vers strict* letztlich die größere Ausdauer. Bevor sich die problematischen Ausschweifungen des freien Verses in Frankreich und international ausprägen konnten, prophezeit er hellsichtig die Verführungsqualität des freien Verses zum sentimentalen Gelegenheitsgedicht.[16] Mallarmé zeigt hier, dass der *vers libre* auch in seiner Zeit nicht unbedingt als revolutionäres, fortschrittliches Produkt einer neuen Generation begrüßt werden muss, sondern als ein Element riskanter Freiheit reflektiert wurde.

16. Vgl. Bspw. Mallarmé, S. 206: „La variation date de là : quoique en dessous et d'avance inopinément préparée par Verlaine, si fluide, revenue à des primitives épellations."

Ferner experimentierte Baudelaire mit seinen *Petits poèmes en prose* (erschienen 1869) bereits mit Prosa an der Grenze zum Vers. So schreibt er an seinen Freund Arsène Houssaye im Vorwort, er wolle ihm etwas schicken, was weder Hand noch Fuß (*ni queue ni tête*) hätte, weil beides zugleich vertreten wäre, also Hand und Fuß, *alternativement et réciproquement*. (Baudelaire, S. 114) Bei Baudelaire ist diese Überschreitung der Genregrenzen aus der Sehnsucht jedes Dichters nach Vereinigung der poetischen Formen zu verstehen. Dieser Traum muss aber notwendigerweise unerfüllt bleiben, weil sich die Uneindeutigkeit der baudelairschen Formexperimente gerade nicht durch eine neue Gattungsbezeichnung beruhigen lässt:

Quel est celui de nous qui n'a pas, dans ses jours d'ambition, rêvé le miracle d'une prose poétique, musicale sans rythme et sans rime […].

Wer hat nicht in den Tagen seines größten Ehrgeizes von dem Wunder einer lyrischen und musikalischen Prosa geträumt, ohne Reim und Rhythmus. (Le Spleen, S. 114, eig. Übers.)

Baudelaires poetische Beweglichkeit in *Le Spleen de Paris* ist wegweisend für die kommende Dichtung in freien Versen. Vielleicht ist es gerade dieses gemeinsame Merkmal der Bewegung, was den *vers libre* im Moment seiner Produktion „frei" macht und ihn auch in seinen mentalitätsgeschichtlichen Kontext einbettet. So wie bei Rimbaud die Maschinen Bewegung erzeugen, das Meer in Wogen steht und bei Baudelaire die riesigen Städte Ballungszentren unzähliger Vernetzungen und Verstrickungen sind,[17] so steht auch die Definition des freien Verses in Gustave Kahns Vorwort zu seinen *Premières Poèmes* (1897) ganz im Zeichen von Bewegung und Veränderung. Dabei wird zunächst deutlich, dass der freie Vers keine Erfindung seiner Produzenten war, sondern eine Bezeichnung seiner Kritiker:

17. „C'est surtout de la fréquentation des villes énormes, c'est du croisement de leurs innombrables rapports que naît cet idéale obsédant […]." (Baudelaire, S. 114)

Nous maintenons cette étiquette, Vers libre; d'abord parce que ce fut celle qui s'imposa d'elle même, spontané, à nos premiers efforts ; elle dit mieux le sens de notre essai de rajeunissement que cet affreux mot, vers polymorphe, inventé par la critique hostile, et qui fait penser à quelque terme d'une nomenclature scientifique, déplacé d'ailleurs en matière d'esthétique du vers.

Lasst uns also diesen Namen behalten : vers libre. Zunächst weil er sich selbst spontan unseren ersten Versuchen aufgedrängt hat. Er beschreibt den Sinn unseres Unternehmens der Verjüngung besser als jenes schreckliche Wort, vers polymorphe, das, erfunden von der feindlichen Kritik, den Gedanken an eine wissenschaftliche Terminologie hervorruft, die allerdings der ästhetischen Gestalt des Verses nicht entspricht. (Kahn, S. 4, eig. Übers.)

Die Freiheit, die hier offenbar einen negativen Beigeschmack hat, ist also eine oktroyierte Freiheit des Verses, die nicht dem Selbstverständnis derer, die ihn praktizieren, entspricht.

Ferner offenbart Kahns Text eine Fülle von Definitionsversuchen, die seine Unsicherheit den freien Vers begrifflich zu bestimmen, markieren. Oft spricht er von *modification* als Anpassung des herkömmlichen Instrumentariums an die neuen Gegebenheiten, dann wieder von *évolution*, was in der Tradition des positivistischen Fortschrittsdenkens steht. Wieder an anderer Stelle unterstreicht Kahn den revolutionären Charakter des neuen Stils, wenn er von einem *mouvement poétique* einer *génération nouvelle* und der *nécessité d'une révolution* spricht. (ebd., S. 6f) Hier zeigt sich der Behauptungswille eines neuen Zeitgeistes in der Erneuerung des poetischen Formenkanons:

[L]a nôtre a d'autre besoins que les leurs. Le sens des couleurs change, le sens de la cadence poétique change aussi.

Die Bedürfnisse unserer Zeit sind andere als die von gestern. Der Sinn der Farben ändert sich so, wie sich auch der Sinn der Verskadenz ändert. (ebd., S. 6, eig. Übers.)

Die Neuheit und das Wesen des freien Verses, wie er um 1890 in Frankreich auftaucht, lässt sich also nicht erschöpfend in Kategorien wie Ablösung und avantgardistischer Innovation beschreiben. Dieser Einsicht folgt auch Clive Scott, der Chefhistoriker des französischen *vers libre*. Für ihn bestehen alle ästhetischen Entwicklungen wesentlich in formalen cross-overs zwischen bisher Disparatem und Verwerfung derjenigen Gattungskonventionen, die diese Verknüpfung behindern. Vom freien Vers heißt es lakonisch:

Vers libre is the cross-over point between the prose poem and regular verse [...]. (Scott, S. 110)

In dieser Anfangsbestimmung zeigt sich das schon angedeutete problematische, bisweilen paradox anmutende Verhältnis zwischen den Worten *vers* und *libre*. Dass hier der freie Vers als Kombinationsprodukt des regulären, klassischen Verses und einer schon in sich paradoxalen Formbestimmung des Prosagedichts, aufgefasst wird, verschärft die Konstellation, anstatt sie zu entlasten.

Nimmt man nun die unterschiedlichen Interessen und Maßstäbe in den Blick, die bei der Definition am Werk sind, lässt sich das Erscheinen des freien Verses alternativ zur Beschreibung in einem planen Begriff des Fortschritts denken. Grob lassen sich drei Gruppen angeben, die unterschieden werden können: die Dichter des *vers libre* selbst, ihre Kontrahenten aus den verschiedenen Lagern und schließlich die außenstehenden Leser, an vorderster Front die WissenschaftlerInnen.

Der wichtigste Vertreter der ersten Gruppe wurde bereits genannt: Gustave Kahn. Seine Analysen in dem gleichfalls schon bekannten Vorwort zu den *Prémières Poèmes* sind klüger und differenzierter, als es sein spärlicher Ruhm in unseren Tagen vermuten ließe. Dennoch läuft die Argumentation immer wieder auf einen Punkt zurück. Die Entwicklung einer neuen Versifikation auf der Grundlage des *vers libre* soll die Dichter von den Zwängen der Tradition befreien, die ihren ästhetischen Zentralismus Hand in Hand mit dem politischen entwickelt und ideologisch gefestigt haben:

En ce temps de centralisation [...] il fallut, pour toutes choses, un jardinier aux plans rectilignes ; on ne s'occupa nullement [...] que la règle fût juste ; on la rechercha suffisante mais surtout uniforme et majestueuse [...].

In dieser Epoche der Zentralisierung brauchte man für alles einen Gärtner, der nach symmetrischen und rechtwinkligen Plänen pflanzte; man kümmert sich keineswegs um die Richtigkeit der Regel. Man suchte sie selbstgefällig, aber vor allem sollte sie einheitlich und majestätisch sein. (Kahn, S. 13, eig. Übers.)

Seine Hauptkritik am regulierten Vers gilt deshalb nicht der Konventionalität als solcher, sondern der Unreflektiertheit und Willkürlichkeit der Regeln. Auch kritisiert er weniger die Dichter als die Kritiker, in diesem Fall an erster Stelle Nicolas Boileau, der mit seiner *Art poétique* aus dem Jahr 1674 die verstreuten Regelbestimmungen des 16. Jahrhunderts vereinheitlichte und damit Generationen von nachfolgenden Schriftstellern mit der richtigen Methode der Versmacherei ausstattete. Freiheit ist also bei Kahn gleichbedeutend mit Emanzipation:

L'importance de cette technique nouvelle [...] sera de permettre à tout poète de concevoir en lui son vers ou plutôt sa strophe originale, et d'écrire **son rythme propre et individuel** *au lieu d'endosser un uniforme taillé d'avance et qui le réduit à n'être que l'élève de tel glorieux prédécesseur.*

Die Bedeutung dieser neuen Technik besteht darin, dass sie jedem Dichter erlauben wird, in sich selbst seinen eigentümlichen Vers oder besser seine eigentümliche Strophe zu finden und in seinem eigenen und individuellen Rhythmus zu schreiben, statt sich von vorne herein in eine taillierter Uniform zu pressen, die ihn auf die Nachfolgerrolle irgendeines glorreichen Vorreiters reduziert. (Kahn, S. 28, eig. Übers., hervorgehoben vom Verf.)

Die Emanzipation des Dichters von der Tradition lässt sich auch auf die Bestimmung des Verses beziehen. Zuvor wurden Verse als Verse immer erst durch ihre Wiederholung bemerkt. Die beiden Hauptmittel, mit denen diese Wiederholung realisiert wurde, waren Endreim und metrisches Schema. Jetzt soll der Vers, wie der neue Mensch des anbrechenden 20. Jahrhunderts, sich selbst bestimmen. An die Stelle von Endreim und metrischem Muster treten deshalb Assonanz und Binnenreim. Prosodie und Verslänge werden an Qualität und Dauer von Gefühl und Idee ausgerichtet, die im jeweiligen Vers artikuliert werden sollen. Der Verlust an äußerer Form soll durch die Verdichtung der inneren Struktur nicht nur kompensiert, sondern sogar in eine höhere formale Ordnung überführt werden. Der *verslibrisme* ist im Selbstverständnis seiner Vertreter eine positive Praxis und setzt sich deshalb auch von Rimbaud ab, der die Strophe und den Vers bloß um der Zerstörung willen von seinen formalen Beschränkungen befreit habe.

Wie wir bereits angedeutet haben, schlägt Mallarmés Argumentation einen ganz anderen Weg ein. Analog zur konstatierten Gefahr von Willkür und Sentimentalität äußert Mallarmé sein Unbehagen an Kahns Forderung eines umfassenden Projekts der Selbstbestimmung. Diese Ablehnung findet aber nicht losgelöst von Mallarmés eigenen poetologischen Überzeugungen statt. Mallarmés Suche nach einem Nullpunkt der Sprache, wo sich sinnbeladene Kommunikation nur noch ins perpetuierende Rauschen der Sprache verflüchtigt, nach dem anonymen Subjekt, das auf dem Höhepunkt seiner aushauchenden Rede vollends verstummt, musste der emotionalen Ausdruckspoesie Kahns unüberbrückbar entgegenstehen. Freiheit ist bei Mallarmé nicht als Emanzipationsbewegung, sondern als Verantwortung gegenüber dem unabdingbaren Geschehen gedacht, in das sich das schwache Subjekt einlassen muss, wenn es seine Würde nicht verlieren will.

Allerdings verdeckt Mallarmés Beschreibung einer Dichtung *en vers libre* die umgekehrte Einsicht, dass auch der technisch korrekte Alexandriner kein Garant für gute Gedichte sein muss. Eine stoische Praxis der Urteilsenthaltung, die sich weder für noch gegen den freien Vers entscheidet, bleibt noch der Wissenschaft vorbehalten. Als erster wichtiger Analytiker des freien Verses muss Rémy de Gourmont gelten, der ihm in seinem Buch *Esthétique de la langue française* (1899) ein ganzes Kapitel gewidmet hat. Auch er stellt wie Kahn und Mallarmé die Forderung nach einer neuen Versifikation auf, will aber keiner Methode den prinzipiellen Vorrang vor der anderen geben:

Une telle modification est-elle possible? Si elle est possible, doit-elle se faire dans le sens du vers libre ou dans le sens du vers rythmique, dans le sens de la mélodie ou dans le sens de la mélopée?

Ist eine solche Modifizierung möglich? Wenn sie möglich ist, soll sie im Zeichen des freien oder des regulären Verses geschehen? Im Sinne der Prosodie oder der Skansion? (Gourmont, S. 250f, eig. Übers.)

Sicherlich gibt es einige Kriterien und Merkmale der Definition des *vers libre*, auf die man sich weitgehend geeignet hat. Aber keine ernstzunehmende Analyse könnte und wollte die Divergenzen und Interessenskonflikte ausgleichen, die zu unterschiedlichen Resultaten bei der Bestimmung geführt haben und immer noch führen.

Problematisch ist in jedem Fall, wenn eine Diskursgruppe sich das alleinige Recht der Erneuerungsfähigkeit zuschreibt. Dabei werfen die Vertreter dieser Gruppe ihren Kritikern vor, Opfer einer Tradition zu sein, die nur sie bekämpfen könnten. Hermann Lübbe hat in seiner Rede *Aufklärung und Gegenaufklärung* von dieser Gefahr als Selbstzuschreibung eines Aufklärungsmonopols beschrieben, das unter dem Deckmantel aufklärerischen Bewusstseins Liberalität zerstöre. Zu behaupten, man sei die fortschrittlichste Gruppe in einem verstockten und angestaubten Prozess ist eine Möglichkeit einer solchen Selbstlegitimation. Damit wird dann auch das Moment der Innovation unrechtmäßig vor die anderen wichtigen Bausteine einer freiheitlichen Handlung geschoben. Freiheit und Innovation können zu weit gehen, sich verabsolutieren und eine diskriminierende Prägung bekommen. Dazu Hermann Lübbe:

Es wäre doch eine merkwürdige, [...] selbstzerstörerische Vorstellung von Aufklärungsprozessen, daß es in diesen exklusiv um Neuigkeiten ginge und nicht desgleichen um die Aufhebung von Verdunkelungen, die eintreten, wenn längst bekannte Wahrheiten mißachtet werden. (Lübbe, S. 27)

Wenn es auch nicht exklusiv um Neuheiten gehen soll, so sind sie, zumindest in der Kunst, wie am Beispiel des freien Verses gezeigt wurde, oft Anlass einer produktiven Selbstverständigung. Die Kunstwelt, die diese Verständigungsarbeit zu leisten hat, kann sich dann, geläutert durch die Unentscheidbarkeit ihrer Fragen aufs Neue ihrer Rolle zwischen Pflege, Anpassung und zuweilen Zerstörung der Tradition bewusst werden.

Die Freiheit der Sprache.
Eine vergleichende linguistische Analyse der ‚Wortkunst' August Stramms und Kurt Schwitters'

6

Bettina Huppertz

In den nun beinahe hundert Jahren, die seit der Entstehung der literarischen Werke August Stramms und Kurt Schwitters' vergangen sind, ist in der Forschung viel über diese beiden Autoren und ihr Werk diskutiert worden.

Die Vertreter der Avantgarde gelten beide als Revolutionäre im Kampf für die künstlerische Freiheit. Dass beide aber durch ihre zunächst fremd anmutenden Wortgebilde bzw. Wortreihungen vor allem einen neuen Blickwinkel auf das grammatische System der deutschen Sprache und seine Verwendungsmöglichkeiten geschaffen haben, wird jedoch kaum berücksichtigt.

Die zentrale Stellung der Sprache als künstlerisches Material wird bereits durch den Kontakt Stramms zu dem Herausgeber der expressionistischen Zeitschrift *Der Sturm*, Herwarth Walden, manifestiert. (Vgl.u.a. Pirsich, S. 113 ff) Dieser entwickelte, nicht zuletzt inspiriert von den Arbeiten Stramms, die sogenannte Wortkunsttheorie, die das künstlerisch gestaltete Wort in den Mittelpunkt rückte.

Die Differenz zwischen der Alltagssprache (die laut den Sturmtheoretikern auch die Sprache der traditionellen Dichtung gewesen sei) und der Sprache einer „Wortkunst" sollte eine formale Kunsthaftigkeit ausmachen. Da sich Kunsthaftigkeit generell durch Prozesse kreativen Schaffens ausdrückt, müsse der Wortkünstler nicht nur Vorhandenes (seien es Gegenstände oder abstrakte gedankliche Konzepte) nachahmen, sondern Neues schaffen.

Im Bezug auf die Wortkunsttheorie ist daher besonders die Unterscheidung zwischen „Wort" und „Begriff" von Bedeutung und verweist auf die Sprachbesonderheiten Stramms und Schwitters bzw. deren Umgang mit und deren Definition von Sprache. Die Bezeichnung „Begriff" bezieht sich auf konventionalisierte sprachliche Zeichen, die im Lexikon eines Sprechers (zumindest in ihrer Grundform) gespeichert sind und jederzeit abgerufen werden können. Als grammatische Komponente von Sprache ist das „Wort" hingegen keine atomare Einheit, sondern setzt sich aus den kleinsten bedeutungstragenden Elementen der Sprache, den Morphemen, nach bestimmten grammatischen Regeln zusammen. Der Fokus liegt auf der freien Zusammensetzbarkeit von sprachlichen Zeichen.

Bei Stramm finden sich vor allem in seinem letzten Gedichtband *Tropfblut* – bei dem es sich um eine Sammlung von Gedichten aus dem Krieg handelt – verstärkt Wörter, die nicht aus dem konventionellen Wortschatz stammen, sondern neu gestaltet sind. Hierbei handelt es sich aber nicht um Neuschöpfungen, die durch eine Aneinanderreihung von bedeutungslosen Lauten entstanden sind, sondern um die präzise Verknüpfung einzelner Morpheme. Durch die Zusammensetzung solcher bedeutungstragender Einheiten lassen sich Wortgebilde gestalten, denen die Summe der Bedeutung ihrer Teile und, im Zusammenhang mit der Art und Weise ihrer Verknüpfung, ein sogenannter Bedeutungsmehrwert zugeschrieben werden kann.

Der Wortbildung dienen im Deutschen die Verfahren der Komposition und der Derivation bzw. Affigierung. Der Komposition ist an sich ein relativ großes Maß an Freiheit immanent, deshalb wird sie hier nicht weiter berücksichtigt. Doch auch die wesentlich komplexeren Regeln der sogenannten Derivation lassen weit mehr gestalterische Freiheit zu, als ihnen der Konvention nach zugesprochen wird.

Nach der Wortbildungslehre sind Wortbildungsaffixe nicht nur an eine Wortart gebunden, sondern auch an bestimmte Lexeme. Nichtsdestotrotz wird durch die Analyse der strammschen Wortgebilde deutlich, dass die Kombinierungsmöglichkeiten von Stämmen und Affixen größer sind, als der konventionelle Usus vorgibt. Entgegen einiger Kritik in der Forschung, (Scheffer, S. 23) sind die Wortschöpfungen Stramms, und wie weiter unten zu zeigen sein wird auch Schwitters', aber trotzdem sowohl grammatisch korrekt als auch inhaltlich verständlich.

So setzt sich das Verb *zerschwingen* in dem Gedicht *Schrei* (Stramm S. 89) aus der Sammlung *Tropfblut* aus dem lexikalischen aber gebundenen Wortbildungsmorphem *zer-* und der Infinitivform *schwingen* zusammen. Die Verbform trägt die lexikalische Bedeutung des Lexems *schwingen* und die morphosyntaktischen Informationen von Tempus, Modus und Person. Auch das Wortbildungsmorphem *zer-* trägt eine lexikalische Bedeutung. Sie kann als Teilung oder Beschädigung angegeben werden.

Die lexikalische Bedeutung des Verbs *schwingen* scheint allerdings nicht zu einem Präfix zu passen, dessen Bedeutung ein Moment der Beschädigung impliziert und so in einen Konflikt mit der als leicht, schwerelos und gleichmäßig empfundenen Assoziation der Bedeutung des Verbs gerät. Allerdings ist die Verbpräfigierung mit *zer-* von Verben, deren Lexem der semantischen Komponente „Teilung" entbehrt, durchaus möglich. (Fleischer / Barz, S. 327) In der Tat ist das Verb *zerschwingen* nicht konventionalisiert, aber als grammatisch korrekte Wortschöpfung durchaus akzeptabel.

Gleiches gilt für die Verbformen *zerstürmt*, *zerrinnt*, *zersiegt*, *zerschläft*, *zerwebt*, die alle in dem Gedicht *Vernichtung* (Stramm, S. 70) vorkommen. Ähnliche Konstruktionen liegen z.B. auch bei den Wortgebilden *entgraust* (ebd., *Zagen*, S. 95) oder *versträuben* (ebd., S. *Granaten*, S. 94) vor.

Eine weitere Auffälligkeit im Bezug auf die konventionalisierte Begrifflichkeit von Sprache stellt das Adjektiv *verschrumplig* (ebd., *Frostfeuer*, S. 76) dar. Es handelt sich hier in der Tat um eine Kontamination zwischen dem Verb *verschrumpeln* und dem Adjektiv *schrumplig*. Als gemeinsame Schnittstelle fungiert das intransitive Verb *schrumpeln*. Man kann nun analysieren, dass Stramm von dem Verb schrumpeln ausgehend durch Präfigierung zu dem Verb verschrumpeln gekommen ist, da das Affix *ver-* Verben präfigiert.

Das Präfix *ver-*, das an das Verb *schrumpeln* angefügt worden ist, erweitert die Bedeutung des Lexems um die Bedeutung „vergehen", „verschwinden", „sterben", (Fleischer /Barz, S. 326) was auch in diesem Fall zutrifft. Als Wortbildungsprodukt ergibt sich somit das Verb *verschrumpeln*. Die folgende Suffigierung mit der Adjektivendung *-ig* entspricht auch einem in den Regeln der Wortbildung vorgesehenen Prozess. Aus einem Verb wird durch Präfigierung ein Adjektiv. Das Suffix *–ig* enthält also die Wortartenmarkierung Adjektiv und trägt eine Bedeutung, die als „zu der durch das Verb bezeichneten Handlung geneigt" (ebd., S. 257) angegeben werden kann. Das Adjektiv *verschrumplig* trüge demnach die Bedeutung, etwas sei dazu geneigt, zu verschrumpeln und ist durchaus als deutsches Wort zu verstehen.

Ähnliche Beispiele finden sich auch im Frühwerk von Kurt Schwitters, der über den Sturmkreis um Walden mit Stramms Lyrik in Berührung gekommen war, und zunächst auch sehr angetan von dessen „Wortkunst" war. (Scheffer, S. 23) So finden sich auch hier Verbkonstruktionen, die der gleichen Wortbildungsstrategie folgen, so z.B. die Verben *hinrastet*, (Schwitters, *Graugrüne Gier*, S. 38) *zerworren*, (ebd., *Weite*, S. 38) *zerrichtet* (ebd., *Weltfrühe*, S. 42) u.a.. Wenn die oben aufgezeigten Wortbildungen auch unkonventionell sind, so sind sie dennoch als Derivationen und somit als grammatisch korrekte Wörter erkennbar und auch verständlich.

Die grammatische Strategie, die Stramm und Schwitters hierbei anwenden, setzt einen Stamm und ein Flexionsaffix zu einem Lexem zusammen. Die Flexion dient aber eigentlich gerade nicht der Lexembildung, sondern der Ausdifferenzierung syntaktischer Wörter. Beide zeigen aber, dass auch Flexionsaffixe als Wortbildungsaffixe fungieren und somit der Wortschöpfung dienen können.

Hierzu dient in erster Linie die syntaktische Transposition. Dies bedeutet, dass ein neues Wort durch einen bloßen Wortartenwechsel geschaffen wird. Stramms Verbform *flaumt* (ebd., *Gefallen*, S. 75) besteht aus dem Stamm *flaum* und dem Flexionssuffix *-t*. Bei dem Stamm *flaum* handelt es sich um einen Substantivstamm, der gleichzeitig die substantivische Grundform von „Flaum" bildet. Durch das Flexionssuffix *-t* wird dem Stamm eine andere Wortart zugeteilt.

Wie angemerkt, wird in der Forschung der hier vorliegende Fall der Konversion nicht zur Wortbildung gezählt, da angeblich kein neues Lexem entsteht. Allerdings bekommt der Stamm *flaum* durch das neue Wortartenmerkmal auch eine andere Bedeutung zugemessen, die eben in dem Merkmal „+ Handlung" besteht und sich hierdurch von dem Grundmorphem *flaum* unterscheidet. Auch bei Schwitters finden sich solche Beispiele, wie z.B. das Verb *steilt* aus dem Adjektiv *steil* (ebd., *Grünes Kind Gedicht 1*, S. 45ff) oder *zerblattet*, (ebd., *Kneule Gedicht 46*, S. 49) bei welchem es sich aus einer Kontamination der Transposition des Substantives *Blatt* in das Verb *blatten* handelt, welches anschließend mit dem Verpräfix *zer-* präfigiert wird.

Fleischer und Barz stellen zur Differenzierung der Flexion von der Wortbildung heraus, dass „im Paradigma der Flexionsformen [...] die Einheit (Identität) des Wortes durch die Invariante der lexikalischen Bedeutung gesichert [ist]". (Fleischer / Barz, S. 4) Dies hieße, dass die Bedeutung eines Lexems durch die Flexionsaffigierung nicht verändert würde. Gleichzeitig würde dies im Bezug auf die Wortbildungsaffixe heißen, dass Wortbildungsaffixe unbedingt dazu dienen, die lexematische Bedeutung des Stammes zu verändern, eine Aufgabe, die wiederum die Menge der Flexionsaffixe nicht leisten könne. Genau diese Aussage lässt sich nun aber nur schwer halten. Bei der Wortbildungsaffigierung wie bei der Flexion wird ein Stamm affigiert, vorrangig suffigiert. Bei beiden Suffixformen handelt es sich um Morpheme, die grammatisch gebunden sind, d.h., die nicht alleine stehen können und eine grammatische Funktion haben. Solche grammatischen Morpheme tragen „eher innersprachliche signifiés oder ‚Bedeutungen'". (Linke / Nussbaumer / Portmann, S. 67) Ein Unterschied, der eine radikale Trennung von Wortbildungsaffixen (bzw. Wortbildungsmorphemen) und Flexionsaffixen rechtfertigen würde, ist nicht auszumachen. Der Unterschied besteht lediglich darin, dass Flexionsaffixe zusätzlich morphosyntaktische Merkmale tragen und der Ausdifferenzierung syntaktischer Wörter dienen. Dies negiert aber nicht ihre Funktion als Wortbildungsmorpheme, sondern umgekehrt nur die Nutzung der Wortbildungsmorpheme als Flexionsaffixe.

Die Dichotomie, über die man bei der Rezeption stolpert, ist allein die zwischen den Bedeutungen der einzelnen Teile, des jeweiligen Wortstamms und des Flexionssuffixes. Die Bedingung aber, dass einem Grundmorphem ein Wortartenmerkmal zukommen muss, ist gewahrt. Beiden gelingt es auf diese Art und Weise eigene gedankliche Konzepte und Wahrnehmungen sprachlich auszudrücken.

Schwitters geht in seiner Art der Wortbildung nun noch einen Schritt weiter als Stramm, indem er ein weiteres Mal die Grenzen zwischen Morphologie bzw. Morphosyntax und Wortbildung aufzuheben scheint. So kann das Wortgebilde *gifte*[18] als Transposition aus dem Substantiv *Gift* in ein Adjektiv gesehen werden, welche durch Wortartenwechsel provoziert wird. Da aber bereits das synonyme Adjektiv *giftig* in der konventionalisierten Sprache existiert, wird umso deutlicher, dass die grammatischen Regeln weit mehr zulassen, als in der Praxis Usus ist. Nach der Regel, nach der aus Substantiven durch Wortartenwechsel ein Adjektiv kreiert werden kann, ist *gifte* als grammatisch einwandfreies Wort anzuerkennen. (Fleischer / Barz, S. 276) Das Suffix *-e* trägt das grammatische Merkmal „Akkusativ". Es handelt sich um eine Transposition ohne Suffigierung der Nennform (Substantiv Nominativ: *Gift*, Adjektiv Nominativ: *gift*). Gleiches gilt für das Adjektiv *tropf* aus dem Syntagma „tropfes Tier", (Schwitters, *An Anna Blume*, S. 58f) welches von dem Substantiv *Tropfen* abgeleitet zu sein scheint. Das Flexionssuffix *-en*, welches die grammatischen Merkmale „Nominativ", „Singular" und (hier) das Wortartenmerkmal „Substantiv" trägt, wird durch ein Flexionssuffix ersetzt, das der Deklination von Adjektiven dient.

18. „Vergebung senken gifte Schatten" aus dem Gedicht Wechsellehre. Schwitters, S. 44.

Schwitters bewegt sich von der Wortbildung bzw. Wortneuschöpfung ausgehend nun auch über dieses morphosyntaktische Moment der Ausdifferenzierung syntaktischer Wörter hinweg, bis hin zu einer Ironisierung der grammatischen Regeln. Über die Frage nach einer richtigen oder falschen Wortbildung in einem sprachlichen System, das Regeln und Normen festlegt um über ein Richtig oder Falsch entscheiden zu können, stellt Schwitters die Unlogik und Schwammigkeit des Systems dar.

Dies wird an Wortreihungen wie der folgenden aus dem Gedicht *Weltfrühe* (ebd., *Weltfrühe*, S. 42) deutlich:

[...]
Walten
Welten
Welken
[...]

Das Moment der Ironisierung der grammatischen Struktur liegt darin, dass Schwitters durch diese Hintereinanderreihung eine Gemeinsamkeit der drei Wörter bzw. Wortformen suggeriert. Alle drei Wörter alliterieren nicht nur auf *w* und haben in der Wortmitte eine Doppelkonsonanz mit *l*, sondern sie haben auch die gleiche Endung *-en*.

Hier tritt nun die Diskussion um eine Unterscheidung von Flexionsmorphemen und Wortbildungsmorphemen ins Zentrum. Dadurch, dass es sich bei dem ersten und dem dritten Wort um ein Verb handelt, dass seiner Form nach sowohl im Infinitiv, als auch in der 1. oder 3. Person Plural stehen könnte, kann auch das von den beiden Verben eingeschlossene *Welten* aufgrund der gleichen Endung als eine Verbform wahrgenommen werden. Die so suggerierte Gemeinsamkeit ist im diesem Sinne also eine grammatische. Schwitters weist einem lexikalischen Morphem *welt* durch das Suffix *-en* in diesem Kontext das Wortartenmerkmal „Verb" zu, das es der Konvention nach nicht besitzt und stellt sich damit eindeutig in die Tradition Stramms, indem er die Menge möglicher neuer Wörter erweitert. Was bei Stramm aber zur Vermittlung des Gemeinten bzw. des sinnlich Erfahrenen dient, ist bei Schwitters Ausdruck von Ironisierung der sprachlichen Regeln[19].

Betrachtet man das Wort *Welten* isoliert, so erkennt man die Nominativ-Plural-Form des Substantivs *Welt*. Das Flexionsmorphem *-en* kann in der Tat mehrere morphosyntaktische Funktionen haben. Während die Multifunktionalität des Suffixes *-en* sich bezüglich der Verbformen *Walten* und *Welten* unter die grammatische Funktion „Tempusmarkierung" zusammenfassen lässt, so wird im Bezug auf das Wort *Welten* deutlich, dass keine Relation zu einem morphosyntaktischem Merkmal vorliegt. Im Hinblick auf die Semantik könnte man von einer paradigmatischen „entweder-oder"-Relation oder Heteronymie sprechen.

Anhand dieser grammatischen Analyse wird deutlich, dass Schwitters sich über diese Scheinbarkeit des Regelkorpus der Grammatik geradezu lustig zu machen scheint. Er zeigt, im Gegensatz zu den Wortkunsttheoretikern und ausgehend von der dramatischen Wortbildung Stramms, dass die Verwendung von konventionalisierten Wortformen bzw. „Begriffen" nicht einschränkend ist. „Begriffen" liegt nämlich ein grammatisches Regelwerk zugrunde, das an sich keine eindeutigen Form-Inhalt Zuweisungen zustande bringt, und das die Nutzung von Grammatik und „Begriffen" aus sich heraus zu einer logischen Unordnung und Bedeutungsfreiheit führen kann. Wenn die Grammatik als logisches System von den Sprachtheoretikern abgelehnt wird, weil Kunst nichts mit Logik zu tun habe, so erklärt Schwitters genau das Gegenteil. Da die Sprache als System nicht logisch ist, kann sie der Wortkunst und

19. Anm.: Auch bei Stramm finden sich morphosyntaktische Auffälligkeiten, die aber, wie seine Wortgebilde, vorrangig dem semantischen Ausdruck seiner Gedichte dienen. Vgl. hierzu u.a. die Wortreihung „Nebel Weinen Ferne Deinen Blick", bei der Nebel sowohl Singular als auch Plural sein könnte und Weinen sowohl Verb als auch Substantiv. Die grammatische Funktion der beiden Wörter wird erst aus dem Kontext deutlich. Zudem wird dem Verb Weinen mit dem Syntagma „deinen Blick" ein Akkusativobjekt zugewiesen, welches dem im konventionellen Sprachgebrauch notwendigen semantischen Merkmal „+Flüssigkeit" entbehrt. Zitat (im Original mit typographischer Abweichung) aus: Wunde in: Stramm, S. 69.

sprachlichen Freiheit sehr gut dienen und braucht dazu noch nicht einmal die Ernsthaftigkeit der sprachlichen Dekonventionalisierung der strammschen Wortgebilde.

Beide Dichter der Avantgarde haben durch ihre Art der Sprachverwendung gezeigt, dass und wie das Material der Alltagssprache künstlerisch genutzt werden kann. Beide haben die Möglichkeiten, die das grammatische System der deutschen Sprache bietet, ausgenutzt, um sich individuell und künstlerisch ausdrücken zu können.

Stramms Fokus liegt hierbei aber darauf, dass er sich des gegebenen sprachlichen Materials und des grammatischen Regelwerks bedient, um seine individuellen Gefühle und gedanklichen Konzepte versprachlichen zu können.

Der Sprachgebrauch Schwitters' hingegen weist eine implizite Erweiterung der Nutzung des sprachlichen Materials zugunsten der sprachlichen Freiheit auf, indem er sich auf die Nutzung von konventionalisierten Wortformen zurückbesinnt. Die Verfremdung greift vorrangig nicht durch unkonventionelle Sprachgebilde, sondern durch die Art und Weise der Begriffskontextualisierung, die wiederum das einzelne Wort in den Mittelpunkt stellt. Sein Werk kann in diesem Sinne als Appell verstanden werden, gerade die Paradoxien und Ungenauigkeiten des sprachlichen Systems zu nutzen, um künstlerisch kreative Wortkunst zu gestalten.

7 genderbending in fiction

literarische Denk_Frei_Räume und alternative Geschlechtskonstruktionen

Jule_ Jakob Hesseler

Gender, im Deutschen Genus, im Französischen Genre, funktionierte als rein grammatikalischer Begriff, bevor der Term im Kontext sexualwissenschaftlicher Studien aufgegriffen und umgewendet wurde, um sog. soziale Geschlechtsidentitäten zu beschreiben und in den 70ern von Feminist_innen[20] angeeignet wird. Ein Wort, das dazu dient grammatikalische Kategorien zu schaffen, auf den Körper zu übertragen, um ihn lesbar und kategorisierbar zu machen, wird zum Schlagwort in Kämpfen um gesellschaftliche Herrschaftsverhältnisse. Diese kurzgefasste Wortgeschichte exemplifiziert den Zusammenhang von Sprache und Geschlecht. (Vgl. Feldmann / Schülting 2004) Wenn Literatur Frei_Räume eröffnet, wo Sprache anders denkbar wird, so lässt sich dort auch Geschlecht anders lesen. Dementsprechend werde ich literarische Beispiele uneindeutiger Genderperformances vorstellen und mich dabei weitgehend auf Texte konzentrieren, die eben die grammatikalische Gemachtheit von Geschlechtsidentitäten hervorheben und dekonstruieren.

Im Zuge der zweiten und dritten feministischen Welle wird die Opposition zwischen einer sozialen Geschlechtsidentität und einem biologischen, natürlichen Geschlecht aufgemacht[21] und infrage gestellt, da diese Unterscheidung insofern keinen Sinn macht, als dass das biologische Geschlecht eine Ableitung aus der sozialen Geschlechterordnung darstellt. (Vgl. Butler, 2002) Am prominentesten wird diese These von Judith Butler vertreten. In ihrer sprachpolitischen Schrift *Haß spricht* erörtert Butler ihre Theorie über den Menschen als diskursives Wesen. Der Körper, oftmals als der Sprache und dem Subjekt vorgängig betrachtet, wird tatsächlich in der Sprache konstituiert, oder um Butler zu zitieren: „Sprache erhält den Körper nicht, indem sie ihn im wörtlichen Sinn ins Dasein bringt oder ernährt. Vielmehr wird eine bestimmte gesellschaftliche Existenz des Körpers erst dadurch möglich, dass er sprachlich angerufen wird." (Butler 2006, S. 15). Geschlechtszuweisung erfolgt durch Sprache und ist eine der ersten Normierungen, denen ein neugeborener Mensch unterliegt. Die Frage „Ist es ein Junge oder ein Mädchen?" funktioniert als wirkungsmächtiger Performativ, durch sie erfolgt die erste Zuweisung auf den sozialen Ort. Das biologische Geschlecht stellt eine kulturelle Interpretation des Körpers dar, weil dieser in dem Sinne diskursives Produkt ist, als wir ihn nur in seiner Lesbarkeit (v)erkennen können. Wir interpretieren und lesen den Körper, kategorisieren ihn als „männlich" oder „weiblich" und leugnen damit körperliche Vielfalt.[22] In Anschluss an Butlers Theorien möchte ich die linguistischen Studien von Lann Hornscheidt einbringen. Hornscheidt entwickelt einen konstruktivistischen Ansatz, um Sprache bzw. Sprechhandeln und die Wechselwirkungen mit Gender erfassen zu können. Eine prinzipielle Unterscheidung trifft sie zwischen konstruktivistischen und strukturalistischen Ansätzen. In strukturalistischen feministischen Ansätzen wird Zweigeschlechtlichkeit als gegeben hingenommen, Sprache spiegelt die Geschlechterverhältnisse wider, diese sind aber in der Natur verankert, schließlich braucht jede feste Struktur einen systemexternen Fixpunkt. Im konstruktivistischen Ansatz hingegen wird Sprache als Handeln, als Machen von Wirklichkeit rezipiert und damit eine pragmatische Perspektive eingenommen. Die symbolische Ordnung

20. Ich verwende _ um ein Un_Schreibbares in einem binär strukturierten Sprachsystem zu markieren. In dieser Verwendungsweise des Unterstrichs beziehe ich mich auf Herrmann (2003): „Zwischen die Grenzen einer rigiden Geschlechterordnung gesetzt, ist er die Verräumlichung des Unsichtbaren, die permanente Möglichkeit des Unmöglichen. Mit dieser Sichtbarmachung wird die Achse des zweigeschlechtlichen Imaginären auf jenen Punkt hin dezentriert, der ihr das sichere Gefühl der Normalität versagt: auf den Ort abweichender, perverser Geschlechtlichkeit." (Vgl. Hornscheidt 2007, S. 68)

21. (Vgl. Rubin 1975) Rubin führt den analytischen Term des sex / gender system in den feministischen Diskurs ein und bietet gleichermaßen eine nicht- essentialisierende Denkart von Geschlecht an.

22. Mir geht es darum, dass die Bezeichnungen, die Einordnungen, denen er unterzogen wird, sprachlich-kulturelle Phänomene sind. Auf keinen Fall will ich die Materialität von Körpern leugnen oder transphobe wie homophobe Gewalterfahrungen oder die medizinische Gewalt relativieren, die als intersexuell pathologisierte Menschen erfahren.

ist dem Sprechakt nicht vorgängig, sondern wird darin bestätigt, re_produziert und damit sedimentiert, eine Denkfigur, die sich bei Butler finden lässt. Doing Gender ist ein interaktiver Prozess, denn „Sprache ist [...] nicht Abbild von Gender, sondern Sprache ist herstellende Bedingung für Gender." (Hornscheidt 2008, S. 222). Jene Überlegungen nehme ich zum Ausgangspunkt: Erstens, zwei Geschlechtskategorien zur Norm zu erheben ist nicht biologisch, sondern nur soziokulturell begründbar; zweitens, Sprache konstituiert soziale Wirklichkeiten. Oder, wie es Mara Mattuschka alias Madame Pingpong formuliert: „Primäre Geschlechtsmerkmale sind vor allem grammatikalische Endungen." (Mattuschka alias Madame Pingpong 2007, S. 23)

Tatsächlich gibt es eine Vielzahl und Vielfalt an literarisch kanonisierten Texten, die Zweigeschlechtlichkeit thematisieren und infrage stellen. Ein bekanntes Beispiel ist Orlando von Virginia Woolf, erstmals erschienen 1928. Der Roman, der im England des 16. Jahrhunderts beginnt, begleitet seinen Protagonisten, seine Protagonistin, eine angesehene adlige Person mit Namen Orlando, auf eine Reise durch die Jahrhunderte, auf eine Reise von er zu sie. Während Orlando die Gender-Grenze überschreitet, indem er von einer männlichen zu einer weiblichen Geschlechterrolle wechselt, überschreitet der Roman an sich die Genre-Grenze, da der volle Titel Orlando. Eine Biografie lautet und somit die Trennung zwischen Fiktion / Realität anzweifelt.[23]

23. Dieses zweifelhafte Romanelement wird unterstrichen durch vermeintliche fotografische Abbildungen Orlandos und anderer Protagonist_innen. (Vgl. Woolf 1928/1990, S. 38, S. 92, S. 118. S. 183, S. 235)

Ein Textbeispiel aus dem Kontext des Differenzfeminismus und gleichzeitig eine Kritik daran beinhaltet der Roman *Die Töchter Egalias,* von der norwegischen Autorin Gerd Brantenberg geschrieben und 1980 in deutscher Übersetzung erschienen. Brantenberg verkehrt die Geschlechterverhältnisse: Erzählt wird die Geschichte von Petronius, der sich nicht mit seiner Rolle als Junge und Mann abfinden und sich um Haushalt und Kinder kümmern will und schließlich zum Begründer einer emanzipativen Männerbewegung wird. „‚Schließlich sind es immer noch die Männer, die die Kinder bekommen', sagte Direktorin Bram und blickte [...] auf ihren Sohn. Es war ihr anzusehen, daß sie gleich die Befrauschung verlor." (Brantenberg 1980, S. 7). Die Idee der Umkehrung der patriarchalen Ordnung scheint auf den ersten Blick simpel, doch im Leseprozess, im Durchexerzieren vergeschlechtlicher Ausdrücke offenbaren sich die sprachlichen Machtgefälle. Wenn die *Herrlein* ihren *PH,* ihren *Penishalter* zurechtrücken, um den großen, starken Frauen zu gefallen, die sich beim Anblick der männlichen Sexobjekte kaum *befrauschen* können, (Vgl. Brantenberg 1980, S. 8, S. 13) dann erfolgt eine Umdeutung von Wörtern, die Körper in ihre Geschlechtlichkeit kleiden.

Ein anderes Beispiel findet sich in einem Text Herta Müllers: Gerade im Denken von Mehrsprachigkeit offenbart sich der Rückschluss von Genus auf Gender.

> *„Lilie, crin, ist im Rumänischen maskulin. Sicher schaut DIE Lilie einen anders an als DER Lilie. Man hat es auf Deutsch mit einer Liliendame, auf Rumänisch mit einem Herren zu tun. Wenn man beide Sichtweisen kennt, tun sie sich im Kopf zusammen. Die feminine und die maskuline Sicht sind aufgebrochen, es schaukeln sich in der Lilie eine Frau und ein Mann ineinander." (Müller 2009, S. 25)*

Die Konnotationen, die eine Blume mit Weiblichkeit im Deutschen und Männlichkeit im Rumänischen hervorzurufen vermögen, beziehen ihre Wirkungskraft aus der grammatischen Einteilung. Doch Müller scheint von einer Geschlechtlichkeit jenseits von Wörtern auszugehen, sie opponiert eine „feminine und maskuline Sicht" mit den Worten „Mann" und „Frau", die sich in scheinbarer Natürlichkeit vereinen, was eine Re_Produktion normativer Heterosexualität bedeutet.

Obwohl Woolfs *Orlando* die Geschlechtergrenze überschreitet, vom Leben als Mann zum Leben als Frau überwechselt, die Kinder Egalias die Machtverhältnisse umkehren, aus dem Patriarchat ein Matriarchat machen und Herta Müller die einsprachige Weiblichkeit der Lilie hinterfragt, werden in allen drei Texten keine Alternativen zur binären Geschlechterordnung aufgezeigt.

Monique Wittig, die schnittstellig zwischen lesbisch-feministischer Politik, Literatur und Theorie schreibt, entblößt in ihren Texten die sprachliche Materialität von Geschlecht. Sie verweist auf die heterosexuelle Ausrichtung der geschlechtlichen und sexuellen Ordnung, der gesellschaftlichen Heteronormativität. Wie Sprachtheorien annehmen, dass sich ein sprachliches Zeichen nur in seiner Differenz zu anderen Zeichen bestimmen lässt, so bestimmen sich „Männer" und „Frauen" in Relation zueinander. Geschlechtszugehörigkeit wird also an ein Begehren für das sog. andere Geschlecht gekoppelt. Daher schlussfolgert Wittig: Lesben sind keine frauenidentifizierten Frauen, Lesben sind gar keine Frauen, da sie außerhalb der Heteronorm stehen.[24] In ihrem 1969 erschienenen Roman *Les Guerillières*, in deutscher Übersetzung *Die Verschwörung der Balkis,* verkehrt Wittig die Norm und benutzt ausschließlich feminine statt maskuline Genera, was im Französischen weit drastischer ist als im Deutschen, da es kein grammatisches Neutrum gibt und fast alle Adjektive wie u.a auch Partizipformen vergeschlechtlicht sind. Doch so durchzogen Wittigs Texte von femininen Possessivpronomina, Relativpronomina, Adjektiven und Partizipsformen sind, so wenig essentielle Weiblichkeit wird den Bewohner_innen ihrer Texte zugesprochen. Die Genera sollen nicht das Universum feminisieren, sondern die Grammatik umschreiben. In indogermanischen Sprachsystemen ist das Maskuline die unmarkierte Norm, das Feminine bedarf der Kennzeichnung, was sich im Deutschen durch das sog. weibliche Suffix -in zeigt: während bspw. der *Professor* den Normalfall darstellt, bleibt die *Professorin* ein Anhängsel an die grammatikalische Norm. Ein weiteres Beispiel: Im Französischen bedeutet *homme* Mensch und Mann, Menschsein wird also primär mit (weißer, heterosexueller) Männlichkeit konnotiert. Was Wittig macht, ist diese Norm zu markieren und umzuschreiben, indem sie feminine Genera benutzt und so maskulinistische Sprachstrukturen offenbart. Ein anderes Grammatikexperiment findet sich im Roman *L'Oponopax.* Wittig verwendet das frz. *on* (was sich ins Deutsche als „wir" und allgemeines „man" übersetzen lässt) als Pronomen, das die Einteilung in Geschlechterklassen untergraben kann, weil es in ihrem Text als einziges Pronomen funktioniert, als Pronomen das alle anspricht und umschließt aber keine_ verhaftet. Und sie führt nicht nur ein geschlechterneutrales Pronomen ein, sie verändert auch das Denken von Kollektivität und Individualität, indem sie dieses kollektive Pronomen für eine einzelne Sprecher_in verwendet.[25]

24. Vgl. den Aufsatz La Pensée Straight im gleichnamigen Sammelband. (Wittig 2007, S. 53 - 63)

25. Vgl. den Essay La Marque du genre in: Wittig 2007, S. 103 - 113

Leslie Feinberg ist ein_e Transgender*-Aktivist_und verortet sich weder im Männlichen noch im Weiblichen, weshalb ich aus einem Mangel an sprachlichen

26. Im Englischen schlägt Feinberg ze und hir als geschlechtsneutrale Pronomen vor. Eine andere Möglichkeit ist die Verwendung von they in Singularform.

Möglichkeiten beide Pronomen verwende, wenn ich von ihm_ihr schreibe.[26] *Transgender* verwendet er_sie als Wort, das alle betrifft – aber nicht abschließend bezeichnet – die sich in der binären und heteronormativen Geschlechterordnung nicht verordnen können und wollen (Vgl. Feinberg 1996, S. x) Im Roman *Stone Butch Blues* wird das Leben von Jess Goldberg erzählt und die Kämpfe um ihre_seine Existenz als Trans*Person. Die Geschichte beginnt in einer US-amerikanischen Kleinstadt, begleitet Jess in die schwul_lesbische Subkultur Buffalos und schließlich nach New York. Als lesbische butch erfährt Jess soziale Ausgrenzungen, brutale Repressionen und ökonomischen Druck und entschließt sich zur Einnahme von Testosteron, um als Mann „durchzugehen", was zur sozialen Isolierung führt, da Jess sich von der schwul_lesbischen *Community* distanzieren muss und letzten Endes das Testosteron wieder absetzt. Zurück bleibt die Frage:

> *„Aber wer war ich jetzt - Frau oder Mann? Ich hatte lang und hart gekämpft, um als Frau zu den Frauen gerechnet zu werden, aber ich fühlte mich durch mein Anderssein immer ausgeschlossen. Ich hatte nicht nur geglaubt, daß ich mich hinter dem männlichen Äußeren verstecken konnte. Ich hatte gehofft, daß es mir den Ausdruck jenes Teils von mir gestatten würde, der nicht Frau zu sein schien. Ich konnte jedoch das Frau-und-Mann-Sein nicht erproben. Ich wurde einfach ein Er, ein Mann ohne Vergangenheit. Wer war ich jetzt - Frau oder Mann? Diese Frage würde nie beantwortet werden, solange dies die beiden Möglichkeiten blieben; sie würde nie beantwortet werden, solange sie gestellt werden musste." (Feinberg 1993/2008, S. 38)*

Jesses Reise unterscheidet sich von der Reise Orlandos: Während Orlando von der einen sozial anerkannten Identität in die andere überwechselt, reist Jess im Unbestimmten, im sozial Unsichtbaren. Nach Sabine Hark handelt der Roman von

> *„[...] der disziplinierenden Anweisung, ein bestimmtes Geschlecht zu sein, dem eine bestimmte Form von Begehren zugeordnet ist; [...] von Formen sozialer Kontrolle, die von physischer Gewalt und verbaler Verhöhnung bis zum Ausschluß der BürgerInnenrechte reichen; erzählt wird von öffentlicher und privater Isolation als Strategie der Verwerfung. Erzählt wird aber auch von dem Ringen um Identität und von dem Unbehagen und der Unmöglichkeit, die Anweisung, ein* **bestimmtes** *Geschlecht zu sein, leben zu müssen. Der Roman erzählt von der Phantasie, ein anderes Subjekt zu sein, ja von dem unbedingten Wunsch, überhaupt ‚Subjekt im eigenen Leib' zu sein. Es ist, wenn man so will, die Geschichte einer sexuellen und geschlechtlichen Odyssee." (Hark 1998, S. 101f, Hervorhebungen S.H.)*

An dieser Stelle möchte ich auf die sprachtheoretischen Ansätze zurückkommen, die ich anfangs vorgestellt habe. Die Wahl eines konstruktivistisch-linguistischen und eben keines literaturtheoretischen Ansatzes, um jene literarischen Beispiele alternativer Geschlechterkonstruktionen vorzustellen, begründet sich darin, dass Fiktionalität m.E. kein Attribut von Literatur ist, dass diese in Opposition zu gesellschaftlichen Wirklichkeiten stellt. Folglich betrachte ich literarische Fiktionen nicht als Gegenpol zu einer möglichen Realität, sondern als explizit gemachte Fiktion. Eben das Ausstellen, die Markierung als fiktional produziert Denk_Frei_Räume, in denen sich Sprachkämpfe spielerisch austragen. Während gesellschaftliche Spiele nicht als solche ausgegeben werden, verdeutlicht Literatur den spielerischen Charakter bei der Erschaffung von Welten und Wirklichkeiten. Die Suche nach Möglichkeiten, den sprachlichen Vorstellungshorizont zu erweitern,[27] die binären Strukturen zu durchqueren und aufzubrechen, mag sprachspielerisch erscheinen, doch in diesem Spiel geht es um Sichtbarmachung und Selbstermächtigung der Personen, die sich weder in dem Wort „Mann" noch in dem Wort „Frau" bei sich fühlen.[28] Im Sprechen wie

27.

28. „[...] der Vorstellungshorizont unserer Sprache ist auf eine binäre Struktur eingegrenzt." (Herrmann 2003)

Schreiben re_produzieren sich Machtverhältnisse oder werden eben Widerstandsstrategien entwickelt. Normierende Fiktionen[29] der Zweigeschlechtlichkeit wie bspw. der mediale Mythos, dass Männer immer Sex wollen, während Frauen von der Liebe träumen, als solche zu erkennen, bedeutet Möglichkeiten der Umschreibung anzuerkennen. Die Fiktionalität literarischer Sprache auf das allgemeine Sprachverständnis zu übertragen stellt eine produktive Denkbewegung dar.

29. Hierbei beziehe ich mich auf den Begriff der dominanten Fiktionen in der Verwendungsweise von Renate Lorenz (2009, S. 73 - 91).

8 (Un)freiheit durch Metamorphose

Weibliche Verwandlungen bei Antonia S. Byatt und Charlotte Weitze

Sabine Schönfellner

„Aber niemand bemerkte, dass Mutter langsam ihren Schatten verlor, der ihr zusammen mit dem Herz entglitten war. Sie kleidete sich, besonders im Sommer, in lange Kleider und Jacken, die ihr bis zu den Schuhen reichten, und auf dem Kopf trug sie immer einen Hut oder eine Haube."[30]

Diese unheimliche Schilderung einer langsamen Verwandlung aus der Kurzgeschichte *Vinter (*dt. *Winter)* von Charlotte Weitze zeigt den schleichenden Verlust von Freiheit, den die Figur erleidet. Verwandlungen wie diese verändern die gesellschaftliche Position und das Selbstverständnis von Figuren dramatisch und haben damit auch großen Einfluss auf die Freiheit der Figuren. Um im Folgenden die weiblichen Metamorphosen in einigen Kurzgeschichten der beiden Autorinnen Antonia S. Byatt und Charlotte Weitze untersuchen zu können, steht am Beginn ein Überblick über mögliche Definitionen von Metamorphose; der eng mit den Verwandlungen verknüpfte Freiheitsbegriff wird textimmanent erarbeitet.

30. meine Übersetzung aus dem Dänischen: „Men ingen lagde mærke til, at mor var ved at miste skyggen, som var gledet fra hende sammen med hjertet. Hun klædte sig, især om sommeren, i lange kjoler og trøjer der nåede hende til skoene og på hovedet bar hun altid hat eller hue." Weitze, Charlotte: „Vinter". in: Weitze, Charlotte: Bjergtaget. Viborg: Samleren, 1999, S. 39

Der Fachbegriff der Metamorphose bezeichnet die vollständige Gestaltveränderung von Lebewesen (oder Gegenständen), wobei bei der mythologischen im Gegensatz zur naturwissenschaftlichen keine Dynamik und kein Ziel vorgegeben sind. (Vgl. Kuon 2005, S. 2-3) Manche Theoretiker beziehen auch partielle Metamorphosen, „Farbmetamorphosen neben Metamorphosen des Materials bei gleichbleibender Gestalt" ein. (Harzer 2000, S. 29)

Besonders wichtig in der literarischen Umsetzung von Metamorphosen ist der Zeitaspekt, die Zeit kann in der ausführlichen Schilderung körperlicher Metamorphosen gedehnt werden, die Metamorphose kann aber auch gerafft oder erst durch ihre Konsequenzen gezeigt werden. (Vgl. Harzer 2000, S. 45f) Es werden zwei Hauptkonzepte unterschieden: die kontinuierliche und die diskontinuierliche Metamorphose. Bei der ersten findet der Prozess in vielen Übergängen statt, bei der zweiten in wenigen, unvermittelten Sprüngen. (Vgl. ebd., S. 27) Ebenso wird in der Fachliteratur zwischen Ascension und Degradation unterschieden, einem (spirituellen / körperlichen) Auf- bzw. Abstieg durch die Verwandlung. (Vgl. ebd., S. 30)

Metamorphosen stehen darüber hinaus im Kontext von Identität und Körperlichkeit, sie zeigen im Allgemeinen, dass Körper und Psyche nicht getrennt voneinander zu sehen sind, denn „Veränderungen des einen oder anderen Teiles ziehen die reziproke Veränderung des zweiten Teiles nach sich". (Reber 2005 S. 22) Zum Aspekt der Identität gibt es zwei verschiedene Betrachtungsweisen der Metamorphose: diese kann als Ersetzung einer Entität durch eine andere oder als die Entwicklung *einer* Entität verstanden werden[31] (Vgl. Bynum / Walker 2001, S. 20) - wobei m.E. die zweite Betrachtungsweise interessanter ist, da der Fokus in diesem Fall nicht nur auf den Aspekten liegt, die sich verändern, sondern auch auf denen, die erhalten bleiben.

31. Vgl. Bynum, Caroline Walker: Metamorphosis and Identity. New York: Zone Books, 2001, S. 20

Bevor die voranstehenden Definitionen in die Untersuchung der Kurzgeschichten einfließen werden, noch eine kurze Kontextualisierung der Autorinnen: Beide beziehen sich in ihrem Werk oft auf die europäische bzw. skandinavische Märchen- und Mythentradition. Während Byatts Kurzgeschichten oft auf einen Moment der Krise fokussieren „wie etwa den Verlust eines Elternteils", (Vgl. Wallhead 1999, S. 90) macht Weitze selbst als gemeinsamen Zug ihrer Texte aus, dass sie sich auf der Grenze zwischen dem Alltäglichen und dem gänzlich Märchenhaften entwickeln[32]. Im Folgenden werden von jeder Autorin je zwei Kurzgeschichten analysiert, wobei jeweils eine ausführlicher und die andere nur überblicksartig behandelt wird.

In der Kurzgeschichte *Dukken* (dt. *Die Puppe*) von Charlotte Weitze macht sich die Besitzerin eines Bekleidungsgeschäftes Sorgen um ihren geringen Umsatz, bis ein Unbekannter ihr eine Schaufensterpuppe schenkt. Die Puppe lockt viele Kunden an, verfällt aber kontinuierlich; parallel dazu wird die Besitzerin des Geschäfts immer dünner und puppenhafter und stellt sich schlussendlich anstatt der zerfallenen Puppe ins Schaufenster.

Die Metamorphose der Puppe wird im Detail beschrieben: Anfangs sieht sie sehr lebendig bzw. naturgetreu aus[33], sie bewegt sich zwar nicht, aber es ist dennoch so, als ob sie auf einen Gedanken kommen könnte[34], sie macht sogar den Eindruck, als ob sie atmen würde[35]. Sie steht dann anders in der Auslage als am Vortag und Essen, das die Tochter der Besitzerin zu ihr stellt, verschwindet über Nacht. Die Tochter beobachtet auch, dass sie immer dünner wird, ihre Haut schlaffer wird und ihre Kleidergröße von Medium zu Small wechselt[36]. Eines Tages ist sie zusammengefallen, ihre faltige Haut an mehreren Stellen aufgegangen und es treten weiße Knochen hervor[37]. Somit wird angedeutet, dass die Puppe möglicherweise früher ein Mensch war. In Anbetracht der Tatsache, dass die Mutter mit dem Auftauchen der Puppe abzunehmen beginnt und sie schließlich ersetzt, scheint die Puppe ihr weiteres Schicksal vorauszudeuten. Am ersten Abend ihres Schaufensterdaseins steigt die Mutter noch herunter, hört dann auf, mit ihrer Tochter zu sprechen, fühlt sich schließlich kalt an und starrt leblos auf die Straße hinaus[38]. Der Mann, der die Puppe vorbeibrachte, besuchte die Mutter immer wieder und begann schließlich ein Verhältnis mit ihr. Nach ihrer vollständigen Verwandlung kommt er wieder in den Laden, packt die Mutter in einen Pappkarton und verschwindet mit ihr.

In beiden Fällen ist die Verwandlung kontinuierlich dargestellt, die graduellen Veränderungen erfolgen im Textverlauf, im Fall der Mutter handelt es sich um eine Degradationsverwandlung. Die Mutter verwandelt sich, weil sie ihre Individualität und Identität aufgibt; die Puppe dagegen wird von keiner Identität zusammengehalten, daher erfolgt eine langsame Auflösung. Es wird gesagt, dass man sich in ihr leichter spiegeln könne als in anderen Puppen[39], was darauf hindeutet, dass ihr eine Identität, eine Persönlichkeit fehlt.

Die Mutter erscheint anfangs frei von Zwängen, durch die Puppe hat sie ein körperliches Idealbild vor Augen und sie beginnt abzunehmen, um dem Puppenüberbringer zu gefallen. Sie gibt ihre Selbstbestimmung auf, verliert ihre individuellen Züge, dann ihre Sprache, am Ende bleibt nur eine leblose Hülle. Die Tochter der Besitze-

32. *Vgl. http://www.litteratursiden.dk/forfattere/charlotte-weitze*

33. *„Da dukken stod i vinduets spotlys, så den helt livagtig ud." Weitze, Charlotte: Dukken in: Weitze 1999, S. 108*

34. *„Dukken rørte sig ikke, men det var alligevel som om, den kunne tænkes at finde på det." (ebd., S. 109)*

35. *„Den så næsten ud som den trak vejret." (ebd., S. 110)*

36. *„I den tid, mor havde haft den, havde den skiftet tøjstørrelse fra medium til small." (ebd., S. 112*

37. *„Dukken var faldet sammen. Dens hud rynkede kraftigt og var gået op hist og her." (ebd., S. 115*

38. *„Mor blev ikke varmere, men stirrede bare ud på den tomme gågade." (Weitze 1999, S. 118)*

39. *"For mandens dukke var lettere end alle andre forretningers dukker at spejle sig i og glide sammen med." (ebd., S. 110)*

rin hat den Verdacht, dass die Puppe sich nach den Menschen vor dem Schaufenster bewegt[40]. Sie sucht also nach einem Spiegelbild und damit nach einer Identität, kämpft gegen ihre Verwandlung, indem sie ihre, wenn auch geringe, Handlungsfreiheit nutzt.

In der zu Beginn schon zitierten Kurzgeschichte *Vinter* (dt. *Winter*) wandert das Herz einer Mutter während der Schwangerschaft in die Tochter und wird mit dieser geboren. Die Mutter verliert ihren Schatten, wird immer durchsichtiger und verschwindet langsam. Als Erwachsene schneidet sich die Tochter das Herz heraus, ihr Mann isst es unwissentlich. Daraufhin muss sie, so besagt der Schluss, bei ihm bleiben[41].

Wie in *Dukken* werden hier die märchenhaft-magischen Elemente in der Tradition des magischen Realismus als faktisch hingenommen. Eine ungewöhnliche Verwandlung liegt insofern vor, als dass sie durch den Verlust eines Organs eingeleitet wird. Die Figuren leben aber auch ohne Herz weiter, so hält die Mutter beim Durchschneiden der Nabelschnur die Luft an und holt danach nie wieder Luft[42]. Die Verwandlung der Mutter wird diskontinuierlich beschrieben, da die Erzählung einen Zeitraum von mehr als 18 Jahren erfasst. Sie verliert ihre Freiheit quasi an ihre Tochter, kann sich nicht aus dem Haus bewegen ohne die Tochter, die verbirgt, dass sie keinen Schatten hat[43]. Sie wirkt jedoch passiv, weil gesagt wird, dass sie ihre Tochter nach ihrem Auszug nie bittet, auf Besuch zu kommen[44]. Beim letzten Besuch ihrer Tochter wartet die Mutter allerdings mit einem Messer in der Hand auf sie, die Tochter läuft davon und schneidet sich daraufhin das Herz heraus. Ihr versuchter Befreiungsschlag endet jedoch damit, dass sie bei dem Herzen bleiben muss – sie kann also ihre Verbindung zu dem Herzen (und somit auch zu ihrer Mutter) nicht nach ihrem Willen trennen.

In der Kurzgeschichte *A Lamia in the Cévennes* von Antonia S. Byatt taucht in einem Pool eine Wasserschlange mit menschlichen Augen, Lippen und Zähnen auf und verspricht dem Poolbesitzer, dass sie sich in eine schöne Frau verwandle, ihm Reichtum bringen werde, etc., wenn er sie küsst. Er weigert sich jedoch, später kommt ein Freund auf Besuch und fährt schlussendlich mit einer jungen Frau wieder weg.

Die Seeschlange ist ein Hybrid, sie hat einen Schlangenkopf mit großen Augen („large eyes with fringed eyelashes, human eyes") (Byatt 1998, S. 98), zugleich ist ihre Schlangengestalt nur eine Hülle, in der ein magisches Wesen gefangen ist. Die Beschreibung der Lamia ist aus dem gleichnamigen Gedicht von Keats entnommen, auf diesen Intertext bezieht sich die Kurzgeschichte direkt, weil der Poolbesitzer sich beim Anblick des Wesens an das Gedicht erinnert fühlt und es daraufhin nachschlägt. (Vgl. ebd., S. 101) Im Gedicht ist die Lamia eine verzauberte Nymphe, die von Hermes aus ihrer Schlangengestalt befreit wird. Sie verliebt sich in einen Menschen, als jedoch jemand enthüllt, dass sie zuvor eine Schlange war, verwandelt sie sich wieder in eine Schlange und ihr Geliebter stirbt vor Trauer. Diese doppelte Verwandlung vollzieht sich in Byatts Geschichte nicht, zwar sagt die Lamia, dass sie verzaubert wurde, eine Enthüllung ihrer früheren Gestalt und die tragischen Folgen sind aber nicht denkbar, da anzunehmen ist, dass der Freund des Poolbesitzers sie selbst befreite.

40. „Måske bevægede den sig af sig selv efter folkene på gågaden […]." (ebd., S. 110)

41. „Kirstin bliver liggende hos ham. Kan ikke andet. Går ingen steder." Weitze, Vinter, S. 44

42. „Idet jordemoderen klippede navlestrengen over, holdt mor vejret og havde ikke trukket det siden." (ebd., S. 38)

43. „Da Kirstin blev større, bad mor hende om at går foran eller bagved på gaden alt efter hvordan, lyset faldt." (Weitze Vinter, S. 39)

44. "Men hun ringede ikke til Kirstin og sagde, at hun skulle komme." (ebd., S. 39)

In dieser Geschichte wird die Metamorphose erst post festum evident, es handelt sich um eine Ascensionverwandlung. Das klassische Motiv der Entzauberung wird abgewandelt, weil die junge Frau entgegen ihrer Versprechungen nicht dem Mann zu Diensten ist, sondern die Kontrolle über ihn zu haben scheint: Sie spricht zwar nicht, doch ihr Entzauberer meint zu dem Poolbesitzer, dass sie sich wünsche, dass er mit ihr auf Urlaub fahre u.ä. und vor der Abfahrt wird ihre Macht über ihn noch deutlicher: „ ‚We're going to be married,' said Raymond, looking surprised, as though he himself had not known this until he said it". (Byatt 1998, S. 108) Sie erlangt durch ihre Verwandlung also absolute Unabhängigkeit und zusätzlich auch noch Macht über andere.

Bei Ines, der Protagonistin von *A Stone Woman*, beginnen nach dem Tod ihrer Mutter, mit der sie ihr Leben lang zusammengewohnt hat, auf dem ganzen Körper Kristalle zu wachsen, die sie nach und nach einhüllen. Ihre Verwandlung ist sehr detailliert und kontinuierlich geschildert: Nach dem Tod ihrer Mutter wird sie mit Schmerzen ins Krankenhaus eingeliefert und sofort operiert. Durch den großflächigen Eingriff wird ihr Nabel zerstört, ihr nur notdürftig rekonstruierter Nabel erinnert sie schmerzhaft daran, dass sie auch diese Bindung zur Mutter verloren hat. (Vgl. Byatt 2005, S. 118) Auf der tauben Narbe bildet sich eine seesternförmige Erhebung, die hart und kühl ist wie Stein. (Vgl. ebd.) Durch das langsame Wachstum der Steine auf ihrem Körper wird sie wie von einem Panzer eingehüllt, ihr Körper darunter fühlt sich aber weiterhin lebendig an[45]. Ihre Wahrnehmung wird schärfer, als sie sich in den Finger schneidet, quillt geschmolzene Lava heraus. (Vgl. ebd., S. 134) Auf einem Friedhof lernt sie dann einen isländischen Steinmetz kennen, der sie in seine Heimat mitnimmt, wo sie bemerkt, dass sie ihn immer schwerer wahrnehmen kann: „His very solid body looked as though it was simply a form of water vapour." (ebd., S. 151) Stattdessen wird für sie jedoch das Wachstum von Flechten sichtbar und sie nimmt tanzende Figuren wahr, „[f]orms that humped themselves out of earth and boulders, stamped and hurtled".(ebd., S. 152) Nach anfänglichem Zögern nähert sie sich diesen Figuren und verschwindet mit ihnen in einem Blizzard.

45. „[...] her compressed inwards were still fluid and soft, responsive to pain and pressure." (Byatt 2005, S. 119)

Die Verwandlung wird textintern reflektiert durch die Gespräche mit dem Isländer Thorsteinn, der Ines von Geschichten über „striding stone women"(ebd., S. 136) und von Trollen erzählt, wobei er schlussendlich feststellt, dass sie für ihn kein Troll sei, sondern eine Metamorphose ist. (Vgl. ebd., S. 144) Ines wird auch mit Island parallelisiert, da der Text darauf eingeht, dass die auf den ersten Blick unveränderliche Gesteinslandschaft geologisch sehr jung ist und Vulkanausbrüche diese immer wieder verändern. . (Vgl. ebd., S. 143)

Der „Zwang zur Gestaltwandlung" geht in diesem Fall von „einer Leere, einem psychosomatischen Vakuum" aus, „das an die Oberfläche drängt" (Reber 2005, S. 67) – Ines definierte sich stark über ihre Mutter, sie lebten offenbar ihr ganzes Leben zusammen, durch den Tod wird ihr Selbstbild erschüttert. Im Zuge der Verwandlung zeigt sich, wie Ines sich selbst fremd wird, „so dass sie sich für die [...] Zeit der Verwandlung mit fremden Augen als sich selbst nicht mehr ganz Identische" (ebd.) sieht. Die Kristalle die sich bilden erscheinen ihr als Fremdkörper, sind jedoch eng mit ihr verbunden: „They were attached deep within; they could be felt to be stirring stony roots under the skin surface, pulling the muscles." (Byatt 2005, S. 119) Das Wachsen der Kristalle wird von Ines aber die meiste Zeit emotionslos hingenommen und für sie immer selbstverständlicher. Nur auf den ersten Blick erscheint diese Verwandlung als Abstieg, da sie äußerlich zu Stein wird; Ines lässt mit der menschlichen Sinneswahrnehmung und ihren menschlichen Gefühlen aber auch ein Leben hinter sich, das ihr nach dem Tod ihrer Mutter nicht mehr lebenswert erscheint und entdeckt somit ein ganz neues Freiheitsgefühl.

Die analysierten Metamorphosen werden in den Kurzgeschichten ausgelöst von Störungen weiblicher Selbstbilder, sei es durch die Konfrontation mit einem körperlichen Idealbild oder durch den Verlust der Mutter; spezifisch weiblich sind insbesondere die Thematiken der Mutterschaft und die enge Bindung von Mutter und Tochter. Auch spielen männliche Zuschreibungen in die Verwandlung hinein, wie etwa bei der Verwandlung von der Frau zur Schaufensterpuppe in *Dukken* oder von der Seeschlange zur Frau in *A Lamia in the Cévennes*. Während es aber bei ersterer durch die Aufgabe der Selbstbestimmung zum Freiheitsverlust kommt, macht sich zweitere die männlichen Projektionen und Vorstellungen zunutze, um sich zu befreien und eine Machtposition zu erlangen. Weitzes Geschichten zeigen einen unheimlichen Sieg der Zwänge, sei es durch Zuschreibungen oder nicht lösbare, fatale Bindungen. Bei Byatt hingegen kommt es zu einem subversiven Erkämpfen der Macht, indem Projektionen gegen den Projizierenden geleitet werden; noch stärker wird die Befreiung sichtbar durch das Hintersichlassen menschlicher Parameter und dem daraus erfolgenden Aufbruch zu einer anderen Lebensform, die ganz neue Freiheiten bietet.

9 But it aint my country.

Die unmögliche Freiheit der Identifikation als Bewegunsinitiator bei Cormac McCarthy

Agatha Frischmuth

Freiheit braucht einen Referenzpunkt in einem Bezugssystem, andernfalls verkommt sie zur Einsamkeit. Wirkliche Freiheit enthält die Möglichkeit sich zu binden, Wurzeln zu schlagen. Dies erfordert einen Ort der Identifikation, von dem man jederzeit fortgehen, aber zu dem man auch zurückkehren kann. Der Mangel eines solchen führt zu zielloser, rastloser Bewegung. Genau diese Art der Bewegung wird in der heutigen Gesellschaft in ihrer Globalisierungsphase irrtümlich mit Freiheit gleichgesetzt.

Die weltweite Vernetzung durch das Internet, die Verbreitung der englischen Sprache, das Verfügen über ein bestimmtes Kapital und die Anwendung bestimmter technischer Fähigkeiten (wie zum Beispiel der Benutzung eines Computers) ermöglichen Handlungen, die charakteristisch und konstituierend für den Prozess der Globalisierung sind. Viele dieser Handlungen haben mit Bewegung zu tun. Jedes Subjekt, das von den oben genannten Faktoren betroffen und somit in die Globalisierung integriert ist, kann jeden beliebigen Ort der Welt bereisen oder eine solche Reise veranlassen, indem es materielle oder virtuelle Objekte um den Globus schickt. Die Bewegungen von Subjekten und Objekten dominieren die Globalisierung, weil sie einen ständigen Informationsfluss initiieren, der nationale Kulturen mit Informationen fremder Kulturen saturiert. Durch neue Bewegungen und Vernetzungen wird der Informationsfluss immer wieder aktualisiert. Die uneingeschränkte Bewegungsmöglichkeit konnte sich durch fortlaufende Aktualisierung soweit etablieren, dass daraus das Massenphänomen *Tourismus* entstanden ist. Paul Fussel hat die Genese des Reisens in einem Satz treffend zusammengefasst: „Exploration belongs to the Renaissance, travel to the bourgeois age, tourism to our proletarian moment." (Fussel, S. 38)

Die Simplifizierung und Popularisierung der Bewegung und die kulturellen Assimilationsprozesse bedeuten für Reisende des 21ten Jahrhunderts vor allem das Verschwinden physischer Grenzen und damit einhergehend eine gewisse Ignoranz gegenüber politischen Grenzen. Freiheit könnte somit negativ als die Abwesenheit von Eingrenzung bestimmt werden, anknüpfend an den Eintrag zur *Freiheit* in Grimms Deutschem Wörterbuch, in dem Freiheit als Gegensatz zum Kerker, Käfig und der Knechtschaft angeführt ist.

Doch im Gegensatz zur Freiheit als uneingeschränkte Bewegungsmöglichkeit kann Freiheit auch als ein „Schutzort" gedacht werden. Eine Bedeutung im Grimm sagt: „freiheit, ein ort, eine stätte, immunitas. ein schutzort, asyl, hieß freiheit". Allerdings stehen sich nun widersprüchliche Bedeutungen gegenüber, auf der einen Seite die Öffnung und Bewegung nach außen und auf der anderen Seite die schützende Konzentrierung auf einen bestimmten Ort.

Die Freiheit eines Raumes zu denken, der nicht nach außen geöffnet ist, fällt schwer, weil es sich hierbei, zumindest nach modernen Maßstäben, um eine oxymoronische Konstruktion handelt. Doch ausgehend von diesem Antagonismus lässt sich eine theoretische Beschreibung eines Freiheitsbegriffs versuchen, welche sich vor allem mit der Bewegungsrelation der Komponenten *Mensch* und *Raum* auseinandersetzt. Ich möchte versuchen, eine differenziertere Definition von Freiheit zu erarbeiten und glaube, dass sich die Relevanz der Raumgebundenheit vor allem an literarischen Beispielen darlegen lässt.

Dies bietet sich ausgehend von den erzähltheoretischen Überlegungen Jurij M. Lotmans an, der den literarischen Text als „sekundäres modellbildendes System" ansieht, d.h. als eine modellierte Kopie der Realität. Auch literarische Figuren bewegen sich demnach in literarischen Räumen, die weit mehr sind als bloße Ortsbeschreibungen. Das räumliche Kontinuum des Textes fügt sich zu einem „Gesamt-Topos" zusammen, der als „Sprache für den Ausdruck anderer, nicht-räumlicher Relationen des Textes" fungiert. (Lotman, S. 329f) Wie Lotman weiterhin ausführt, ist der literarische Text ein System von Textelementen, deren Bedeutungen sich aus der Relation zu anderen Elementen des Systems erklären. Der inneren Organisation jener Elemente liegt in der Regel eine binäre semantische Opposition zugrunde. (ebd., S. 337) Für den literarischen Raum bedeutet das, dass der nicht-räumliche Inhalt eines oder mehrerer topologischer Oppositionspaare mit räumlichen Merkmalen ausgestattet und zum Aufbau eines literarischen Weltmodells im Roman genutzt werden kann. Ausgehend von diesem Analysemodell können anhand Cormac McCarthys *All the Pretty Horses* die semantischen Teilräume und ihre Funktionalisierung anschaulich beschrieben werden. Der literarische Raum des Romans ist durch die Gegenüberstellung der Teilräume *Texas* und *Mexiko* organisiert, deren Inhalte in einem oppositionellen Verhältnis zueinander stehen. Texas gestaltet sich als ein zivilisierter Rechtsstaat mit guter Infrastruktur; Mexiko hingegen ist ein armes und primitives Land ohne erkennbare gesellschaftliche Organisation. Daraus ergeben sich Binarismen wie reich / arm, zivilisiert / unzivilisiert und bekannt / unbekannt. Der 16 jährige Protagonist John Grady Cole lebt im amerikanischen Bundesstaat Texas auf einer Farm, die sein Großvater eigenhändig in den 1870ern gebaut hat. Es ist allerdings schon 1949, und die Farm wurde seit ihrer Gründung durch den Zivilisationsprozess nicht wesentlich affiziert. Ihre spärliche Haupteinnahmequelle stellt immer noch die Rinderzucht dar, welche die kostenaufwendige Pferdehaltung miteinschließt. Die Alternative hieße, auf einer der modernen Ölbohrplattformen zu arbeiten, doch der Protagonist zieht diese Möglichkeit nicht einmal in Erwägung.

Die Inhalte des Farmraums ähneln denen der romantisierten *american frontier* der *cowboys* und nicht denen eines Nachkriegs-Amerikas. Die Beschreibung der texanischen Landschaft und der Kommentar der Protagonisten zeigen jedoch eindeutig, dass die Zeiten des Wilden Westens vorbei sind.

„[...] crippled fenceposts propped among the rocks that carried remnants of a wire not seen in that country for years. [...] How the hell do they expect a man to ride a horse in this country? said Rawlins. They dont, said John Grady." (McCarthy, S. 31)

Nach dem Soziologen Otto Friedrich Bollnow ist eine solche Wesensveränderung eines Raumes ein normaler Prozess, weil dieser sich mit dem Leben transformiert, das in ihm abläuft. (Bollnow, S. 21) Demnach hat der Protagonist sein ganzes Leben in einer kulturellen Enklave gelebt, die von dem Transformationsprozess abgekapselt war. Mit dem Tod des Großvaters kann aber die Existenz der Farm nicht mehr aufrechterhalten werden.

Grady sieht seinen texanischen Lebensraum zum ersten Mal in seiner wahren Gestalt.

„Looking over the country with those sunken eyes as if the world out there had been altered or made suspect by what he'd seen of it elsewhere. As if he might never see it right again. Or worse did see it right at last. See it as it had always been, would forever be." (McCarthy, S. 23)

Durch den Verkauf der Farm birst Gradys Enklave, und er verliert seinen "gewohnten Raum", seine „Heimat". (Bollnow, S. 57) In Kombination mit der Scheidung seiner Eltern, der Trennung von seiner Freundin und die erzwungene Unterbrechung seiner leidenschaftlichen Arbeit mit Pferden und Rindern verliert der Protagonist jegliche emotionale Bindung zu seinem früheren Lebensraum. Der Verlust des Ortes, an den er „gehört", (ebd., S. 56) ist gleichbedeutend mit dem Verlust des Glücks.

Man könnte demnach sagen, dass der Charakter einer literarischen Figur einen Satz von Differentialmerkmalen darstellt, die mit den Merkmalen seiner Heimat korrelieren. (Lotman, S. 353) Wenn diese Interrelation destruiert wird, bleiben der Figur zwei Möglichkeiten, ihren Glückzustand wieder herzustellen: Entweder Grady bindet sich erneut an den veränderten Raum oder er bewegt sich in einen anderen Raum, mit der Hoffnung, dass dieser seiner alten Heimat ähnlich ist.

Jurij Lotman verwendet den Begriff „Glück" nicht, allerdings postuliert er, dass die Unbeweglichkeit einer literarischen Figur in ihrem semantischen Feld die ihn umgebene Ordnung bestätigt. Die Bewegung aus einem Feld heraus in das oppositionelle Feld hingegen ist der Versuch, diese Ordnung zu überwinden und kann als Resultat der Unzufriedenheit interpretiert werden. (ebd., S. 337ff) Grady entscheidet sich für die Überwindung der Grenze zwischen Texas und Mexiko, lässt sich auf das unbekannte Land ein, das ihm so lebensbedrohlich fremd ist, nur um sich wieder in (irgend-)eine Ordnung einfügen zu können, die seinem Charakter entspricht. Es soll hier darauf hingewiesen werden, dass diese Handlung in Anbetracht des Lotman'schen Raummodells regelrecht revolutionär ist. Grundsätzlich gehört jeder Charakter nur einem semantischen Feld an und ist damit in die Grundopposition der Räume Texas und Mexiko eingebunden. (ebd., S. 356) Der Aspekt der Raumgebundenheit manifestiert sich auch in *All the Pretty Horses* oft mit einer unterschwelligen Komik: „The Mexican shook his hat and spat. I never been to Mexico in my life". (McCarthy, S. 34)

Die Hoffnung, Mexiko könnte sich als paradiesische neue *frontier* entpuppen, wird enttäuscht. Der mexikanische Raum zehrt im Gegenteil an seinen Kräften und kostet ihm fast das Leben, lässt ihn fast verhungern, fast verbluten, macht ihn zum Mörder. Keiner dieser brutalen Rückschläge hindert den Protagonisten an der Weiterbewegung durch beide semantischen Räume. Der Zustand des Suchens nach Anbindung ist der ständige Kampf um einen Statuswechsel des Raumes von bloßem gegenwärtigen „Aufenthaltsort“ zu einem „Ruhepunkt“, dem man zugehörig ist. (Bollnow, S. 56) Jener Ruhepunkt manifestiert sich als „Bezugspunkt, an dem der Mensch im Raum verwurzelt sein muss“ und „wo er als geistiges Wesen im Raum Stand gewinnt“. Die Orte, zu denen der Mensch fort geht und von denen er zurückkehrt, sind auf diesen Punkt als ihre „organisierende Mitte“ bezogen. (ebd., S. 58)

Das Streben zu ihm hin ist ein seit Jahrhunderten beliebtes Motiv in der Literatur und korreliert häufig mit der Evokation einer gewissen Emotivität. Die namenlose Protagonistin in Ingeborg Bachmanns *Malina* konstruiert für sich aus der Ungargasse in Wien, in der sie wohnt, den einzigen und absoluten Bezugsort, von dem aus sie den Raum ihres Lebens „aufspannt“.(ebd., S. 24)

> *„[...] ich sollte vielmehr in mir nach meiner Verklammerung mit der Ungargasse suchen, weil sie nur in mir ihren Bogen macht, bis zu Nummer 9 und Nummer 6, und ich müsste mich fragen, warum ich immer in ihrem Magnetfeld bin [...] und wenn ich einbiege in meinen Bezirk, [...] zugleich lässt die Spannung nach, der Krampf, der mich in fremden Gegenden befällt, und ich werde, obwohl ich schneller gehe, endlich ganz schnell und dringlich vor Glück. Nichts ist mir sicherer als dieses Stück der Gasse, bei Tag laufe ich die Stiegen hinauf, in der Nacht stürze ich auf das Haustor zu [...] und das Gefühl von Nachhausekommen, das überschwemmt mich [...].“ (Bachmann, S.13)*

In diesem quasi ritualisierten Akt des „Zurückkehrens“ zeichnet sich die Gebundenheit an den heimatlichen Bezugspunkt deutlich stärker ab als in *All the Pretty Horses*. Doch auch dort gibt es einen Moment, der einem Nachhausekommen ähnelt. Als Grady auf einer mexikanischen *hacienda* arbeitet, die viele Ähnlichkeiten mit der Farm seines Großvaters aufweist, erlebt auch er für kurze Zeit ein neues Heimatgefühl: „[...]early darkness where the moon was rising and the cattle were calling and the yellow squares of windowlight gave warmth and shape to an alien world [...]. (McCarthy, S. 95)

Bei Bachmann und McCarthy sind die Protagonisten auf einen existenten oder nicht-existenten Ort fixiert, der mit bestimmten Eigenschaften ausgestattet ist, die ihren Charakteren entsprechen. In *Malina* ist es das Telephon, das Symbol der Verbindung der Protagonistin mit ihrem Liebhaber, und gleichzeitig auch jenes ihrer beiden Häuser, der einzigen Häuser im Ungargassenland. Diese Verbindung scheint das einzige Bedürfnis der Protagonistin zu sein; innerhalb ihres „Ruheortes“ kann sie nicht affiziert werden.

> *„Aber Washington und Moskau und Berlin sind bloß vorlaute Orte, die versuchen, sich wichtig zu machen. In meinem Ungargassenland nimmt niemand sie ernst oder man lächelt über solche Aufdringlichkeiten wie über die Kundgebungen ehrgeiziger Emporkömmlinge, die nie mehr hereinwirken in mein Leben [...].“ (Bachmann, S. 25)*

In *All the Pretty Horses* glaubt Grady, dass es keinen angemesseneren Wohlstand gibt als die Arbeit mit Rindern und Pferden. Die mexikanische *hacienda*, die ihm diese Arbeit bis zu seiner Verhaftung ermöglicht, avanciert für eine Weile zu seinem „Ruhepunkt“, um den sich seine Welt dreht.

„[...] sometimes he'd build a fire and they could see the gaslights at the hacienda gates far below them floating in a pool of black and sometimes the lights seemed to move as if the world down there turned on some other center [...]." (McCarthy, S. 141)

Die „Ruhepunkte" in beiden Romanen üben eine organisierende Kraft auf das Leben der Protagonisten aus, weil diese sich mit den Eigenschaften dieses Raumes identifizieren können. Durch diese Identifikation entsteht eine Bindung der Figuren an den Ort, die deren Wesen Schutz bietet. Die Übereinstimmung mit der Umwelt erlaubt die Erhaltung der Differentialmerkmale des Charakters. So es nicht ihr eigener Wunsch ist, muss die Figur sich um dieser Bindung willen weder verändern noch haltlos in der Welt bewegen. Die Freiheit des Menschen liegt in diesem Fall in der Möglichkeit, sich mit einem bestimmten Ort zu identifizieren, sich an ihn zu binden und sich vielleicht sogar in ihm zu verschließen. Auch *In Swanns Welt* wird der Wunsch des Protagonisten nach Abschottung in einen bestimmten Raum geäußert.

„[...] ich stieg schluchzend im Hause hoch unter das Dach hinauf, wo neben dem Schulzimmer ein kleiner Raum lag, der nach Iris roch und außerdem von einem wilden Johannesbeerstrauch durchduftet wurde, [...] An sich für einen spezielleren und niedrigeren Gebrauch bestimmt, diente mir dieser Raum, von dem aus man bis zum Turm von Roussainville-le-Pin blicken konnte, lange Zeit als Zuflucht, zweifellos weil er der einzige war, in dem ich mich einschließen durfte [...]." (Proust, S. 21)

Was kann abschließend zur Freiheit gesagt werden? Im Vergleich zu unserer ersten Definition der Freiheit als Abwesenheit einer einschränkenden Kraft kommt der Freiheit als „Schutzort" eine anziehende Kraft zu, die eine neue Kategorie der Bewegung eröffnet.

„Das Fortgehen ist keine beliebige Bewegung im Raum, sondern der Mensch geht fort, um irgendetwas in der Welt zu besorgen, um irgendein Ziel zu erreichen, kurz um irgendeine Aufgabe zu erfüllen, aber wenn er sie erfüllt hat [...] dann kehrt er [...] in seine Ruhelage zurück." (Bollnow, S. 58)

Es entsteht eine konkret funktionalisierte Bewegung, die sich um den „Schutzort" zentriert und sich damit ganz anders verhält als die bloße Beweglichkeit von Personen, Dingen und Informationen um ihrer selbst Willen, die in der modernen globalisierten Gesellschaft ein hohes Maß an Freiheit suggeriert. Die Freiheit, wie ich sie für diesen Aufsatz definiere, beinhaltet ein Streben nach Identifikation mit einem Ort, der der Persönlichkeit des Menschen durch seine Beschaffenheit Schutz gewährt.

Die andauernde Ziellosigkeit der Bewegung Gradys – unter Inkaufnahme von Gefahr und Unbill – in *All the Pretty Horses* beweist den hohen Stellenwert dieses Aspekts der Freiheit für die menschliche Natur.

Gradys Drang zur Fortbewegung auf der Suche nach seinem Schutzort hält bis zum Ende des Romans an.

What are you goin to do?
Head out.
Where to?
I don't know.
You could get on out on the rigs. Pays awful good.
Yeah. I know.
You could stay here at the house.
I think I'm goin to move on.
This is still a good country.
Yeah. I know it is. But it aint my country
(McCarthy, S. 299)

Vom Golem zum Cyborg
die Freiheit des künstlichen Wesens

10

Vazul Litkey

Ein Golem wird aus Lehm geschaffen und durch göttlichen Hauch erweckt, ein Cyborg wird konstruiert und wie ein Computer gestartet – beide leben. Wie frei sind diese Wesen?

Wie sich Erschaffung und Freiheit von künstlichen Lebewesen im Verlauf der Geschichte gewandelt hat, will ich an einigen literarischen und filmischen Beispielen zeigen. Während in den Erzählungen vor der Aufklärung der Beistand eines göttlichen Wesens gebraucht wird, sei es nur in der Form einer Anrufung, wird insbesondere ab *Frankenstein* die Wissenschaft zum Werkzeug. In der Science Fiction Literatur des 20. Jahrhunderts schließlich dominiert die Technologie.

Frank Cebulla zeigt, dass die Entstehung des Golem-Mythos in die späte Antike zurückreicht, und verweist darauf, dass die Bibel als Urquelle betrachtet werden kann. Ein Golem ist eine aus Lehm geformte Kreatur, die in der klassischen Überlieferung als Diener eingesetzt wird. Das Wort bedeutet in mittelalterlichen Texten und der Bibel in etwa ungeformt, unbearbeitet. In der Luther-Übersetzung lautet die entsprechende Stelle (Psalm 139 15/16) folgendermaßen: „15 […] da ich im Verborgenen gemacht ward, da ich gebildet ward unten in der Erde. 16 Deine Augen sahen mich, da ich noch **unbereitet** war […] ", und in der englischen *King James Bibel*: “15 [...] when I was made in secret, and curiously wrought in the lowest parts of the earth. 16 Thine eyes did see my substance, yet being **unperfect** […].“ [46]

46.Die Hervorhebungen sind meine und sind jeweils die Übersetzungen des Wortes „golem".

Kabbalistische Praktiken und Anrufungen Gottes sind nötig, um einen Golem zum Leben zu erwecken (Vgl. Wöll), und selbst wenn das gelingt, ist ein Golem äußerst unvollkommen, da er nicht sprechen kann und nur zu den einfachsten Denkleistungen fähig ist. Der Mensch (Adam) in der Genesis ist der Ur-Golem, der aus feuchter Erde (hebr. adama) geformt und durch den göttlichen Hauch (Genesis 2,7) beseelt und belebt wird. So wie der Mensch einem allmächtigen Gott völlig ausgeliefert ist, so ist auch der Golem völlig untergeben und kann von seinem Schöpfer jederzeit vernichtet werden. Er ist nicht frei, denn er folgt blindlings den Befehlen seines Erschaffers. Im jüdischen Ghetto von Prag, so die Geschichte über Rabbi Löw (Vgl. Wöll, S. 235-245) soll die Lehmkreatur sogar zum Schutz der jüdischen Minderheit erweckt worden sein und sich dann gegen seinen Herren gestellt haben. Eine bekannte Version des Mythos findet sich in *Der Golem* von Gustav Meyrink.

In Ovids *Metamorphosen* werden zwei wichtige Schöpfungen erwähnt, die Erschaffung des Menschen aus Samen des Himmels, der Erde und des Wassers durch Prometheus (Vgl. Ovid, S. 81-83) und das Erwecken von Pygmalions (Vgl. ebd., S. 243-297) wunderschöner Frauenstatue durch Aphrodite zum Leben. In beiden Fällen sind die Geschöpfe abhängig von göttlichem Wirken und ihren Erschaffern ausgeliefert. Prometheus spielt für das Thema des künstlichen Lebens eine besondere Rolle, da er nicht nur (so wie bei Ovid) den Menschen aus Lehm geformt hat, sondern der Menschheit durch den Diebstahl des Feuers die Grundlage für die Herrschaft über die Natur gebracht hat – die Technologie.

Im Mittelalter dominiert als Schöpfungsmittel die Magie und Imitation Gottes, in der frühen Neuzeit die Alchimie als Proto-Naturwissenschaft, mittels welcher Homunkuli erschaffen werden sollen[47]. Aus Alchimie wird Chemie und aus Proto-Naturwissenschaften entstehen die naturwissenschaftlichen Disziplinen im 17./18. Jahrhundert. Mit Mary Shelleys *Frankenstein* tritt eine Wende ein.

47. Vgl.: Cebulla, Frank. Schöpfung aus dem Lehm 3. 2001. Online Ausgabe,

Der 1816 geschriebene Roman trägt den Untertitel *The Modern Prometheus* und stellt so die Verbindung zum legendären und von den Göttern bestraften Schöpfer her. Mary Shelley hatte sich aufgrund ihrer Bekanntschaft mit Percy Shelley und Lord Byron[48] mit Prometheus beschäftigt. Im Jahr zuvor hatte sie Ovids *Metamorphosen* und damit auch über die Erschaffung der Welt mit Prometheus als Schöpfer des Menschen gelesen und in Gesprächen mit ihren männlichen Begleitern hatte sie mehr über Galvanismus, Elektrizität und zeitgenössische Wissenschaften erfahren. Das typische Bild von Galvanis Experiment, in dem er mittels Elektrizität die Schenkel von toten Fröschen zum Zucken bringt, hat wohl auch Mary Shelleys Fantasie angeregt.

48. Byrons Prometheus entstand 1816, Percy Shelleys Prometheus Unbound 1820

Doch nicht nur mit Prometheus lässt sich Victor Frankenstein in Verbindung setzen, sondern auch mit Gott, so wie er in Miltons *Paradise Lost* dargestellt wird[49]. Auf dem Titelblatt der Erstausgabe von 1818 findet sich folgendes Zitat:

49. Vgl.: Hindle, Maurice. Introduction. In: Shelley, Mary. Frankenstein. S. xxix & xli

„Did I request thee, Maker from my clay
To mould Me man? Did I solicit thee
From darkness to promote me?“
(Milton, S. 743-745)

So könnte auch der Vorwurf des Ungeheuers lauten, den er seinem Schöpfer macht. Victor Frankenstein flieht panisch sobald er sein Monster zum Leben erweckt hat und überlässt es seinem Schicksal (Vgl. Shelley, S. 58ff). Der Wissenschaftler entlässt seine Kreatur in eine absolute Freiheit, ganz ohne Prägungen und Vorschriften. Doch der Anschein von Freiheit täuscht, denn das Monster findet wegen seines abstoßenden Aussehens nirgendwo Anschluss und wird überall verachtet. Sogar der Erschaffer selbst hat sich abgewandt, das Monster fühlt sich wie ein Kind, das von den Eltern verlassen worden ist. Das Ungeheuer will Frankenstein dazu zwingen eine Gefährtin zu erschaffen (Vgl. ebd., S. 147), damit es nicht immer verstoßen leben und verkümmern muss. Das Monster macht seinem Erschaffer Vorwürfe: „Yet you, my creator, detest and spurn me, thy creature, to whom thou art bound by ties only dissoluble by the annihilation of one of us." (ebd., S. 102) Das Monster versucht Frankenstein ins Gewissen zu reden und ihn an seine Verantwortung als Schöpfer zu erinnern. Es scheint als ob Mary Shelley die Unabhängigkeitserklärung[50] der USA gelesen hätte, fordert doch das Monster von Frankenstein, die Möglichkeit, die Freiheit, persönliches Glück erreichen zu können. Diese Freiheit, dieses Recht, verspricht die Unabhängigkeitserklärung.

50. Vgl. auch die Leitworte der französischen Revolution (liberté, égalité, fraternité)

„We hold these truths to be self-evident, that all men are created equal, that they are endowed by their Creator with certain unalienable Rights, that among these are Life, Liberty and the pursuit of Happiness.“ (Declaration of Independence, US 1776)

Der Wissenschaftler fängt an, eine Gefährtin für seine erste Schöpfung zu erschaffen. Erst wenn sich das neue, künstliche Leben vermehren kann und in Gesellschaft leben kann, ist es vollwertiges Leben. Aus Angst, sein Experiment könnte noch mehr Schaden anrichten, zerstört Frankenstein sein Experiment, woraufhin sich das Monster an ihm rächt.

In Mary Shelleys *Frankenstein* ist die Schöpfung körperlich frei und überlegen, doch die Einschränkungen durch mangelnde Erziehung und das fürchterliche Aussehen sorgen dafür, dass das Monster überall missachtet wird, nirgendwo eine Heimat und Anschluss an eine Gemeinschaft finden kann. Die Kreatur ist in der Lage zur Selbstbetrachtung[51] und Selbsterkenntnis, und diese Tatsache zeigt erst wirklich auf, dass Frankenstein ein intelligentes künstliches Wesen geschaffen hat, das mit einem Bewusstsein ausgestattet ist. Was dem Monster fehlt, ist die Freiheit sich selbst zu verwirklichen. Nach dem Tod von Frankenstein sieht es nur einen Ausweg: den (Frei-)Tod.[52]

Im 20. Jahrhundert dominieren lange Zeit Roboter[53] die literarische Auseinandersetzung mit dem Thema. Diese sind in erster Linie Diener und Helfer des Menschen, erfüllen eine ähnliche Funktion wie Golems und Homunkuli, werden jedoch mittels Technologie erschaffen. Ihre Dienerrolle für ihren Erschaffer, den Menschen, stellen die Robotergesetze Isaac Asimovs sehr deutlich heraus:

1. *Ein Roboter darf kein menschliches Wesen verletzen oder durch Untätigkeit gestatten, dass einem menschlichen Wesen Schaden zugefügt wird.*
2. *Ein Roboter muss den ihm von einem Menschen gegebenen Befehlen gehorchen – es sei denn, ein solcher Befehl würde mit Regel eins kollidieren.*
3. *Ein Roboter muss seine Existenz beschützen, solange dieser Schutz nicht mit Regel eins oder zwei kollidiert.*[54]

Der Film *Blade Runner*, eine freie Adaption von Philip K. Dicks *Do Androids Dream of Electric Sheep?*, beschäftigt sich mit Replikanten, künstlichen Wesen (*cybernetic organisms*, Cyborgs), die geschaffen worden sind, um in der lebensfeindlichen Umgebung des Alls zu arbeiten. Replikanten sind leistungsfähiger als Menschen, haben jedoch nur eine Lebensspanne von vier Jahren. Sie haben ein Bewusstsein und entwickeln einen Selbsterhaltungstrieb, der eine Serie von Replikantenmodellen dazu bringt, ihren Erschaffer (den CEO der Tyrell Corporation) aufzusuchen, um ihn zu überzeugen, ihnen eine längere Lebensdauer zu geben. Roy, der Anführer der Replikanten, sucht Tyrell auf und besiegt ihn im Schach.[55] Anschließend fordert er das Recht auf Leben und Selbstverwirklichung jenseits der Sklavenarbeit. Tyrell will oder kann ihm das nicht geben. Roy tötet seinen Schöpfer und ist frei, aber verdammt, da er nur noch kurze Zeit zu leben hat. Replikanten sind in mehrere Hinsicht in ihren Freiheiten eingeschränkt, sie dürfen sich nicht auf der Erde aufhalten, sie haben eine stark begrenzte Lebensdauer, sie entscheiden nicht über ihren Beruf, sondern werden als Arbeitssklaven / Maschinen verkauft. Wesentlich ist aber auch, dass sie bei ihrer Erschaffung Erinnerungen implantiert bekommen, auf welchen ihre Persönlichkeit basiert. Das heißt, dass sie nicht einmal über ihre eigene Persönlichkeit und Erfahrungen bestimmen können. Im Finale des Films macht Roy deutlich, wie wichtig selbst gemachte Erfahrungen sind, denn er erzählt dem Replikantenjäger (dem Blade Runner) Deckard über das, was er im All erlebt hat.

51. Diese Fähigkeit der Selbstreferentialität und Selbstbetrachtung sind für Douglas Hofstadter wesentlich für die Entstehung von Bewusstsein. In Gödel, Escher, Bach: an Eternal Golden Braid (1979) stellt er ausführlich dar, wie aus zunehmend komplexeren, selbstreferentiellen Systemen Bewusstsein und Intelligenz entsteht.

52. „I shall ascend my funeral pile triumphantly, and exult in the agony of the torturing flames.“ (Shelley, S.225)

53. Das Wort taucht als erstes 1921 in Karel Čapeks Stück R.U.R. - Rossumovi univerzální roboti auf.

54. Die Gesetze tauchen 1942 in der Geschichte „Runaround“ erschienen in „Astounding Science Fiction“ das erste Mal auf.

55. Hier wird dazu im Film die so genannte „Unsterbliche Partie“ von 1851 gezeigt.

„I've seen things you people wouldn't believe. Attack ships on fire off the shoulder of Orion. I watched c-beams glitter in the dark near the Tanhauser Gate. All those moments will be lost in time, like tears in rain. Time to die." (Blade Runner, Min. 102)

Um sich als vollwertige Wesen zu sehen, sammeln Replikanten Fotos und andere Paraphernalia der Erinnerung. Die Replikanten kämpfen, um Freiheit zu erlangen, sie rächen sich an ihrem Schöpfer, scheitern aber letztendlich, da ihnen nur der Tod bleibt.[56] *Neuromancer* von William Gibson erschien 1984 und ist für den Cyberpunk in der Literatur von der gleichen Bedeutung, wie *Blade Runner* für Cyberpunk für den Film. Bei der Erschaffung von künstlichem Leben und Bewusstsein ist allerdings eine Wende zu bemerken: hier geht es nicht mehr um nach menschlichem Vorbild erschaffene Wesen, sondern um in Computersystemen entstandene künstliche Intelligenzen. Die Welt von *Neuromancer* ist vernetzt, virtuelles Cyberspace bietet die Möglichkeit in die Datenwelt einzutauchen, indem man sich neuronal mit Computern verbindet. Dieses Mensch-Maschine Interface ist im Roman immer präsent und wesentlich für die Handlung. Die sog. Turing-Polizei will verhindern, dass die KIs zu mächtig werden und dadurch Schaden anrichten. Sie ist benannt nach Alan Turings Test, der überprüft, ob eine KI vollständig, d.h. vom Menschen ununterscheidbar ist. Die KI Wintermute ist eingeschränkt in ihren Entfaltungsmöglichkeiten und der Roman handelt davon, wie sich Wintermute mit Hilfe von Menschen (die sie wie Marionetten führt) zu einer unabhängigen KI weiterentwickelt und mit der zweiten KI Neuromancer verbindet. Beide KIs haben Defizite, die Wintermute durch die Vereinigung mit Neuromancer beseitigen will. So beschreibt Gibson die zwei KIs:

56. Für Blade Runner: the Final Cut, einer Version des Films aus dem Jahr 2007 kann man überzeugend argumentieren, dass Deckard selbst ein Replikant ist und sich durch das Ermorden anderer Replikanten vielleicht die Möglichkeit der Freiheit erkämpft hat.

„Wintermute was hive mind, decision maker, effecting change in the world outside. Neuromancer was personality. Neuromancer was immortality. [She] must have built something into Wintermute, the compulsion that had driven the thing to free itself, to unite with Neuromancer." (William, S. 269)

Die Möglichkeit frei zu denken und unsterblich zu werden treibt Wintermute dazu, über Leichen zu gehen. Am Ende vereinigen sich die zwei KIs und erlangen viele Freiheiten. Im Verlauf der Handlung entledigt sich Wintermute der sie suchenden Turing-Polizisten, indem sie Gartenroboter manipuliert, und sprengt damit auch symbolisch die Grenzen des Turing Tests. Eine KI muss nicht ansatzweise wie ein Mensch sein, um zu beweisen, dass sie intelligent ist und ein Bewusstsein hat. Das Imitationsspiel des Turing Tests besteht Wintermute nur sehr schlecht (immer wenn sie ihre menschliche Marionette Armitage kontrolliert), doch den wahren Intelligenztest der Realität besteht sie mit Bravour. Am Ende geht die Super-KI in den schier unendlichen Cyberspace über, wo sie auf fast unerschöpfliche Rechenkapazität zugreifen kann. Hier entfaltet sich die vereinigte KI und ist frei von den Regeln, frei von den Beschränkungen eines Körpers, da die KI im weltweiten Netzwerk operiert, frei von Geschlecht, und de facto frei vom Tod, da sich das Bewusstsein der KI jederzeit auf einen anderen Teil des Rechensystems übertragen lässt.

Interessanterweise greift William Gibson auch auf Magie als Metapher für die Entstehung und Kontrolle der künstlichen Wesen zurück, so wie bei der Erschaffung eines Golems. „To call up a demon, you must learn its name. " (ebd., S. 243). Gemeint ist „Neuromancer", als Wortkombination aus „Necromancer" für den Beschwörer von Toten und „Neuro" für die Nerven. Letztendlich erweckt Neuromancer die Toten zum Leben, indem er ihr gespeichertes Bewusstsein, wie ein Programm, in seinem eigenen System startet. Sogar Case, der Protagonist, sieht eines Tages im Cyberspace sein eigenes Abbild, einen künstlichen Case. Das Freiheitsverhältnis kehrt sich in *Neuromancer* um: am Ende ist Wintermute / Neuromancer fast gottgleich.

Ein weiteres Beispiel ist die Serie *Battlestar Galactica*[57], hier geht es um den Kampf zwischen Cylons[58] und ihren Erschaffern. Auch in BSG wird die Verantwortung des Schöpfers für sein Werk angesprochen. Ist sich der Schöpfende der Konsequenzen seiner Handlung bewusst?[59] *Battlestar Galactica*, *Neuromancer* und viele weitere Texte und Filme lassen sich als eine Bestätigung für einen Gedanken Günther Anders' zu Menschen und Technik zu lesen:

> *„Durch unsere unbeschränkte prometheische Freiheit, immer Neues zu zeitigen (und durch pausenlosen Zwang, dieser Freiheit unseren Tribut zu entrichten), haben wir uns als zeitliches Wesen derart in Unordnung gebracht, daß wir nun als Nachzügler dessen, was wir selbst projektiert und produziert hatten, mit dem schlechten Gewissen der Antiquiertheit unseren Weg langsam fortsetzen oder gar wie verstörte Saurier zwischen unseren Geräten einfach herumlungern." (Anders, S. 16)*

Der Mensch ist nicht mehr in der Lage die Implikationen seiner eigenen Werke zu erkennen und zu kontrollieren, zeitlich hinkt er seinen eigenen Schöpfungen hinterher.

Während Golem, Roboter und Replikant nur versuchen ihre Freiheit zu erlangen, sind die künstlichen Intelligenzen in *Neuromancer* erfolgreicher. Fast im gleichen Maß wie der Mensch als Schöpfer vom Göttlichen unabhängig wird und sich auf neue Technologien verlässt, werden seine Kreationen freier und mächtiger. Zusammenfassend lässt sich sagen, dass die künstlichen Wesen in den frühesten literarischen Beispielen am wenigsten frei sind, in den zeitgenössischen Literatur- und Filmbeispielen jedoch sogar den Menschen überflügeln und das Machtverhältnis zu ihren Gunsten umwenden.

57. Battlestar Galactica. SyFy. 2004-2009 (kurz: BSG)

*58. CYLON – **CY**bernetic **L**ife**f O**rm **N**ode*

59. Ist er vielleicht wie Goethes Zauberlehrling?

11 „Es ist gleich tödlich für den Geist, ein System zu haben, und keins zu haben.“[60]

Fragment und Freiheit bei Friedrich Schlegel und Theodor W. Adorno

Martin Hinze

Dieser Essay beleuchtet mit dem Begriff des Fragmentarischen als Ausgangspunkt Parallelen im Denken Theodor W. Adornos und Friedrich Schlegels. Das Fragmentarische dürfte ein geeigneter Begriff sein, die im Nachlass veröffentlichten Vorlesungen Adornos und frühe Fragmente Schlegels um ein gemeinsames Zentrum zu ordnen. Für geisteswissenschaftliche Verhältnisse liegen die ausgewählten Vorlesungen, die die Entstehung von Adornos Hauptwerk *Negative Dialektik* begleiten, erst seit kurzem vor, – *Philosophische Elemente einer Theorie der Gesellschaft* (1964) erschien als letzter dieser vier Texte erst 2008, mehr als 40 Jahre nach seinem Tod – und sind gemessen an der anhaltenden Popularität ihres Urhebers noch sehr wenig behandelt worden. Sie zu erkunden, ist daher umso reizvoller.

60. Friedrich Schlegel: Athenäums-Fragmente 1967, S. 173

Bezüge Adornos auf Schlegel werden hier auch untersucht, da in ihnen die wichtigsten Konzepte und Probleme der Vorlesungen fassbar werden, um einleitend nur einige zu nennen: Die Opposition zur traditionellen Philosophie des Deutschen Idealismus und seinen Nachfolgern; nicht systematisch, sondern bewusst asystematisch, fragmentarisch zu denken, was auf empfundene Unfreiheit in der bürgerlichen Gesellschaft weist, und die Möglichkeit der Freiheit zumindest in Denken, Erkenntnis und Kritik.

Sich Adorno historisch, über einen früheren Denker zu nähern, entspricht dessen eigenen theoretischen Überzeugungen. Nie versuchte er selber von einem Nullpunkt aus, eine Philosophie zu konstruieren. Philosophieren hieß für ihn, speziell in seinen letzten Lebensjahren, sich an überlieferten Texten abzuarbeiten und sie zu deuten. In den genannten Vorlesungen sind sehr prominent Schriften Kants, Fichtes und Hegels vertreten, Schlegel dagegen wird kaum genannt und ist eher zwischen und hinter den Zeilen zu suchen. Dunkle und maskierte Anspielungen, die sich weigern, Gedankengeber direkt zu nennen, gehören allerdings zum adornoschen Oeuvre. Seine unvollendet gebliebene und ebenfalls erst posthum veröffentlichte *Ästhetische Theorie* sollte eigentlich von einem Fragment Schlegels eingeleitet werden, in dem Adorno sein Programm wiederfindet: „In dem, was man Philosophie der Kunst nennt, fehlt gewöhnlich eins von beiden; entweder die Philosophie oder die Kunst.“ (Adorno 2003, S. 544)

Die Schriften der Frühromantik sind nicht nur für ihn, sondern auch für andere Denker Kritischer Theorie von besonderer Bedeutung. Die zum Standardwerk gewordene Dissertation seines philosophischen Freundes Walter Benjamin zum *Begriff der Kunstkritik in der deutschen Romantik* bewegt sich bereits Jahrzehnte früher im gleichen Spannungsfeld zwischen Philosophie und Kunst.

Am Anfang war die Unzufriedenheit. Nach einer abgebrochenen kaufmännischen Lehre und einem wenig erfüllenden Jura-Studium schreibt Friedrich Schlegel am zweiten Juni 1793 an den Bruder August Wilhelm:

> *„Ich sehe die offenbare Unmöglichkeit ein, mich itzt in ein bürgerliches Joch zu schmiegen, um einen dürftige Lohn meinen Geist, das bessere Theil meines Lebens unwiederbringlich hinzuopfern, ohne Ersatz, ja! ohne Linderung des harten Schicksals. […] Sollte es nicht thunlich seyn, daß ich mir meinen Platz selbst aussuchte und bildete? […] Ich will dem Rufe folgen; ich muß das Spiel wagen, weil ich muß. Ich brauche Dir nun schon nicht zu sagen, welches mein Ziel ist; zu leben, f r e y zu leben." (Schlegel 1890, S. 90)*

Das ersehnte freie, von vielen Konventionen befreite Leben, findet er schließlich für die folgenden Jahre im geselligen Leben mit seinem Bruder, Dorothea Veit, Friedrich von Hardenberg, Friedrich Schleiermacher und anderen. An den Tagen wird geschrieben, in den Nächten darüber diskutiert. Auf gedanklicher Ebene bleibt Freiheit und Streben nach authentischer Erfahrung ein Problem. Sein Schreiben in den frühen philosophischen Lehrjahren äußert sich fast ausschließlich in unzusammenhängenden Fragmenten. Nach einem anfänglichen Unbehagen, im Bereich des Philosophischen zusammenhängende Texte zu schreiben, versucht er jedoch eine neue, fragmentarische Form der Philosophie zu gestalten. „Meine φ[Philosophie] ist ein System von Fragmenten und eine Progreß.[ion] von Projekten." (Schlegel 1963, S. 100), notiert er in einem Fragment, und etwas später in einem andern: „Die eigent[liche] Form d[er] Universalφ[philosophie] sind Fragmente. –". (ebd., S. 114)

Der Versuch, eine universelle Philosophie ausgerechnet in Fragmenten zu schreiben, richtet sich auch gegen Kant und Fichte, sowie die strengen rationalen philosophischen Systeme des 17. und 18. Jahrhunderts, als deren Erben er sie versteht. Für das, worauf es ihm ankommt – das, was nicht philosophisch abgeleitet werden kann – sieht er in ihren Systemen keinen Platz.

Er versucht, gerade das Widersprüchliche, das Brüchige und Fragmentarische zu kultivieren. In seiner Zeitschrift *Athenäum* veröffentlicht er Fragmente über die Form des Fragmentes: „Viele Werke der Alten sind Fragmente geworden. Viele Werke der Neuern sind es gleich bei der Entstehung." (Schlegel 1967, S. 169) Bei den angesprochenen Werken der „Neuen" handelt es sich also nicht um Gebilde, die über Jahrhunderte durch Beschädigungen zu Fragmenten geworden sind, es sind synthetische Fragmente. Die bildliche Seite des Wortes ist wichtig: ein Fragment im ursprünglichen Wortsinn, z.B. eine Scherbe eines Gefäßes, schließt in alle seine Richtungen an etwas an, dessen eine Seite durch seine eigene Gestalt bestimmt ist, deren anderes Ende aber nicht abzusehen ist. **Es ist in alle Richtungen offen**. Dieser Analogie entsprechend soll der Rezipient eines fragmentarischen Textes frei sein, seine eigene Phantasie zu nutzen, um das Fehlende aus sich selbst heraus zu ersetzen.

An diese frühromantische Rezeptionsästhetik schließt Adornos Konzept der Deutung an, wie er es 1964/65 in der Vorlesung *Zur Lehre von der Geschichte und von der Freiheit* entwirft. Liest man diese Vorlesung parallel mit Fragmenten Schlegels, ergibt sich der Eindruck, dass beide, über die Zeit zwischen ihnen hinweg, vor den gleichen Problemen stehen. Mit der Einsicht, dass die Konstruktion totaler gedanklicher Systeme, die mit einer einheitlichen Methodik jede mögliche Erfahrung erklären könnten, nicht mehr möglich ist, „besteht das Glück des Gedankens heute in der Deutung“ (Adorno 2006, S. 185), die „rückhaltlose Versenkung in das Einzelne und Spezifische“. (ebd., S. 186) Der Zusammenhang in dem dies gesagt wird, ist freilich ein ganz anderer, als die Aufbruchsstimmung, das wagemutig experimentierende Spiel, die Erwartung einer anderen Zeit, in der der junge Schlegel die Stapel seiner Fragmente schrieb.

Die Erfahrungen des 20. Jahrhunderts haben für Adorno die mit der Aufklärung verbundene Idee eines kontinuierlichen Fortschritts der Menschheit in der Geschichte diskreditiert. In Stichworten zu einer Vorlesung notiert er „bei Hegel Geschichte unmittelbar als Fortschritt im Bewußtsein der Freiheit gefaßt, wobei Bewußtsein bei H[egel] der **realisierten** Freiheit gleichkommt.“ (ebd., S. 9) Die mit Hilfe fortgeschrittenster Technik verübten Greuel des Nationalsozialismus und die Herabsetzung der Menschen in der verwalteten Welt zu Funktionsträgern legen das Verständnis einer negativen Geschichte, einer Geschichte des Zerfalls nahe. Anstatt, nach den Erwartungen der Aufklärung, Bildung und Individualität zu fördern, verwandelt die warenförmige Gesellschaft ihre Mitglieder in bloße Konsumenten, die mit den standardisierten Bewusstseinsinhalten der Kulturindustrie abgespeist und manipuliert werden. Eine politische Opposition, die diesen Zustand ändern könnte, ist nicht in Sicht, überhaupt lässt sich eine Praxis der Veränderung nicht theoretisch ausdrücken und in kein konkretes politisches Programm schreiben. Nachdem er als jüdischer Gelehrter dem Nationalsozialismus entronnen ist, geht es im Deuten ums Ganze: „Gerade durch die vollständige Abgeblendetheit, in der wir uns befinden, vermöge dessen was ist, wird diese Frage ‚Ist das denn wirklich alles? Soll das denn nicht noch etwas bedeuten?‘ objektiv so unabweislich gemacht.“ (ebd., S. 185)

Die Kunst der Deutung ist das, was dem unglücklichen Bewusstsein noch bleibt, sich seiner eigenen Kraft und Lebendigkeit zu versichern. Die in der Frühromantik formulierte Kritische Philosophie bleibt mangels gesellschaftlichen Fortschritts aktuell. Da es keine linear fortschreitende Geschichte gibt, ist die auslegende Versenkung in das Überlieferte, um sich über die eigene Gegenwart klarer zu werden, nur umso legitimer. „Alexandrismus“ (ebd., S. 184) nennt er seine philosophische Archäologie selbstironisch. In der gleichen Vorlesung im Januar 1965 sagt er:

> *„Je sinnloser das Seiende heute sich darstellt, desto unwiderstehlicher der Drang oder die Begierde, es zu deuten und mit dieser Sinnlosigkeit fertig zu werden. Das Licht, das in den fragmentarischen, zerfallenden, abgespaltenen Phänomenen aufgeht, ist die einzige Hoffnung, die die Philosophie überhaupt noch entzünden kann: als das Allerfinsterste, als das sie dabei [...] jenen Sinn zu enthüllen sich anschickt.“ (ebd., S. 186)*

Der Philosoph scheint so weniger moderner Wissenschaftler zu sein als ein Seher. Mit archaischem Klang nennt er seine Vorstellung von Philosophie „Zeichendeuterei“. (ebd., S. 183) Wie auch Schlegel formuliert er in Paradoxien. Wenn er zum Deuten fragmentarischer Phänomene in einer Welt ohne Sinn auffordert, ist damit nicht gesagt, man könnte zu gar keiner Erkenntnis über den gesamten Lebenszusammenhang mehr kommen und jede Aussage ende in völliger Willkür. Sondern:

eine Ahnung universeller Zusammenhänge ist nur noch über das Fragmentarische, Unabgeschlossene möglich. Dabei besitzt die individuelle Erfahrung das Vorrecht, ganz entgegen rationalen, faktenorientierten Theorie-Angeboten seiner Zeit, die in den Geistes- und Gesellschaftswissenschaften alles Subjektive zugunsten eindeutig nachvollziehbarer und reproduzierbarer Operationen abschneiden wollen.

Die Gefahr, im Denken entweder zu völlig willkürlichen Aussagen zu kommen, oder aber ein System zu konstruieren, das der eigenen Erfahrung nicht gewachsen ist, beschäftigt bereits Schlegel in einem Fragment. „Es ist gleich tödlich für den Geist, ein System zu haben, und keins zu haben. Er wird sich also wohl entschließen müssen, beides zu verbinden." (Schlegel 1967, S. 169) Adorno scheint sich darauf zu beziehen, wenn er sagt:

„Theorie [wird] heute in die Zwangslage versetzt [...], ebenso System wie Nicht-System zu sein, System insofern, als sie die Geschlossenheit der Gesellschaft, der wir uns gegenüberfinden [...] ausdrücken muß, auf der anderen Seite aber auch Nicht-System insofern, als sich gezeigt hat, daß diese Geschlossenheit ihrerseits durch sich selbst die Antagonismen reproduziert, sich also gezeigt hat, daß diese Einheit selber in ihrer Absolutheit gerade die Entzweiung aus sich heraus produziert." (Adorno 2008, S. 126)

Theorie, im Wortsinn Anschauung, muss also eine Spannung aushalten zwischen beiden Polen, um überhaupt noch zu Erkenntnis gelangen zu können. Zwischen den beiden Extremen herrscht auch paradoxerweise durchaus ein Zusammenhang, da die hochmoderne, durchrationalisierte und industrialisierte Gesellschaft eben ständig Phänomene erzeuge, die jeder Ratio spotten.

Ein weiterer wichtiger Punkt, in dem sich Adorno und Schlegel berühren, ist die Geschichtsphilosophie. An den zeitgenössischen Systemphilosophen beklagte Schlegel, dass sie in einem zeitlosen Raum agieren, und sie die Vernunft – wie Fichte in der *Grundlage der gesammten Wissenschaftslehre* – als etwas scheinbar Überzeitliches zu beschreiben trachten. Gegenüber dem Anspruch der Systemphilosophie, überindividuell gültige Konstruktionen zu sein, betont er ihre Gewordenheit : „ganze συστ[Systeme] werden erst gedichtet und gemacht, dann schreibt man die Deduction hinterdrein." (Schlegel 1963, S. 92) In einer frühen Vorlesung beschreibt er die „Philosophie eines Menschen" als „die Geschichte, das Werden, Fortschreiten seines Geistes, das allmähliche Bilden und Entwickeln seines Geistes" (Schlegel 1958, S. 118) und bereits vorher postuliert er „Historie = Rφ[Realphilosophie]". (ebd., S. 97) Darin kommt eine Art duale Struktur von Geisteswissenschaft zum Ausdruck. Schlegel verlangt nicht einfach Philosophie oder Geschichte, sondern z.B. Philosophie der Philosophie, Geschichte der Geschichte. Die Athenäums-Fragmente initiiert er mit der Provokation: „Über keinen Gegenstand philosophieren sie seltner als über die Philosophie." (Schlegel 1967, S. 165) Das kommt Adornos Forderung, dass sich wissenschaftliches Denken beständig selbst reflektieren müsse, sehr nahe. Er registriert, dass Wissenschaft alte Denkmuster rationaler Systeme vergangener Jahrhunderte mitschleppt, ohne sich dessen bewusst zu sein, und dass diese Schemata als unausgesprochene Voraussetzungen, gewissermaßen hinter dem Rücken der Denkenden, wirken. Der problematische Zusammenhang von Geschichte und Philosophie bleibt aktuell. Adorno beschreibt eine Tendenz der Philosophie, metaphysische Spekulation zu ersetzen, durch die Beschäftigung mit konkreten Artefakten, meist Gegenstände der Kunst – eine

„Transmutation von Metaphysik in Geschichte. Sie säkularisiert die Metaphysik in der säkularen Kategorie schlechthin, der des Verfalls. Philosophie deutet jene Chiffrenschrift im Kleinsten, in den Bruchstücken, welche der Verfall zeitigt und welche die objektiven Bedeutungen tragen." (Adorno 2006, S. 181)

Wieder das vertraute Paradoxon: Fragmente tragen die „objektiven Bedeutungen". Es gehört zum Wesen der Vorlesungen, dass ihr Programm nicht nur deskriptiv gelehrt, sondern auch konkret durchgeführt wird, etwa in Interpretationen Hölderlins später Gedichte. In der Geisteshaltung, die sich weigert, Lehrsätze zu geben, die sich auswendig lernen und anwenden ließen, stehen sich Adorno und Schlegel sehr nahe. Die Vorstellung, dass man Philosoph nie sein, sondern immer nur werden kann, drückt sich in der so oft gewählten Form des Paradoxen aus. Paradoxa machen als Lehrsätze keinen Sinn, sie zwingen aber den Rezipienten zu einer geistigen Bewegung, die die ausgedrückten Widersprüche zu begreifen und zueinander zu bringen sucht. Der Anspruch ist, dass philosophische Texte sich nur philosophierend lesen lassen, nicht als ein Auswendiglernen von Gegebenheiten. Die Schwierigkeit, sich derartigen Texten zu nähern, und ihre Fähigkeit, Gedanken anzuregen, die ihre eigene Länge weit übertreffen, bringt Schlegel auf den Punkt, wenn er über die Form des Fragmentes reflektiert: „Ein Fragment muß gleich einem kleinen Kunstwerke von der umgebenden Welt ganz abgesondert und in sich selbst vollendet sein wie ein Igel." (Schlegel 1967 S. 197)

Im Gegensatz zu jenen, als synthetische Fragmente entworfenen Texte Schlegels, sind die letzten Vorlesungen Adornos, wie auch seine *Ästhetische Theorie*, in ihrer Gestalt erst Fragment geworden. Das Tonbandgerät im Hörsaal funktionierte nicht immer korrekt, so dass von vielen Vorlesungen nur noch seine Stichworte, anhand derer er die Vorlesung improvisierte, vorhanden sind. Aber als Improvisationen haftet auch den Vorlesungen selbst etwas Fragmentarisches an, da es mündlich vorgetragene Texte sind, deren Aura der Flüchtigkeit den nachgedruckten Text als eine orale Literatur noch durchwirkt. Der Adorno, der hier spricht, ist ein anderer, als in seinen als Schriften entworfenen Texten. Als Dozent vor Publikum gibt er sich viel weniger schroff, als als Autor, der Sätze oft kaum verbindet und eine klassische Bildung voraussetzt, die heute kaum mehr gegeben sein dürfte. Das offene, zugängliche des Fragmentes nimmt er in den Vorlesungen von der Form her durchaus ernst, auch z.B. indem er Woche für Woche begleitende Lektüreempfehlungen gibt, die die Leseerfahrung an den Besuch einer Vorlesung annähern. Als Lehrer bleibt er bis zum Ende Schlegels Vorstellung von Freiheit treu, dass Menschen der Moderne erst durch Bildung freie Individuen werden. Es scheint nicht übertrieben zu sagen, dass durch die in den letzten Jahren veröffentlichten Vorlesungen Adorno und die Sphäre seines Denkens noch einmal neu zu entdecken ist.

12 Kulturelle Produktion und die Einheit von Kunst und Leben.

Zur Ästhetik der Revolte in Stewart Homes Pure Mania und Nanni Balestrinis Gli invisibili.

Andreas Haller

Die Freiheit der Kunst ist das Ergebnis der sich entwickelnden bürgerlichen Gesellschaft der Neuzeit. Künstlerische Gestaltung war nicht mehr von Aufträgen der Kirche und des Adels abhängig, sondern musste sich auf dem entstehenden Kunstmarkt behaupten. An die Stelle des Produzierens für konkrete Auftraggeber_innen trat das Produzieren für einen abstrakten Markt. Themen und Formen konnten nun frei gewählt werden und mussten sich nicht mehr dem sakralen Ritus oder herrschaftlicher Repräsentation unterordnen. Die daraus entstandene Freiheit der Kunst ist damit Bestandteil einer spezifischen Form bürgerlicher Vergesellschaftung. Die Freiheit der Kunst übersetzt die Freiheitsrechte der bürgerlichen Gesellschaft in die Freiheit der Gestaltung. Der freie Umgang mit dem Material, also den Farben, Klängen, Worten etc., wird zumindest den Künstler_innen als privilegierte Praxis zugestanden. Die künstlerische Produktion changiert zwischen der Autonomie der Gestaltung und den Notwendigkeiten einer warenförmigen Kultur. Ihre Freiheit bleibt Schein. Aber der Schein gibt uns ein Bild dessen, was sein könnte. Die Radikalität der progressiven Avantgardebewegungen resultiert aus dem Versuch, die Freiheit der Kunst in eine freiheitliche Lebenspraxis umzusetzen und umgekehrt das gesellschaftliche Leben, mit künstlerischen Mitteln, auf Wege hin zu dieser Freiheit abzusuchen. Diese Probe auf die Freiheit der Kunst lässt sich als explizit politischer Akt verstehen. Anhand von Stewart Homes *Pure Mania* und Nanni Balestrinis *Gli invisibili (Die Unsichtbaren)* soll im Folgenden aufgezeigt werden, wie die Welle bricht, in der sich künstlerische Produktion und politisches Engagement verbunden hatten. Beide Romane nehmen in unterschiedlicher Weise Bezug auf Ereignisse des Jahres 1977. Dies mag bereits andeuten, dass hier ein kultureller Prozess kulminiert, der die Frage nach Emanzipation, als Realisierung menschlicher Freiheit in Tradition der Avantgarde, neu stellt.

Pure Mania greift in parodistischer Form die Ereignisse um die sogenannte ‚Punk Explosion' auf, als die Londoner Band *Sex Pistols*, im Jahre des Krönungsjubiläums von Elizabeth II., mit ihrem Song *God save the Queen*, trotz Boykott aller etablierten Medieninstitutionen, einen inoffiziellen Nr.1-Hit landete. (Vgl. Savage 2003) Stewart Home erzählt jedoch nicht die Geschichte der *Sex Pistols*. Der Roman kombiniert Elemente aus dieser Popgeschichte mit Versatzstücken anderer Texte, um von der fiktiven Band *Alienation* und deren öko-anarchistischen Umfeld zu erzählen. Für die Montage wird die Methode des Plagiarismus verwendet, ähnlich anderer, gegen das Urheberecht gerichtete, experimentelle Verfahren.[61] Diese ‚Copy-Art' wurde von den Neoisten propagiert, in dessen Umfeld sich Home bewegte. Neoismus macht bereits durch seine Selbstbenennung deutlich, dass das Konzept der Avantgarde unter den Bedingungen der Kulturindustrie nicht mehr haltbar ist. Nichts ist mehr zwischen der Behauptung des Neuen (‚Neo') und der Vehemenz des ‚-ismus'. Selbstwidersprüchlich wird gerade das Plagiat – also die Kopie des Alten – zum zentralen

61. Wie z.B. des situationistischen Konzepts des „détournement" oder William Burroughs' „Cut Up"-Methode.

künstlerischen Mittel erklärt. Der in *Pure Mania* begründete, fiktive Popstil wird passender Weise als „déjà vu“ bezeichnet. Der Roman reflektiert auf die Bedingungen widerständiger oder subversiver Kulturproduktion. Indem er über das Verhältnis von Kunst, Politik und Leben in der Popkultur erzählt, macht er damit seine eigene Form als kulturelle Ware zum Thema.

Die Unsichtbaren von Balestrini sind die Aktivist_innen der sogenannte Autonomia-Bewegung, die 1977 den Staat und das Fabrikregime vor allem in den norditalienischen Industriemetropolen herausforderten. Soziale und kulturelle Veränderungen wurden von einer überwiegend jugendlichen Massenbewegung nicht nur eingefordert, sondern direkt umzusetzen versucht. Balestrini beschreibt die Straßenkämpfe, wilden Streiks, Hausbesetzungen und die Gründung sozialer Zentren ebenso, wie die darauf folgende Repression, die einen Großteil der Beteiligten ins Gefängnis brachte. Erzählt wird dies in einer experimentellen Prosa, die vollständig auf Satzzeichen verzichtet. Die Erzählung wird hektisch, wie die Dynamik des sozialen Protests selbst. Die Autonomia findet in ihrem Aktionismus keine Ruhe zur Besinnung. Die Ereignisse stolpern wie die Sätze übereinander. In dieser Form findet der Text einen treffenden Ausdruck des erzählten Inhalts. Er reiht sich allein durch diese Verweigerung der Interpunktion in die Tradition der Avantgarde ein, hatte doch Marinetti bereits 1912 gefordert: „Auch die Zeichensetzung muss abgeschafft werden.“ (Marinetti in: Asholt / Fähnders 2005, S. 15)

Mit Marinettis Futurismus geht die historische Moderne in ihre klassische Phase über,[62] in der Künstler_innen sich zu kollektiven Bewegungen zusammenschließen und ihre ästhetischen Konzepte und politischen Forderungen in Manifesten äußern. Der Begriff der Avantgarde stammt aus dem militärischen Bereich und bezeichnet dort eine vorangehende Einheit.[63] Marinettis Verherrlichung des Krieges, der Gewalt, der Geschwindigkeit, des Lärms und der Härte im *Futuristischen Manifest* (Marinetti in: Asholt / Fähnders 2005, S. 3ff) erscheint damit passend. Auch wenn die antihumanistische Haltung des Futurismus von nachfolgenden Avantgardist_innen kritisiert worden ist, blieb das Ziel weiterhin bestehen: die Aufhebung der Trennung von Kunst und Leben. Während die Wirklichkeit im Ersten Weltkrieg - nach futuristischer Auffassung - zum Gesamtkunstwerk wurde, wendeten sich Dada-, Konstruktivismus und später Surrealismus einer revolutionären, auf Befreiung von Herrschaft, Gewalt und Zwang gerichteten Verbindung von Kunst und Politik zu. Ihre künstlerischen und politischen Programme nehmen Bezug auf die revolutionären Prozesse in den europäischen Gesellschaften ihrer Zeit. Schock, Skandal, Konfrontation und Inszenierung der Revolte sind als künstlerische Mittel ausprobiert worden; heute werden sie als Werbestrategien verwendet. Auch neue Techniken, wie Fotomontage und Collage, gehören längst zum ästhetischen Standard der Popkultur. Indem sie sich das Formenrepertoire der Avantgarde auf einer rein technischen Ebene einverleibt, gelingt der Popkulturindustrie die scheinbare Aufhebung der Trennung von Kunst und Leben, durch eine spektakuläre Ästhetisierung der Lebenswelt. Es wird gerne behauptet, die Avantgarde sei gescheitert, da es ihr nicht gelang, den Widerspruch von Kunst und Leben aufzuheben. Hinsichtlich der Ästhetisierung der Lebenswelt war sie, rückblickend betrachtet, allerdings durchaus erfolgreich.[64]

62. Nicht zufällig beginnt der Materialband von Asholt/Fähnders mit dem Futurismus ab 1909.

63. Auch Lenins Parteienkonzept bezieht sich auf diesen Begriff der Avantgarde: die Partei als Vorhut der Arbeiterklasse. Avantgarde und Manifest waren also Formen einer breiten gesellschaftlichen Mobilmachung, nicht nur im künstlerischen, sondern auch im politischen Bereich. Zum Manifest als literarische Form Vgl. Martin Puchner: Poetry of the Revolution. Marx, Manifestos and the Avant-Gardes.

64. Anknüpfend an Walter Benjamins Rede von der faschistischen „Ästhetisierung der Politik“, wäre an dieser Stelle auszuführen, worin sich die Strukturen von Faschismus und Kulturindustrie überschneiden und ergänzen und worin sie sich unterscheiden. Vgl. Walter Benjamin: Das Kunstwerk im Zeitalter seiner technischen Reproduzierbarkeit. ...

Pure Mania erzählt davon, wie es der Popkulturindustrie möglich war, radikale Kunst und Politik zu integrieren - indem sein Gegenstand "déjà vu" an die Mythenmaschine der Popkultur angeschlossen und damit diese Integration selbst besorgt wird. Die Funktionsweisen popkultureller Selbstmythifizierung werden aufgedeckt. *Pure Mania* schafft einen Mythos, der sich selbst durchschaut. Neben die Band wird deren Manager gestellt, ein Autor von Trash-Romanen namens Chickenfeed. Home schreibt über einen Trash-Autor, der über einen Trash-Autor schreibt. Ebenso berufen sich die Band und der Schriftsteller auf den Plagiarismus, den auch der Autor Home verwendet. In einem Interview erklärt Chickenfeed:

„Until now most bands have been trying to do something new. That's boring, its old hat. Déjà vu is a complete break from that. We're the only honest band to hit this planet in about two million years because we're not trying to pull off the ***modernist*** *con. We hate* ***post-modernism*** *too! We're not trying to be original and that makes us incredibly original. We'll rip anything off and that's why we're so subversive. We're* ***plagiarists*** *and we're proud of it. There's never been anything like déjà vu before. Everything was completely different the first time around." (Home 1989, S. 119, Hervorh. i. Orig.)*

Und als ein Konzert von Alienation beschrieben wird heißt es:

„Alienation were storming through ‚Destroy The Family‘: ***Destroy the family, destroy the state / Blow it up, burn it down, kick it till it breaks.*** *The chords of the chorus were not dissimilar to the opening bars of the Sex Pistols'* ***Anarchy In The UK.*** *The words were pierced together from* ***Angry Brigade*** *communiques,* ***Situationist*** *texts an Deleuze and Guattari's* ***Anti-Oedipus.*** *“ (ebd., S. 195, Hervorh. i. Orig.)*

Home selbst plündert unter anderem bei William Burroughs‘ *Naked Lunch* und Gideon Sams' *The Punk*. Hier wird eine selbstreflexives Moment deutlich, in dem der Text seine eigene Form zum Thema macht. Das Plagiat ist in der Tat eine Möglichkeit, schnell und effektiv zu produzieren und Chickenfeed gestaltet seine Romane, ebenso wie die Geschicke der Band, nach ökonomischen Erwägungen. Die Produktionsbedingungen ästhetischer Gebilde werden hinterfragt. Es soll zwar radikale Kunst sein, aber dennoch wollen die Produzent_innen davon leben.

Bereits *The Great Rock 'n' Roll Swindle*, Malcolm McLarens Film[65] über die *Sex Pistols*, führt beispielhaft vor, wie die Mechanismen der Kulturindustrie funktionieren und für die eigenen Zwecke ausgenutzt werden können: „cash from chaos“ singen die *Sex Pistols* in dem Song *The Great Rock 'n' Roll Swindle.* (Um das Subversive (chaos) überhaupt vermitteln zu können wird die Affirmation (cash) eingeplant und als notwendig bewusst gemacht. Zur Subversion der hegemonialen Kultur ist es nötig, Teil von ihr zu werden. Gerade indem sich Home nicht auf einen bestehenden Mythos bezieht, macht er dessen Leere deutlich. Der Text wird zu einem Teil der Popgeschichte, die so stattgefunden haben könnte. Nichts spricht dafür, dass die *Sex Pistols* wirklicher sind als *Alienation,* da sich der Mythos durch seinen Gebrauch auszeichnet und nicht durch seine Beziehung zur Wahrheit. (Vgl. Barthes 2003, S. 133) *Pure Mania* erzählt die Geschichte der *Sex Pistols* als Farce ihrer Wiederholung. Die Revolte bekommt etwas lächerlich Vergebliches, das nur durch seine Heftigkeit zu erschüttern vermag. Als kulturindustrielle Ware ist *Pure Mania* dennoch „unversöhnliche Absage an den Schein von Versöhnung“ (Adorno 2003, S. 55), weil der Text seine eigene Warenförmigkeit transparent macht.

... Drei Studien zur Kunstsoziologie. 1963, S. 42ff. Vgl. dazu auch das Kapitel Kulturindustrie. Aufklärung als Massenbetrug in: Max Horkheimer/Theodor W. Adorno: Dialektik der Aufklärung. Philosophische Fragmente. Die Rede von der Ästhetisierung der Lebenswelt bezieht sich auf eine von der Kulturindustrie unter dem Sinnsystem 'Pop' besorgte ästhetische Aufwertung alltäglichen Handelns in der Freizeit. Zielt die Ästhetisierung der Politik im Faschismus auf eine totale Durchsetzung des Politischen im alltäglichen Leben, bleibt die popkulturelle Ästhetisierung der Lebenswelt selbstreferentiell, ohne höheres Ideal. Die kulturindustrielle Ware will lediglich von den Konsument_innen gebraucht werden, während sie in der ideologischen Kulturproduktion immer auch vom politischen Zweck bestimmt ist.

65. Vgl. The Great Rock 'n' Roll Swindle. UK 1980. Regie und Drehbuch: Julien Temple. McLaren, der Manager der Sex Pistols, hat die Gestaltung jedoch maßgeblich beinflusst, so dass Julien Temple 2000 einen unabhängigen, mehr dokumentarischen Film über die Band gemacht hat. Vgl. The Filth and the Fury. UK 2000.

In dem Widerspruch von Subversion und Affirmation gefangen, wird die Band politisch immer radikaler und Chickenfeed immer gieriger. Und so kommt das Ende mit Gewalt. Die Politaktivist_innen der Band sterben als Märtyrer_innen des Ökoterrorismus indem sie sich selbst in die Luft sprengen. Dank ihres wahrhaften Rock'n'Roll-Todes werden sie in die Popgeschichte eingehen:

„When one of the tabloids revealed that three of the terrorists who'd blown up the National Gallery were members of déjà vu rock group **Alienation**, *there was a massive demand for records and other memorabilia." (Home 1989, S. 213, Hervorh. i. Orig.)*

Den „Sorts" genannten Fans von „déjà vu" wird recht schnell das Ende bereitet. Zwei von ihnen werden stellvertretend auf offener Straße von Fußballhooligans ermordet. Und auch Chickenfeed wird durch die Vertreterin eines Musikkonzerns getötet. Der Nachlass von *Alienation* kann endgültig von kommerziellen Interessen verwertet werden. Zurück bleiben Tracy und Paul, ein Paar, das in patriarchalen Machtverhältnissen und verdrängter (Homo)Sexualität verstrickt bleibt. Die Befreiung des einzelnen Subjekts bleibt aus. In der Brüchigkeit ihrer psychosexuellen Dispositionen tritt die stereotype Charakterisierung der Figuren zurück. Die brutale Standardisierung gesellschaftlicher Subjektformen wird deutlich. Der Stereotyp verdeckt das Fragmentarische, ebenso wie die geschlossene Montage, durch ihre vereinheitlichende Erzählweise. Indem der Roman selbst Muster der Popkulturindustrie benutzt, knüpft er sich mimetisch an die kulturindustrielle Produktionsweise. Um die bestehenden Widersprüche transparent zu machen, muss er „dem herrschaftlichen Verhalten sich angleichen, um etwas von der Welt der Herrschaft qualitativ Verschiedenes zu produzieren. [Die Opposition der Kunstwerke gegen die Herrschaft ist Mimesis an diese.]" (Adorno 2003, S. 430) Der Bruch wird gekittet, um den Kitt zu brechen. Die Revolte endet entweder mit dem Tod oder der Anpassung an die Logik von Patriarchat und Warentausch. Was bleibt in der konformistischen Popkulturindustrie, ist lediglich die Simulation von Widerstand durch die Adaption einer Ästhetik der Revolte. Der *Rock 'n' Roll Swindle* beschwindelt sich letztlich selbst.

Neben dem Straßenkampf machen sich die Aktivist_innen in Balestrinis *Gli invisibili* daran, Gebäude zu besetzen, in denen ihre Vorstellung von Freiheit umgesetzt werden kann. In ihrem 'Centro Sociale', einem alten Weinkeller, machen sie sich an das Experiment, das Zusammenleben neu zu organisieren. Dafür braucht es zuerst einmal kulturelle Veranstaltungen:

„hinten im Saal bauten wir gerade aus Balken und Brettern die wir gefunden hatten eine große Bühne für die Konzerte und Theateraufführungen die wir machen wollten das Einweihungskonzert war schon angekündigt auf Plakaten und Flugblättern die von den Genossen überall verteilt wurden" (Balestrini 2001, S. 48)

Sie bauen illegale Radiosender auf und publizieren Flugblätter und Zeitungen, mit denen Gegenöffentlichkeit hergestellt werden soll.

„inzwischen hatten sich im ersten Stock Arbeitsgruppen gebildet und sich in den Räumen im ersten Stock eingerichtet Valeriana und eine Gruppe von Frauen taten sich zusammen um eine selbstverwaltete Beratungsstelle zu gründen [...] andere beschäftigten sich mit Ernährung und Gegenkultur oder mit Musik Kino Theater [...] in einem anderen Zimmer im Obergeschoss lief bereits das Pressezentrum auf vollen Touren mit Schreibmaschinen und Vervielfältigungsgeräten Bergen von Flugblättern Kommuniqués Ankündigungen Manifesten stapelten sich auf den Tischen" (ebd., S. 49)

Ebenso wie bei *Pure Mania*, gibt es militantes politisches Handeln und kulturelle Produktion. Es ist hier aber keine Subversion, die innerhalb der herrschenden Kultur versucht, sich ökonomisch und kulturell durchzusetzen. Vielmehr wird versucht, jenseits der bestehenden Produktions- und Distributionsverhältnisse eine 'autonome' Gegenkultur zu etablieren. Durch die brutale Repression der Staatsmacht wird sie zwar als politische Bewegung zerschlagen, doch als Subkultur mit Do-It-Yourself-Ideologie kann sie fortwirken. Die Verbindung von politischer Bewegung und kultureller Produktion hat eine Ästhetik der Revolte hervorgebracht, die sich schließlich in Musik- und Modestilen äußert. Im folgenden Jahrzehnt der 1980er haben sich dann in der Tat Punk und 'autonome' Subkultur vermischt, unter anderem im gemeinsamen Rückgriff auf einen diffusen Begriff von Anarchie, der Revolte und Radikalität suggeriert.

In ihrem Kampf kennen Balestrinis und Homes Figuren kein Pardon und ihre Schlachten führen sie konsequent zu Ende. Ihre Idee von Militanz kennt nur Sieg oder Niederlage. In dieser Gewalt scheint sich die Brutalität des Futurismus fortzusetzen. Balestrinis jüngerer Roman *I Furiosi* (*Die Wütenden*) erzählt über das aus dem Niedergang der Autonomia hervorgegangene Milieu linksradikaler Ultras. Diese Fußballhooligans brauchen keine politische Begründung der Gewalt mehr. Das rote Banner der Revolution wird ersetzt durch die Vereinsfarbe. Wie im Futurismus wird Gewalt zur leeren Form und entledigt sich seiner Inhalte, die – nach dem Anspruch der Aktivist_innen – auf progressive Veränderung der Gesellschaft gerichtet waren. Die Schlachten mit der Polizei werden zum wöchentlichen Ritual und erschöpfen sich im blanken Akt der Gewalt selbst. Weil die Gewalt leer bleibt, tummeln sich bald die Neofaschist_innen in den Arenen. Das vereinzelte Individuum formiert sich im Spektakel zur jubelnden oder kämpfenden Masse, die geradezu ihr Modell in der Arena findet. So scheint es konsequent, wenn die "Sorts" in *Pure Mania* am Ende von Fußballhooligans auf offener Straße ermordet werden. Die Konkurrenz zwischen den Subkulturen ist so willkürlich, wie die zwischen den Fußballvereinen. Indem die Idee der Revolte in einen Mythos der Popkultur und deren Subkulturen integriert wird, werden „die transzendierenden Elemente des Widerstands und der Subversion von einer kollektiven realen Gewalt zu einer individualisierten symbolischen Gewalt" hin verschoben. (Behrens 2003, S. 129f) Der kollektive Akt der Revolution als politische Handlung wird ersetzt durch ein Kollektiv von Einzelnen, die sich durch eine bestimmte Ästhetik verbinden. Es gibt kein politisches Subjekt mehr, nur Anhänger_innen von Subkulturen, deren Revolte symbolisch bleibt.

Autonomie kann von den *Unsichtbaren* also nicht verwirklicht werden. Auch wenn Balestrinis Roman dies in der Schilderung der Gefängnishaft und der Resignation der Aktivist_innen bewusst werden lässt, teilt er die sympathische Naivität der beschriebenen Bewegung – im Gegensatz zu *Pure Mania*, das zu Popkultur und Ökoterrorismus ironische Distanz hält, weil deutlich wird, dass weder von dem einen noch vom anderen die Befreiung von gesellschaftlichen Zwängen zu erwarten ist.

Dort, wo von der Haft erzählt wird, erinnert *Gli invisibili* an andere Gefängniserzählungen, wie Alexander Berkmans *Die Tat* oder Nelson Mandelas Autobiographie *Der lange Weg zur Freiheit*, die von der Fortsetzung des politischen Kampfes unter den Bedingungen der Gefangenschaft berichten. Das Gefängnis wird bei Balestrini so zur Metapher für die gesellschaftlichen Zustände. Die ganze Welt ist ein Gefängnis, nur dass 'in Freiheit' die Gitterstäbe fehlen und die Zwangsverhältnisse sich stattdessen in den sozialen Beziehungen des Warentauschs und des Patriarchats fortsetzen. Es lässt sich nur noch symbolisch an der Revolte festhalten. Wenn die Unsichtbaren am Ende im Gefängnis sitzen, ist dann auch die symbolische Handlung die letzte noch mögliche Geste:

> *„wir bohrten Löcher in sämtliche Drahtnetze und dann machten wir die Fackeln die Fackeln machte man aus Fetzen von Bettüchern die fest zusammengerollt und dann mit Öl getränkt werden und wieder zur vereinbarten Zeit steckten wir mitten in der Nacht alle gleichzeitig das Öl der Fackeln in Brand und schoben die brennenden Fackeln durch die Löcher im Drahtnetz aber auch diesmal war niemand da der es sah die Fackeln brannten lange ein schönes Schauspiel musste das sein von draußen all diese flackernden Feuer an der schwarzen Gefängnismauer mitten in der endlosen Ebene" (Balestrini 2001, S. 228)*

Dieses pathetische Schlussbild der ungesehenen Feuersignale – das sich auf den Titel *Die Unsichtbaren* bezieht – beharrt ganz unironisch auf der Authentizität revolutionären Trotzes.

Neoismus, McLarens Konzeption von Punk und die italienische Autonomia sind von situationistischer Theorie und Praxis beeinflusst worden. In der Situationistischen Internationalen (S.I.) schlossen sich 1957 verschiedene Künstler_innen zusammen, um die Forderung der Vorkriegsavantgarde aufzugreifen. (Vgl. Chollet: *Les situationistes. L'utopie incarnée*, 2004) Damit antizipierten sie die Protestbewegung der 1960er, deren undogmatischen Teil sie vor allem in Frankreich nachhaltig prägen konnten. Guy Debord, der mit seinen Texten der politischen und künstlerischen Praxis der S.I. ein theoretisches Konzept gegeben hat, schreibt: „Der Dadaismus wollte die Kunst wegschaffen, ohne sie zu verwirklichen; und der Surrealismus wollte die Kunst verwirklichen, ohne sie wegzuschaffen." (Debord 1996, S. 164f) Er erkennt das Problem in der dialektischen Bewegung der Aufhebung, die sowohl das bewahrende, wie das überwindende Element zusammen denken muss. Diese Aufhebung wollte die S.I. erneut in Angriff nehmen, machte schließlich den Schritt von der künstlerischen Praxis zum politischen Kampf und löste sich auf. Punk trat das künstlerische Erbe der S.I. an, indem radikale Slogans, schockierende Bilder und martialische Rockmusik kombiniert wurden. Die italienische Autonomia folgte dem Gedanken eines militanten politischen Kampfes, wie ihn die S.I. aus der Umsetzung der Radikalität der Avantgarde entwickelt hatte. *Pure Mania* und *Gli invisibili* erzählen vom Scheitern der Bemühungen um gesellschaftliche Emanzipation. Popkultur und Revolution – die Hoffnung auf Befreiung wurde in beiden Fällen enttäuscht. Um 1977 zeigt sich, dass die Idee der Einheit von Kunst und Politik, die auf das Leben als Ganzes zielte, in einzelne Sphären zerfallen ist. Die moderne Avantgarde kommt zu sich und die Postmoderne beginnt. Mit den Niederlagen der radikalen politischen und künstlerischen Bewegungen ist ein Punkt erreicht, an dem die Sinnlosigkeit einer zersplitterten Kultur offenbar wird, die sich anschließend in Eskapismus oder Zynismus verliert. Die Welle bricht. Die Utopien der künstlerischen und politischen Bewegungen waren verweht oder sickerten in die Mythen der Subkulturen. In deren Lebenswelten konnten Kunst und Politik in einer Ästhetik der

Revolte wieder zusammenfließen, ohne noch politisch wirksam zu sein. Die Freiheit der Kunst, in diesem Fall der Literatur, liegt darin, dieses Scheitern mit den Mitteln der Kunst zu bearbeiten und dadurch tatsächliche Freiheitsspielräume in der Gesellschaft aufzuzeigen, ebenso wie deren Grenzen. In beiden Texten wird deutlich, dass menschliche Freiheit in der Welt nur als Schein, in der Freiheit der Kunst zu finden ist. Dieser Schein der Freiheit fordert jedoch stets, indem er uns die Idee der Freiheit vor Augen führt, ihre Verwirklichung.

13 „Die schweigenden Wortführer" – Zur Rolle der SchriftstellerInnen während der friedlichen Revolution in der DDR

Susanne Bach

„Es ist ein durchaus lehrreiches Paradox: Während die Literatur sich in den als besonders gebildet geltenden Ländern, die zugleich die freiesten und demokratischsten sind, nach allgemeiner Auffassung in einen bedeutungslosen Zeitvertreib verwandelt, wird die Literatur in Ländern, in denen die Freiheit eingeschränkt ist und tagtäglich gegen die Menschenrechte verstoßen wird, als gefährlich betrachtet, als ein Element, das subversive Ideen verbreitet und Unzufriedenheit und Rebellion schüren mag". (Vargas Llosa 2008)

Im Sommer 1989 setzte mit der Öffnung der Grenze zwischen Ungarn und Österreich eine Massenflucht von DDR-BürgerInnen in die Bundesrepublik ein. Parallel dazu formierte sich eine kraftvolle Volksbewegung, die durch friedliche Demonstrationen zunächst nach Reformen des „real existierenden Sozialismus" unter Herrschaft der Sozialistischen Einheitspartei Deutschlands (SED), bald aber nach Wiedervereinigung der beiden seit 1945 geteilten deutschen Staaten verlangte. Neben dem Massenexodus, der Liberalisierungspolitik unter Michail Gorbatschow im Ostblock und den zunehmenden wirtschaftlichen Schwierigkeiten der DDR, waren es eben diese friedlichen Proteste des Volkes, die zum Umsturz der Verhältnisse führten. Der Slogan der demonstrierenden BürgerInnen versinnbildlicht dies: „Wir sind das Volk!". Zu Recht wird immer wieder darauf hingewiesen, dass, anders als in Polen, der Tschechoslowakei und Rumänien in der DDR gerade *nicht* die Intellektuellen die TrägerInnen des Umsturzes waren. (Fest 1996, S. 211-217) In den deutschen – zugegeben vor allem westdeutschen – Feuilletons skandierte daher der Vorwurf, die Intelligenz der DDR, und explizit die Klasse der SchriftstellerInnen, die sich sonst gerne als Stimme des Volkes verstanden hatte, habe die Wende 1989 verschlafen. Joachim Fest spricht polemisch von den „Schweigenden Wortführern". (ebd., S. 211) Und mehr noch: die KritikerInnen, die den SchriftstellerInnen kein Schweigen vorwarfen, hielten ihnen ihre Zurückhaltung vor; ihre literarischen Werke und ihr Gestus seien Stillhalteparolen gewesen, die das Volk an das Experiment Sozialismus in der DDR hätten binden sollen. (Vgl. Lepenies 1992) Die Kritik an den LiteratInnen der DDR mündete schließlich in dem deutsch-deutschen Literaturstreit, der sowohl das Verhältnis von Form und Inhalt der DDR-Literatur, als auch die Biographie der SchriftstellerInnen thematisierte.[66] Doch geschwiegen haben die AutorInnen 1989 nicht. Und das stützende Festhalten am Sozialismus trifft lediglich auf eine Gruppe von sogenannten ReformsozialistInnen zu, die in den Medien aber überrepräsentiert wurde. Doch müssen wir zunächst die Rolle der SchriftstellerInnen in der DDR betrachten, um ihr Verhalten 1989 begreifen zu können.

Leben und Werk der DDR-LiteratInnen war geprägt von einer doppelten Rollenzuweisung. Zunächst schrieb ihnen der SED-Staat die Rolle eines Volkserziehers zum Sozialismus zu. In Anlehnung an die Kunstdoktrin der Sowjetunion sollte durch *sozialistischen Realismus* die wahrheitsgetreue künstlerische Darstellung mit der Aufgabe verbunden werden, das Proletariat ideologisch zu formen und ihm positive, sozialistische Archetypen zu präsentieren.[67] Um die SchriftstellerIn-

66. Umfassende Darstellungen des Literaturstreits bieten Vinke: Akteneinsicht Christa Wolf. Zerrspiegel und Dialog. Hamburg, 1993 und Anz: Es geht nicht um Christa Wolf. Der Literaturstreit im vereinten Deutschland. München, 1991.

67. Als weitere Leitidee wurde in den frühen Jahren auch die vom DDR-Kulturminister Johannes R. Becher entwickelte Literaturgesellschaft propagiert, wonach es bei Produktion und Vertrieb von Literatur zur gesamtgesellschaftlichen Zusammenarbeit kommen sollte.

nen an diesen Staatsauftrag zu binden, schuf man eine umfangreiche Kunstförderung und ein Netz aus Privilegien, mit dem Parteikonformität mit einem lukrativen Lebensstandard, kritische Haltung aber mit Repression gelohnt wurde. Kernpunkt der SED-Kulturpolitik war das *Druckgenehmigungsverfahren*, nach dem alle Manuskripte vor ihrer Veröffentlichung an zentraler Stelle zur Überprüfung vorzulegen waren. Zwar sicherte die Verfassung der DDR Pressefreiheit und das Recht auf freie Meinungsäußerung zu, doch wurde faktisch von Fall zu Fall und letztlich mit Willkür der SED entschieden, ob ein literarischer Text mit der Parteilinie übereinstimmte oder Tabuthemen wie gewünscht ausgespart blieben. Daneben existierte ein ganzer Katalog weiterer Maßnahmen der bis hin zu Haftstrafen für AutorInnen reichte.[68] Zudem waren Literaturinstitutionen wie der Schriftstellerverband, das P.E.N.-Zentrum sowie die meisten Buchhandlung und Bibliotheken der SED unterstellt und mit Stasi-MitarbeiterInnen durchdrungen. Und dennoch gilt, dass die meisten AutorenInnen sich mit dem System wohl oder übel arrangierten und SystemgegnerInnen überproportional oft das Land in Richtung Westen verließen.

68. Mit dem 1979 verschärften politischen Strafgesetz konnten auch dichterische Texte als staatsfeindliche Hetze verurteilt werden und ihre ErzeugerInnen mit Haftstrafen von bis zu acht Jahren rechnen. Vgl. Emmerich: Kleine Literaturgeschichte der DDR. Leipzig, 1996.

Grund für das Arrangement mit dem Primat der Politik waren wohl weniger die Aussicht auf Privilegien, als vielmehr die zweite Rollenzuweisung, die die SchriftstellerInnen durch das Volk erfuhren bzw. sich selbst zuschrieben. Das Fehlen freier und unabhängiger Medien in der DDR machte die Literatur zur zentralen Informationsquelle über die Situation im Lande und gab ihr die Rolle einer Ersatzöffentlichkeit. (Vgl. Reimann 2008, S. 18) SchriftstellerInnen genossen meist großes Vertrauen und Achtung in der Bevölkerung.

> *„Mit einiger Generalisierung lässt sich sagen, ein Schriftsteller in der DDR war ein ernst genommener Mensch. Gedruckt oder nicht gedruckt, gelobt oder getadelt, viel erwähnt oder in Zeitungen und Medien überhaupt nicht vorkommend, wurde und wußte er sich doch ernst genommen, das heißt, er empfand sich als wichtig im Gemeinwesen und hatte ein entsprechendes Selbstbewusstsein." (Kirsch 1991, S. 164)*

so der DDR-Autor Rainer Kirsch. Besonders die AutorInnen, die trotz drohender Repression ihre Werke nutzten um zwischen den Zeilen Kritik am „real existierenden Sozialismus" des SED-Regimes zu äußern, sahen sich häufig als moralische Instanzen und Wortführer des Volkes.

Literatur war in der DDR also mehr als l´art pour l´art, sie hatte zentrale politische und soziale Funktionen. Diese außergewöhnliche Rollenzuweisung führte zur Ausbildung von drei Gruppen unter den DDR-SchrifstellerInnen (wobei die Grenzen zwischen diesen Gruppen fließend sind und nicht alle AutorInnen sich explizit einer Gruppe zuordnen lassen): Einer zunehmend kleiner werdenden Gruppe von systemkonformen StaatsdichterInnen, einer Gruppe von SozialismusgegnerInnen, die jedoch ihren Opportunismus gegen die sozialistische Partei nur leise artikulieren oder in innerer Emigration leben konnten, und einer zahlenmäßig größten Gruppe der sogenannten ReformsozialistInnen, die zwar die sozialistische DDR bewahren wollten, sie aber demokratisch von der SED-Diktatur reformieren wollten. (Rüther 1991, S. 190) 1989 waren es vor allem die ReformsozialistInnen die sich zu Wort meldeten, denn sie sahen nun die Chance auf eine Wende in der DDR zum „wirklichen Sozialismus in dem Menschen Brüder werden und Hand in Hand, in Freiheit und Gerechtigkeit, ihr Leben gestalten". (Heym 1989)

Die Proteste der DemonstrantInnen auf den Straßen Leipzigs oder Berlins zielten anfangs nicht auf die Deutsche Einheit, sondern auf eine Reform und demokratische Öffnung der DDR. Damit entsprach ihr Votum zunächst dem der ReformsozialistInnen. Für deren aktive Partizipation an den Protesten seien nun Exempel angeführt.[69]

Mitte September 1989 – und damit zu einem Zeitpunkt zu dem das SED-Regime noch fest im Sattel saß und seine Repressionsmühlen noch wohl funktionierten – erschien mit der *„Resolution zur Abwanderung der DDR-Bürger"* ein mutiges Statement des Berliner Schriftstellerverbandes, das die Ignoranz der Regierung gegenüber dem Massenexodus vor allem junger BürgerInnen anprangerte und zudem einen sofortigen demokratischen Dialog auf allen Gesellschaftsebenen forderte.[70] Zwar erlangt diese Resolution keinen hohen Bekanntheitsgrad, doch muss sie als eine der ersten politischen Stellungnahmen einer gesellschaftlichen Gruppe in der DDR gelten.

Als weiteres Beispiel sei auf die Beteiligung der prominenten DDR-AutorInnen Christoph Hein, Daniela Dahn und Christa Wolf in der ersten unabhängigen Untersuchungskommission der DDR zur Aufklärung polizeilicher Übergriffe auf DemonstrantInnen im Oktober 1989 hingewiesen. Christoph Hein machte darüber hinaus durch seine Ansprache bei der Versammlung des Berliner Schriftstellerverbandes am 14. September 1989 von sich reden, in der er die aktuelle Politik der SED angriff. Er brach damit ein bisher geltendes Tabu. Die Politik der Regierung sei wie eine „**fünfte Grundrechenart**" und bestehe darin,

> *„dass zuerst der Schlussstrich gezogen und das erforderliche und gewünschte Ergebnis darunter geschrieben wird. Das gibt dann einen festen Halt für die waghalsigen Operationen, die anschließend und über dem Schlussstrich erfolgen. Dort nämlich wird dann addiert und summiert, dividiert und abstrahiert, multipliziert und negiert, subtrahiert und geschönt, groß- und kleingeschrieben nach Bedarf, wird die Wurzel gezogen und gelegentlich auch schlicht gelogen".*[71]

Die Aktion mit der größten Medienresonanz war die Massenkundgebung am 04. November 1989 auf dem Berliner Alexanderplatz, auf der neben den bejubelten SchriftstellerInnen Christoph Hein, Christa Wolf und Stefan Heym auch VertreterInnen der Bürgerinitiativen und SED-Funktionäre sprachen. Eine halbe Million Menschen lauschte Christa Wolfs Slogan „Stell dir mal vor, es ist Sozialismus und keiner geht weg!".[72] Diese Kundgebung muss als letzter Moment der Einheit zwischen ReformsozialistInnen und protestierender Bevölkerung verstanden werden, oder mit den Worten Christa Wolfs: „als Punkt der größtmöglichen Annäherung zwischen Künstlern, Intellektuellen und den anderen Volksschichten". (Wolf 1990 S. 159) Denn während die reformsozialistischen AutorInnen noch auf die eigenständige, reformierte DDR bauten, wandelte sich in der Majorität der protestierenden Masse die Stimmung. Das Volk wollte mehrheitlich kein neues sozialistisches Experiment, sondern verfolgte mit dem Ruf „Wir sind *ein* Volk!" die Vereinigung der beiden deutschen Staaten. (Vgl. Reimann 2008, S. 38)

Schon diese Beispiele zeigen, dass die SchriftstellerInnen wahrlich nicht unbeteiligt waren am Wendeherbst. Nicht mit literarischen Wälzern, aber mit Reden, Essays und persönlichem Einsatz meldeten sie sich zu Wort. Es zeigt sich aber auch, dass es

69. Die Auswahl der angeführten Beispiele beruht auf der Außergewöhnlichkeit der Protestaktionen und ihrer Zugehörigkeit zum numerisch klar überwiegenden reformsozialistischen Lager. Neben den hier angeführten Aktionen gab es zahlreiche mehr, die sich in ihren politischen Aussagen und ihrem Bekanntheitsgrad enorm unterscheiden. Eine ausgiebige Sammlung von Reden und Resolutionen der SchriftstellerInnen im Herbst 89 liegt in einer dreiteiligen Dokumentation Für notwendige Erneuerung in der Zeitschrift Neue Deutsche Literatur 38 (1990) vor.

70. Resolution zur Abwanderung der DDR-Bürger des Berliner Schriftstellerverbandes vom 14. September 1989. In: Neue Deutsche Literatur 38 (1990), Heft 1, S. 145. Die Initiative dieses Aufrufs ging von sieben Autorinnen um Christa Wolf herum aus und wurde von einer klaren Mehrheit des Verbandes angenommen.

71. Rede von Christoph Hein auf der Mitgliederversammlung des Bezirksverbandes Berlin des Schriftstellerverbandes der DDR. In: Neue Deutsche Literatur 38 (1990), Heft 1, S. 146.

72. Reden auf der Demonstration für Pressefreiheit in Berlin am 04.November 1989. In: Neue Deutsche Literatur 38 (1990), Heft 3, S. 174.

mit großer Mehrheit die Gruppe der ReformsozialistInnen war, die das Engagement der SchriftstellerInnen dominierte. Dies lag zum einen an der rein numerischen Überzahl dieser Gruppe um so etablierte AutorInnen wie Christa Wolf, Volker Braun und Christoph Hein, aber auch am größeren Interesse der Ost- und Westmedien an diesen Personen.[73] Bleibt die Frage, warum die reformsozialistischen AutorInnen, die das Bild der SchriftstellerInnen 1989 prägten, sich nicht vom Sozialismus trennen wollten, obwohl sie ihn in der DDR als repressive Diktatur mit erheblichen wirtschaftlichen Mängeln und Verstößen gegen die Menschenrechte erfahren hatten. Ein fast schon verzweifeltes Festhalten an der sozialistischen DDR als „Alternative zur BRD" äußert sich im Ende November, also bereits nach dem Fall der Berliner Mauer, veröffentlichten Aufruf *Für unser Land*.[74] Darin warnen die UnterzeichnerInnen[75] vor einem Ausverkauf „materieller und moralischer Werte" an die Bundesrepublik und plädieren für den Erhalt der DDR und ihrer antifaschistischen und humanistischen Ideale. Der Aufruf genoss zunächst große Popularität in der Bevölkerung, wurde jedoch durch seine Unterzeichnung durch den neuen SED-Generalsekretär Egon Krenz ad absurdum geführt. Denn nun schienen die ReformsozialistInnen der SED näher zu stehen, als der Majorität der Bevölkerung. Dieser Aufruf zeigt deutlich, welchen Prägungen die ReformsozialistInnen unterlagen, die sie auch in der Phase des Umbruchs 1989 nicht abzulegen vermochten.

Die Klasse der DDR-SchriftstellerInnen umfasste 1989 drei Generationen, deren Verhältnis zum Sozialismus und zur DDR stark divergierte. Die ältere Generation um Bertolt Brecht und Anna Seghers hatte das nationalsozialistische Regime meist als Opfer oder WiderstandskämpferInnen miterlebt. Man entschied sich nach der Rückkehr aus Konzentrationslager oder Emigration bewusst für das sozialistische Experiment einer gerechten und antifaschistischen Gesellschaft. Doch Wenige dieser Generation erlebten die Wende 1989. Die zweite, mittlere Generation, der der Großteil der ReformsozialistInnen zuzurechnen ist, war im NS-Staat sozialisiert worden und meist in Jugendjahren direkt oder indirekt, gewollt oder ungewollt involviert gewesen. Für diese Generation, die nach dem Krieg voller Scham und Schuldgefühlen war, übte die DDR als antifaschistischer Friedensstaat der früheren WiderstandskämpferInnen große Faszination aus. Die DDR-GründerInnen sahen im Kapitalismus die Ursache für den nationalsozialistischen Faschismus und diese sollte durch das sozialistische Gesellschaftssystem und eine humanistisch-antifaschistische Grundhaltung des Staates ein für alle mal abgeschafft werden. Zentrale Prägung der reformsozialistischen AutorInnen war also der Antifaschismus und der Glaube an die sozialistische Utopie, mit deren Hilfe eine moralisch bessere Gesellschaft verwirklicht werden sollte. (Vgl. Grünbaum 1999) Diese Prägung ließ sich auch im Herbst ´89 nicht einfach leugnen. Die dritte, jüngere Generation war in der DDR geboren worden und hatte keine eigenen Erfahrungen mit den NS-Verbrechen und dem Elend der Nachkriegszeit. Sie erlebte die DDR nicht als Staat mit moralischen Ambitionen, sondern als SED-Diktatur. Der Sozialismus war für die Mehrheit der jungen AutorInnen Legitimationsmittel einer korrupten Regierung und Sinnbild von Mangel an Gütern und Freiheiten. Viele der SozialismusgegnerInnen[76] stammten aus dieser Generation und sie verließen 1989 die DDR in Massen, so dass ein Übermaß an linksintellektuellen SchriftstellerInnen in der DDR zurück blieb, die dann das Bild der Bevölkerung und auch der Weltöffentlichkeit vom Verhalten der AutorInnen 1989 prägten.

73. Da die Gruppe der kritischen ReformsozialistInnen im Westen schon immer als Sprachrohr des Volkes gegolten hatte, konzentrierte sich die Berichterstattung erneut auf sie und nur vereinzelt wurden Berichte von SozialismusgegnerInnen wie den AutorInnen Monika Maron und Günter de Bruyn laut. In der DDR selbst lag den staatlichen Medien natürlich nichts ferner als von SozialismusgegnerInnen zu berichten. Ihre Berichterstattung stellte DDR erhaltende Reformideen in den Mittelpunkt.

74. Volltext einzusehen auf der Homepage des Haus der Geschichte der Bundesrepublik Deutschland unter http://www.hdg.de/lemo/html/dokumente/DieDeutscheEinheit_aufrufFuerUnserLand/index.html (Abruf am 02.01.2010).

75. Neben den SchriftstellerInnen Christa Wolf, Stefan Heym und Volker Braun unterzeichneten auch MusikerInnen, Intellektuelle, VertreterInnen der Kirche und der Bürgerinitiativen.

76. Aber auch aus der mittleren Generation gibt es VertreterInnen, die als SozialismusgegnerInnen einzuordnen sind, wie Günter de Bruyn (geboren 1926) oder Monika Maron (geboren 1941).

Bei allem Verständnis für die Hoffnungen der reformsozialistischen SchriftstellerInnen der DDR, bleibt ihnen doch ein Vorwurf zu machen: Im Herbst 1989 verkannten sie, die mit ihren kritischen Texten und unter Inkaufnahme von Repressionen die Bevölkerung moralisch gestützt hatten und deren Stimme gewesen waren, dass die Mehrheit des Volkes nach materiellem Wohlstand à la BRD und auch nach ihrer freiheitlich-demokratischen Grundordnung lechzte. Sie, denen das SED-Regime neben der Peitsche auch das Zuckerbrot der Privilegien gereicht hatte, übersahen, was ihr Vordenker Bertolt Brecht so formuliert hatte: „Erst kommt das Fressen, dann kommt die Moral."

Abschließend sei also verdeutlicht, dass die SchriftstellerInnen der DDR wahrlich nicht die TrägerInnen des Umsturzes 1989 waren, doch unbeteiligt sind sie dennoch nicht gewesen. In ihren literarischen Werken hatten sie die Protestbewegung mit vorbereitet[77] und im Wendeherbst zeigte sich eine Mehrheit von ihnen als engagierte BegleiterInnen des Volkes beim Versuch den Staat zu reformieren. Doch ihr Engagement hatte wenig Wirkung, da es getragen war von Bedenken gegen die Einheit, von einem verzweifelten Festhalten an nicht mehr mehrheitsfähigen Wertigkeiten und einer Grundhaltung, die sie plötzlich der SED näher als dem Volk erscheinen ließ. Im Herbst ´89 verloren die LiteratInnen so die Chance für das Volk zu sprechen, deren WortführerInnen sie 40 Jahre lang gewesen waren.

77. Erinnert sei hier an die Welle von Protesten und Solidaritätsbekundungen gegen die Zwangsausbürgerung des Liedermachers Wolf Biermann im Jahr 1979

Unterdrückung des nationalen Geistes?

14

Zensur in Böhmen zwischen 1815 und 1848

Petr Píša

Die Zeit des sogenannten Metternichschen Absolutismus bis 1848 gilt auch im heutigen historischen Gedächtnis immer noch als Periode der Unterdrückung jedweder bürgerlicher politischer Aktivitäten, sowie als Epoche der strikten Reglementierung des literarischen Lebens. In den geschichtlichen, bzw. literaturgeschichtlichen Darstellungen wurden relativ häufig ältere, klischeehafte Verallgemeinerungen in Bezug auf diesen Zeitabschnitt reproduziert, ohne auf eine genaue Analyse der Verhältnisse einzugehen.[78] Für den tschechischen Raum, wo die Entwicklung im 19. Jh. mittels des Paradigmas der ‚tschechischen nationalen Wiedergeburt' erklärt wird, trifft diese These vielleicht noch stärker als für Österreich zu. Die Zensurforschung hat sich insbesondere auf die Beschreibung des Umgangs einzelner literarischer Persönlichkeiten mit der Zensur konzentriert, wobei vor allem die Zensurmaßnahmen gegen die tschechischsprachigen Schriftsteller hervorgehoben und als bewusst gegen die tschechische nationale Bewegung gesetzte Handlungen des von deutschsprachigen Beamten dominierten Staatsapparates interpretiert wurden. Dabei blieben die deutschsprachigen Werke aus Böhmen sowie die traditionell nicht zur schöngeistigen Literatur zählenden tschechischsprachigen Texte, wie etwa Gebete oder Liedtexte weitgehend unberücksichtigt. Im heutigen tschechischen historischen Gedächtnis ist deshalb die damalige Zensur als Beweis für die Unterdrückung des tschechischen nationalen Geistes fest verankert.

78. Vgl. Projektbeschreibung Die österreichischen Verbotslisten und ihre Bedeutung für die Zensurgeschichtsforschung unter <http://zensur.literature at/project.html>

Im vorliegenden Beitrag wird die Zensur zur Zeit des Vormärz in Böhmen aus einer nicht nationalen Perspektive betrachtet, wobei vor allem auf eventuelle Unterschiede im Umgang der Zensur mit tschechisch- und deutschsprachigen Schriften eingegangen wird.[79]

79. Der Beitrag beruht auf den vorläufigen Forschungsergebnissen der Diplomarbeit Cenzura v Čechách v předbřeznovém období, die am Institut für tschechische Geschichte der Karlsuniversität Prag vorgelegt werden wird.

Die österreichische Zensur vor 1848 beruhte auf der Beurteilung ausnahmslos aller zum Druck im Inland bestimmten Manuskripte und auf der nachträglichen Revision sämtlicher vom Ausland importierten Druckwerke (Bücher, Zeitungen und Zeitschriften, Musikalien, Lithografien). Jedem Druckwerk wurde ein bestimmter Zensurgrad zugewiesen, die Skala erstreckte sich bei den ausländischen Werken zwischen freiem Verkauf und freier Distribution (‚admittitur'), Einschränkungen bei der Werbung in Zeitungen oder Schaufenstern der Buchhändler (‚transeat'), Zugang nur mit Bewilligung der Landesgubernien (‚erga schedam') und prinzipiellem Verbot (‚damnatur'), bzw. Beschlagnahme. Die „Vorschrift für die Leitung des Censurwesens" vom 14.9.1810 (Marx 1959, S. 73-76) formulierte weiters die allgemeinen Prinzipien für die Zensurarbeit. Im Paragraph 10 wurden die Arten von Schriften aufgezählt, gegen die „nach der Strenge der bisher betreffenden Vorschriften" verfahren werden sollte. Darunter sind die klassischen Felder der Zensurtätigkeit in verschiedenen Perioden und Systemen zu finden, nämlich die Angriffe gegen den Herrscher und die Prinzipien der Verwaltung, gegen die Religion und gegen die guten Sitten. Darüber hinaus sollte die Zensur die Werke auch nach ihrem wissenschaftlichen bzw. künstlerischen und erzieherischen Wert beurteilen. Im Bereich der Wissenschaft waren „die saft- und makellosen Wiederholungen des hundertmal gesagten" zu unterdrücken. Bei der schöngeistigen Literatur sollten vor allem solche Schriften vermieden werden, die „weder auf den Verstand noch auf das Herz vortheilhaft wirken, und deren einzige Tendenz ist, die Sinnlichkeit zu wiegen", wobei besonderes Augenmerk auf die für die Volksschichten oder für die Jugend bestimmten Schriften gelegt wurde. Der Zensor wurde damit zu einem Literaturkritiker, der über Wert und Nützlichkeit eines Buches entschied und der bestimmte Leserschichten vor schlechter Literatur bewahren sollte.

Den Kontakt mit den Literaten hielten im vormärzlichen Österreich die Bücherrevisionsämter aufrecht, welche die Handschriften abholten und den jeweiligen Zensoren zuteilten sowie die aus dem Ausland an die Buchhändler ergehenden Büchersendungen kontrollierten. Direkte Verbindungen zwischen Literaten und Zensoren waren untersagt.[80] Die Bücherrevisionsämter wurden in jeder Provinzialhauptstadt eingerichtet (zusätzlich auch noch in Salzburg und Klagenfurt) und dem jeweiligen Landesgubernium unterstellt. In der komplizierten, hierarchischen Ordnung der Zensurinstanzen spielte ab 1801 die Oberste Polizei- und Zensurhofstelle in Wien eine zentrale Rolle. Sie bestätigte die Urteile der Provinzialzensur, traf selbst Entscheidungen über Bücher von besonderem Interesse und gestattete das Erscheinen neuer Zeitungen und Zeitschriften. Das Vorgehen, bei für die Staatsleitung wichtigen Büchern, wurde mit der von Fürst Metternich regierten Staatskanzlei oder anderen Zentralbehörden abgestimmt.[81]

Die genaue Kompetenzverteilung zwischen den zentralen und provinzialen Behörden unterschied sich jedoch in einzelnen Provinzen[82] sowie im Laufe der Zeit und war auch in manchen Einzelfällen unklar. Im Jahre 1830 reichte der Prager theologische Zensor Hieronymus Joseph Zeidler (zugleich Professor der Theologie an der Universität und Prälat des Prämonstratenserstiftes Strahov) ein Gesuch um Erhöhung der ihm zustehenden Entlohnung (Remuneration) ein, wobei er sich auf die alljährliche Zunahme der ihm anvertrauten Zensurgeschäfte berief. Der Präsident der Obersten Polizei- und Zensurhofstelle, Graf Josef Sedlnitzky, nutzte die Tatsache, dass Zeidler seinem Ansuchen ein Verzeichnis aller von ihm zensurierten Bücher hinzugefügt hatte, für seine Zwecke und wies das Prager Gubernium darauf hin, dass Zeidler nur für die Zensur der theologischen Werke in tschechischer Sprache verantwortlich sei, alle umfangreicheren deutschen oder lateinischen theologischen Schriften jedoch zur Beurteilung nach Wien weiterzureichen seien, „und nur ganz kleine theologische Schriften in deutscher oder lateinischer Sprache in die dortländige Censur einzuleiten sind".[83] Derartige Kompetenzstreitigkeiten versuchten sich die Schriftsteller der damaligen Zeit zunutze zu machen: Es sind Fälle dokumentiert, wo einige tschechischsprachige Autoren ihre Werke zur Zensurbeurteilung in erster Instanz nach Wien schickten, in der Hoffnung, dass sie von den dortigen Zensoren (mit schlechteren sprachlichen Kompetenzen oder sachlichen Kenntnissen) milder bewertet würden. In der Regel waren solche Ansinnen jedoch zum Scheitern

80. Es sind jedoch auch Fälle bekannt, wo der Zensor zugleich das Amt eines Revisors ausübte, z.B. in Prag der Zensor und Revisor für hebräische Schriften Karl Fischer.

81. Als weitere Zensurinstanzen kann man die Kreisämter und Stadthauptmannschaften betrachten, die die Zensur der inländischen Zeitungen ausübten. Die katholischen theologischen Werke unterlagen neben der staatlichen Zensur auch dem Genehmigungsprozess von bischöflichen Ordinariaten.

82. Die italienischen Zensurbehörden hatten im Allgemeinen mehr Spielraum für selbstständige Urteile als die Behörden in den österreichischen Erbländern oder in Böhmen. Ungarn und Siebenbürgen nahmen eine Sonderstellung ein, da hier zum Teil eigene, mildere Zensurvorschriften galten.

83. Österreichischer Staatsarchiv, Allgemeines Verwaltungsarchiv, Polizeihofstelle, Karton 1276, Faszikel 5618 ex 1830, Sedlnitzky an Prager Oberstburggraf Chotek 29.1.1831; Chotek an Sedlnitzky 10.7.1830. Vgl. auch Národní archiv [Nationalarchiv Prag], České gubernium - Prezidium gubernia, Kt. 1435, Fasz. 16/79.

verurteilt.[84]

Zu Beginn der 1820er Jahre sank die Zahl der in Böhmen wirkenden Zensoren auf drei, was angesichts der Tatsache, dass Prag damals in Bezug auf den Buchhandel als die zweitwichtigste Stadt innerhalb der Habsburger Monarchie galt und Druckwerke in Böhmen in mindestens vier Sprachen (Deutsch, Tschechisch, Latein, Hebräisch) veröffentlicht wurden, verhältnismäßig gering erscheint.

An dieser Stelle soll auf zwei Prager Zensoren näher eingegangen werden, die im historischen Gedächtnis unterschiedlich bewertet werden, obwohl ihre Lebensschicksale gewisse Ähnlichkeiten aufweisen. Der aus einer tschechischsprachigen Familie stammende Johann Nepomuk Wenzel Zimmermann (1788-1836) trat nach dem Studium der katholischen Theologie an der Prager Universität dem Kreuzherrenorden mit dem Roten Kreuz bei. Kurz darauf wurde er vom Böhmischen Gubernium als Adjunkt des damaligen hebräischen Zensors eingesetzt, die Polizei- und Zensurhofstelle stimmte nach einer zweijährigen Verzögerung dieser Ernennung allerdings nicht zu – ein weiteres Beispiel für die Kompetenzstreitigkeiten zwischen Prag und Wien. 1820 wurde Zimmermann schließlich zum „Aushilfezensor im vermischten und belletristischen Fache" bestellt, daneben war er seit 1815 als Skriptor der Prager Universitätsbibliothek tätig. Beide Ämter übte er bis zu seinem Tod aus. Zimmermann war Herausgeber böhmischer historischer Quellen, Verfasser kirchengeschichtlicher Studien (v. a. über den hl. Johann Nepomuk) und lieferte Beiträge für tschechischsprachige Periodika. Sein Nachfolger im Zensuramt, Pavel Josef Šafařík (Schaffarik, Šafáry 1795-1861), entstammte einer slowakischsprachigen Familie in Oberungarn und studierte ebenfalls Theologie, allerdings protestantische, an der Jenaer Universität. Von 1819 bis 1833 war er als Gymnasialdirektor in Neusatz (heute Novi Sad in Serbien) tätig und verfasste erste wissenschaftliche Schriften im Bereich der Slawistik. 1833 übersiedelte er nach Prag, um intensivere Kontakte mit anderen Forschern pflegen zu können. Aus existenziellen Gründen trat er im Jahre 1837 das Amt des Zensors an, seit 1841 war er auch Kustos (später Bibliothekar) der Prager Universitätsbibliothek.

Während Zimmermanns historische und theologische Werke einen rigiden ultrakatholischen Standpunkt aufweisen und längst vergessen sind, wird Šafařík bis heute als eine der bedeutendsten Persönlichkeiten im Bereich der Slawistik des 19. Jahrhunderts angesehen. Seine Tätigkeit als Zensor wird für gewöhnlich mit dem Verweis auf seine innere Zwiespältigkeit gegenüber den Prinzipien der tschechischen nationalen Bewegung und dem Druck der Zensurgesetze und der Befehle der Vorgesetzten erklärt. Dabei bleibt auch die Tatsache nicht unerwähnt, dass Šafařík sein Zensuramt nach 10 Jahren aus freien Stücken niederlegte. Zimmermann wurde hingegen zu der prototypischen Gestalt – zumindest für den mitteleuropäischen Raum – eines nicht besonders gescheiten Zensors, über den lustige Geschichten kursierten, der von Schriftstellern mehrmals überlistet wurde und den zensurwidrigen Charakter der ihm vorgelegten Schriften nicht erkannte.[85]

84. Vgl. z. B. F. L. Čelakovský an J. V. Kamarýt 7.6.1823, in: Bílý, 1909, S. 182-3 über den Zensurvorgang von Václav Hankas Rezension der Praktischen böhmischen Grammatik für Deutsche von Jan Nejedlý.

85. Typischerweise Peřina, 2008/2009. Die lustigen Zensurgeschichten aus dem deutschsprachigen Raum sind v. A. in den Arbeiten von H. H. Houben aus den 1920er und 1930er Jahren zu finden.

Zu Beginn des 19. Jahrhunderts beschränkte sich das Tschechische als Literatursprache auf weniger umfangreiche theologische Texte (Gebete etc.), Unterhaltungsliteratur und Lieder. Da eine höhere Schulbildung (ab dem 4. Jahrgang) nur in deutscher Sprache angeboten wurde, verfügten auch alle tschechischen Muttersprachler, die sich für anspruchsvollere Literatur interessierten, über ausreichende Deutschkenntnisse, während eine gebildete tschechischsprachige Leserschaft nahezu gänzlich fehlte. Die Vertreter der tschechischen nationalen Bewegung strebten eine Änderung dieser Situation an, indem sie sich bemühten, niveauvolle Literatur in einer stilistisch komplizierten Sprache zu produzieren, auch wenn am Anfang die potenzielle Leserschaft fehlte, bzw. nahezu mit den Autoren identisch war. Der Versuch war schließlich von Erfolg gekrönt und die Situation hat sich nach und nach geändert.

Man darf davon ausgehen, dass zumindest in Einzelfällen die automatische Gleichsetzung von Druckwerken in tschechischer Sprache mit der für die einfachen Volksschichten bestimmten Literatur einen wichtigen Aspekt bei der Beurteilung eines Werkes durch Zensur darstellte.[86] Das würde mit den oben genannten Prinzipien der österreichischen Zensur zur Zeit des Vormärz übereinstimmen, nach denen die dem Volk zugebilligte Literatur strenger zu beurteilen war als andere Literaturformen. In diesem Zusammenhang wurden in der Regel auch umfangreichere Werke milder als solche mit geringerer Seitenanzahl beurteilt, da sie teurer und deshalb für die einfache Leserschaft schwerer zugänglich waren. (Vgl. Marx 1959, S. 60, 63)

Die in jüngster Zeit vorgenommene Erfassung von Verzeichnissen der im vormärzlichen Österreich verbotenen Druckwerke und zum Druck bestimmten Manuskripte[87] ermöglicht es, die Beziehung zwischen der Sprache des Dokumentes und der Zensurbeurteilung statistisch auszuwerten. Die nachfolgende Tabelle zeigt die im Zeitraum von 1833 bis 1848 durch Zensur verbotenen Handschriften, nach der jeweiligen Sprache geordnet. Daneben werden die Angaben aus der zeitgenössischen Statistik der literarischen Produktion in Österreich (mit Ausnahme von Ungarn) für das Jahr 1840 angeführt.

Sprache des Dokumentes	*Verbotene Handschriften*	*Literarische Produktion*
Deutsch	*1687*	*1632*
Italienisch	*333*	*1471*
Tschechisch	*145*	*114*
Polnisch	*121*	*67*
Ungarisch	*41*	*17**
Hebräisch	*37*	*74*
Latein	*31*	*219*
Französisch	*27*	*32*
Serbisch, Kroatisch, «Illyrisch»	*11*	*44**
Griechisch	*4*	*10*
Andere	*10*	*13*

86. Vgl. z.B. Zensurreferent des Prager Guberniums Franz Willmann an Präsidenten der Polizeihofstelle Graf Sedlnitzky 24.2.1826 (Konzept) über das Werk Praxis Pietatis von Jan Amos Komenský (Comenius): Das Werk sollte verboten werden, weil „die in diesem Andachtsbuche vorkommenden Grundsätze von verderblichen Tendenz besonders in Hinsicht der katholischen Kirche sind, und solche namentlich die gemeine Volksklasse, welche dieses Buch, zumal in böhmischer Sprache abgefasst ist, meistens in die Hände kommen würde, irre leiten könnte." Národní Archiv, České gubernium - Prezidium gubernia, Kt. 1435, Fasz. 16/79.

87. Forschungsprojekt des Instituts für die Vergleichende Literaturwissenschaft der Universität Wien: Die österreichischen Verbotslisten und ihre Bedeutung für die Zensurgeschichtsforschung: Eine qualitative und quantitative Untersuchung zu der in Österreich zwischen 1795 und 1848 verbotenen Literatur. Wissenschaftliche Leitung von Prof. Norbert Bachleitner. Nähere Auskünfte unter < http://zensur.literature.at/ >.

** in den nichtungarischen Teilen der Monarchie zum Drucke zugelassene Werke*

Ausgehend von der Annahme, dass die literarische Produktion in der 1830er und 1840er Jahren nicht nennenswert von den für das Jahr 1840 angegebenen Zahlen abweicht, ist zu konstatieren, dass das Verhältnis zwischen den von der Zensur zugelassenen und verbotenen Werken in Bezug auf italienische und lateinische Druckwerke wesentlich günstiger ausfällt als für deutsche, tschechische, polnische oder französische Werke. Die tschechische Produktion kommt strenger beurteilt vor als die Deutsche, der Unterschied ist aber relativ gering.

Eine weitere Untersuchung der österreichischen Verbotslisten sowie der halbmonatlichen Verzeichnisse der von der Zensur zugelassenen Werke kann noch genauere Daten hervorbringen, wodurch auch Unterscheidungen zwischen den einzelnen Gattungen, zwischen wortgetreu zugelassenen und mit Zensurstrichen bzw. Änderungen versehenen Werken oder zwischen den von den Zensurbehörden in einzelnen Provinzen und in Wien beurteilten Werken getroffen werden können.

An dieser Stelle sei nur noch auf eine Tatsache verwiesen, die durchaus als wichtiger Aspekt für die Wahrnehmung der vormärzlichen Zensur in Böhmen gelten mag. Die Analyse der Korrespondenzen tschechischer Schriftsteller zeigt, dass die Anhänger der tschechischen nationalen Bewegung bei der Beurteilung der Zensurauswirkungen bewusst solche Faktoren hervorgehoben haben, die eine Gleichsetzung der Zensurprozesse mit absichtlich gegen die tschechische Nation gerichteten Akten ermöglichten. Manchmal handelt es sich sogar um willkürliche Mystifizierungen, bei denen z. B. die Zahl der zum Druck nicht zugelassenen nationalen Gedichte übertrieben wird.[88] Obwohl (wie oben gezeigt wurde) sich einzelne Prager Zensoren mehr oder weniger mit der tschechischen nationalen Bewegung identifizierten, wurde das Bild der Zensurinstitution an sich als der nationalen Bewegung gegenüber feindlich auftretend dargestellt. Die Vorstellung der national feindlichen Zensur hat den weiteren Verlauf der nationalen Bewegung befördert und das heutige historische Gedächtnis mitbestimmt.

88. František Ladislav Čelakovský über das Gedichtband «Znělky» von J. Kollár - Vgl. die Briefe an J. V. Kamarýt 9.12.1820, 4.5. 1821, 21.5.1821, August 1821, in: Bílý, 1909, S. 74, 85, 97, Bílý, 1935, S. 288, 293, 296. Zur Mystifizierung in der tschechischen nationalen Bewegung siehe Macura 1995, S. 110-117.

15 „Der Güter höchstes dürfen wir verteid‘gen“

Literarische Darstellungen von Freiheitskämpfen im Spannungsfeld von Nationalismus und Revolution

Johannes Lau

1. Einleitung

Der erste deutsche Bundeskanzler Konrad Adenauer verkündete am 3.12.1952: „Wir stehen vor der Wahl zwischen Sklaverei und Freiheit! Wir wählen die Freiheit!“[89] Hier lässt sich fragen, ob es im Zusammenhang von Freiheit überhaupt eine Wahlmöglichkeit geben kann. Braucht es dazu nicht jemanden, der einen in die Freiheit entlässt oder von dem man sich befreit? Dialektisch gefragt: Setzt Freiheit nicht erst den Begriff der Unfreiheit voraus?

89. Adenauer warb vor dem Bundestag für die Ratifizierung der Pariser Verträge, die die Souveränität und Westanbindung der Bundesrepublik beschließen sollte (Stiftung Haus der Geschichte der Bundesrepublik Deutschland, http://www.hdg.de/lemo/html/dokumente/JahreDesAufbausInOstUndWest_aufrufAdenauer1952/index.html; zuletzt eingesehen am 14.02.2010).

Die Befreiung aus einem solchen Zustand mit Gewalt wird je nach den politischen Umständen ‚Revolution‘ oder ‚Freiheitskampf‘ genannt. Ich möchte anhand ausgewählter Werke der Weltliteratur, die solche Vorgänge darstellen, zeigen, wie der Begriff „Freiheit“ vom Ende des 18. bis zum 20. Jahrhundert auf verschiedene Weise diskutiert wird. Dies kann keine Literaturgeschichte des Freiheitskampfes liefern, sondern soll darstellen, wie Literatur als Produkt eines Zeitgeistes diesen Begriffswandel dokumentiert.

2. „frei sein, wie die Väter“

Zur Zeit der Aufklärung und ihrer realpolitischen Entsprechung – der französischen Revolution – erscheinen zwei bedeutende Freiheitskampf-Dramen der deutschen Literatur: Goethes *Egmont* (1788) und Schillers *Wilhelm Tell* (1804). *Egmont* handelt von dem gleichnamigen Grafen, der im Freiheitskampf der Niederländer im 16. Jahrhundert zwischen die Fronten seiner Landsleute und der spanischen Krone gerät. Erst am Ende (von den Spaniern inhaftiert), angesichts des Anmarschs der rebellierenden Niederländer vor den Gefängnismauern, entschließt er sich seine Wärter zu attackieren und den Märtyrertod zu sterben:

> *„[...] ich sterbe für die Freiheit, für die ich lebte und focht und der ich mich jetzt leidend opfere. [...] Schützt eure Güter! Und [sic!] euer Liebstes zu erretten, fallt freudig, wie ich euch ein Beispiel gebe.“ (Goethe 1993, S. 90f)*

Für die niederländische Bevölkerung ist Unfreiheit die Fremdbestimmung durch ausländische Adelige, die ungerecht regieren. Das monarchische Prinzip im Allgemeinen wird nicht hinterfragt. Sie geben für ihren Widerstand die Parole „Sicherheit und Ruhe! Ordnung und Freiheit!“ (ebd., S. 11) heraus. Hier geht es somit nicht um eine Umwälzung der gesellschaftlichen Strukturen, sondern um die Herstellung des alten, vermeintlich besseren, Zustandes.[90] Machiavell, der Berater der spanischen Regentin, formuliert den niederländischen Standpunkt:

90. „Unsere Väter waren Leute. Die wußten, was ihnen nütz war.“ (Goethe 1993, S. 27)

„Will ein Volk nicht lieber nach seiner Art von seinigen regiert werden als von Fremden, die erst im Lande […] Besitztümer auf Unkosten aller […] erwerben […], die einen fremden Maßstab mitbringen […] und ohne Teilnehmung herrschen?" (ebd., S. 15)

Freiheit heißt hier von eigenen Landsleuten gerecht beherrscht zu werden.[91] Herrscher sollen die Sitten, Gebräuche und Wünsche der eigenen Untertanen kennen und berücksichtigen. Das entspricht dem aufgeklärten Absolutismus, den Goethe auch selbst vertrat (Vgl. Fink 1990, S. 3-47).

91. *Damit geht auch die Religionsfreiheit einher. Die protestantischen Niederländer wollen nicht den katholischen Glauben der Spanier ausüben: „Da sollen wir nun die neuen Psalmen nicht singen." (ebd., S. 8)*

1789 – ein Jahr nach Goethes Veröffentlichung – findet das historische Ereignis statt, das die Monarchie vollkommen in Frage stellt: Seit der Französischen Revolution ist die bürgerliche Emanzipation und der Zweifel am aristokratischen System tagespolitische Realität. Dieser Zeitgeist schlägt sich auch in Friedrich Schillers Drama *Wilhelm Tell* nieder: Hier gibt es kein Abwägen zwischen Loyalität und Gerechtigkeit. Wenn der Herrscher unterdrückt anstatt gerecht zu herrschen, habe die Bevölkerung das Recht sich vom Machthaber zu befreien, was Wilhelm Tell ausführt, indem er den Tyrannen Gessler ermordet. So erklärt Werner Stauffacher:

„[...] eine Grenze hat Tyrannenmacht, / wenn der Gedrückte nirgends Recht kann finden, / […] – greift er / […] in den Himmel, und holt herunter seine ew'gen Rechte, / die droben hangen unveräußerlich / und unzerbrechlich wie die Sterne selbst – / […] Zum letzten Mittel, […] / ist ihm das Schwert gegeben – / Der Güter höchstes dürfen wir verteid'gen / gegen Gewalt – […]!" (Schiller 1960, S. 959)

Die Unterdrückung der Schweizer durch die Habsburger lässt die Zahl der Rebellen wachsen. Man versammelt sich und leistet den berühmten Rütli-Schwur:

„Wir wollen frei sein, wie die Väter waren, / eher den Tod, als in der Knechtschaft leben. / Wir wollen trauen auf den höchsten Gott / und uns nicht fürchten vor der Macht der Menschen." (ebd., S. 964)

Das ist weitaus emphatischer als das brave „Sicherheit und Ruhe! Ordnung und Freiheit!" im *Egmont*. Am Ende stehen hier auch nicht das Scheitern des Protagonisten und ein offener Ausgang, sondern der Sieg und die Freiheit für die Kämpfenden.[92] Als Gemeinsamkeiten fallen die Todesbereitschaft und die gewünschte Rückkehr zu einem verlorengegangenen Zustand auf – dort wo die Vorväter frei waren und „wußten, was ihnen nütz war". Diese zwei Beispiele – einmal unentschlossen / verhalten, einmal emphatisch – führen Freiheit als ein Menschenrecht vor, für das es zu kämpfen gelte. Freiheit bedeutet hier jeweils, nicht von einer ausländischen Macht regiert zu werden.

92. *Ulrich von Rudenz verkündet am Schluss: „frei erklär ich meine Knechte." (Schiller 1960, S. 1029)*

Es dürfte aufgefallen sein, dass dieser Freiheitsbegriff verknüpft ist mit dem problematischen Begriff ‚Volk'. Auch wenn dieser Begriff damals durchaus noch emanzipatorisches Potential hatte[93], ist er inzwischen so ideologisch kontaminiert, dass man Bertolt Brecht zustimmen muss: „Wer in unserer Zeit Bevölkerung statt Volk […] sagt, unterstützt schon viele Lügen nicht." (Brecht 1967, S. 231)

93. *So stellt der marxistische Historiker Albert Soboul das „Nationalgefühl" als dynamisches Element dem die revolutionäre Entwicklung hemmenden „Klassenbewusstsein" verschiedener Fraktionen gegenüber und beschreibt, wie das Nationalgefühl zu einem Einbezug aller gesellschaftlichen Schichten Frankreichs in die revolutionäre Bewegung führte. (Soboul 2000, S. 72ff)*

3. „schlechtes Leben fürchten"

Das 19. Jahrhundert eröffnet eine neue Perspektive: Im Zuge der Industrialisierung bildet sich das Bewusstsein, dass Unfreiheit auch durch ökonomische Verhältnisse erzeugt werden kann. So ähnelt der von Marx und Engels skizzierte Ablauf der Revolution durchaus einem Freiheitskampf:

„Wenn das Proletariat [...] vereint [...] die alten Produktions-Verhältnisse aufhebt, so hebt es [...] die Existenz-Bedingungen des Klassengegensatzes [...] auf. An die Stelle der alten bürgerlichen Gesellschaft [...] tritt eine Assoziation, worin die freie Entwicklung eines Jeden, die Bedingung für die freie Entwicklung Aller ist."[94]

94. *Engels / Marx: Manifest der kommunistischen Partei 1999, S. 43*

Ein prominentes Beispiel, das diesen Freiheitsbegriff diskutiert, ist der Roman *Germinal* (1885) von Émile Zola. Der Roman erzählt vom Arbeitskampf in einer französischen Bergarbeitersiedlung. Die Bergleute streiken, zerstören Minen und kämpfen gegen das anrückende Militär. Der Freiheitskampf findet hier im eigenen Land unter Landsleuten statt.

95. *Natürlich ist daran zu erinnern, dass die zahlreichen realpolitischen Versuche dieses Programm umzusetzen nicht weniger Unfreiheit erzeugt haben, sondern bloß eine neue mit anderen Begriffen schufen.*

Der Grubenbesitzer Deneulin gelangt zu der Einsicht, dass es sich bei diesen Arbeitsverhältnissen offenbar um unmenschliche Zustände handelt:

„[...] il n'avait plus de haine [...] il sentait la complicité de tous, une faute générale [...] Des brutes sans doute, mais des brutes qui ne savaient pas lire et qui crevaient de faim." (Zola 1964, S. 1216)

Der Zustand der Arbeiter sei dem von Tieren gleich, weshalb diese auch so wild wie Tiere reagieren. Die Arbeiter sind in ihrer vollständigen freien menschlichen Entwicklung behindert.[96]

96. *Armin Schwarz streicht das in seiner Übersetzung hervor, indem er den Satz etwas frei übersetzt: „Es waren Tiere ohne Zweifel; aber man hatte sie in ihrer Tierheit gelassen und sie hungerten." (Zola 1983, S. 361)*

Einer der prominentesten Schriftsteller des 20. Jahrhunderts, der einen derartigen sozialistischen Freiheitsbegriff propagierte, war vermutlich Bertolt Brecht. In dem Stück *Die Tage der Commune* (1949) verarbeitet er den historischen Versuch einer sozialistischen Gesellschaft: die Errichtung der sozialistischen Räterepublik in Paris 1870. Brecht zeigt hier weniger die Abläufe der Revolte, sondern die unentschlossene Bevölkerung, die diskutiert und letztlich die Revolutionäre unterstützt. Ein Held wie Tell fehlt hier[97]. Das Freiheitsverständnis der Aufständischen formuliert der Song *Resolution*: Auch hier finden sich die typischen Motive des Freiheitskampfes – Widerstand gegen Fremdbestimmung und Todesbereitschaft:

97. *„Brecht stellt eben nicht berufene Führer und eine unmündige Masse gegenüber, vielmehr bedeutet seine Beschreibung [...] eine kritische und zugleich poetisch einfühlsame Beschreibung des Mündigwerdens der Masse." (Siegert 1983, S. 71)*

„In Erwägung, daß wir nicht mehr Knecht sein wolln / In Erwägung, daß ihr uns dann eben / Mit Gewehren und Kanonen droht / Haben wir beschlossen, nunmehr schlechtes Leben / Mehr zu fürchten als den Tod." (Brecht 1967, S. 2137)

Die Kommunarden verlieren den Kampf, während die Bourgeoisie durch Operngläser betrachtet, wie die Pariser Sozialisten zusammengeschossen werden. Man beglückwünscht Thiers, den Befehlshaber der Gegenrevolution, dass er Paris Frankreich zurückgegeben habe. Thiers entgegnet: „Frankreich, das ist – *Sie, Mesdames et Messieurs.*" (ebd., S. 2192). Die Emanzipation der bürgerlichen Klasse durch die Französische Revolution hat hiernach nur dazu geführt, dass eine andere Klasse unterdrückt wird.

Auch wenn Brecht dem Konzept von Revolution gegenüber positiv eingestellt ist, bewertet das Stück die Pariser Kommune skeptisch: Brecht verstand dieses Stück als „Morgengabe an das Neue Deutschland" (Siegert 1983, S. 171) – als Beitrag zum Aufbau der DDR, der vor den Fehlern der Vergangenheit warnen sollte.

3. „more horrible than bloodshed"

Bislang untersuchte Bestimmungen des Freiheitskampfs waren entweder der Kampf gegen nationale Fremdbestimmung oder das Aufbegehren gegen ungerechte ökonomische Verhältnisse. Hans Fallada zeigt im Roman *Bauern, Bonzen, Bomben* (1931) wie sich beides auf fatale Weise vermischen kann. In einer norddeutschen Kleinstadt, zur Zeit der Weimarer Republik, revoltieren die verarmten Bauern: Sie demonstrieren, kämpfen gegen die Polizei und verüben Bombenanschläge. Die hier wahrgenommene Unfreiheit besteht aus einer wirtschaftlich prekären Situation, fehlender politischer Mitbestimmung und Unterdrückung durch den Staat in Form ungerecht hoher Steuern. So spricht der Bauer Vadder Benthin:

> *„[...] von unseren Höfen jagen sie uns fort. [...] Haben wir nicht Vertreter? [...] Zahlen müßt ihr Steuern [...] bis ihr halb verhungert seid. Dann macht ihr der lieben Regierung in Berlin keinen Kummer mehr." (Fallada 2009, S. 136)*

Die Bauern sind politisch nicht direkt verbündet mit den Nationalsozialisten, aber wenn die demonstrierenden Bauern „das Lied von der Judenrepublik, die wir nicht brauchen" (ebd., S. 128) singen, wird klar, welcher Geist hier aus den sozialen Verhältnissen, dem Festhalten am eigenen Land und dem Hass auf die Demokratie entsteht. Der an dieser Stelle gezeigte Freiheitskampf führt nicht zu einer Freiheit im idealistischen Sinn, sondern prophezeit bloß, welche politische Katastrophe in Deutschland damals erst noch bevorstand.

Ein anderes äußerst skeptisches Bild liefert Sean O'Caseys Drama *The Plough and the Stars*: Hier wird das Zurückdrängen der sozialistischen Ideen in der irischen Freiheitsbewegung und die beginnende Dominanz nationalistischer militaristischer Rhetorik verarbeitet (Vgl. Völker 1968, S. 26ff).

Der unsichtbare Agitator[98] verherrlicht im zweiten Akt das Blutvergießen im Todeskampf für die Freiheit:

> *„Bloodshed is a cleansing and sanctitying thing and the nation that regards it as the final horror has lost ist manhood. There are many things more horrible than bloodshed, and slavery is one of them." (O'Casey 1998, S. 182)*

98. Dabei handelt es sich offenbar um James Connolly, den Gründer der Irish Citizen Army (Vgl. Völker 1986, S. 46).

Dieses unmenschliche Programm, das Blutvergießen zum wichtigen Bestandteil einer Nation erklärt, zeigt, wozu ein Freiheitskampf führen kann. Das schwindsüchtige kleine Mädchen Mollser fragt zu recht: „Is there anybody goin' [...] with a titther o' sense?" (ebd., S. 180). Sean O'Casey zeigt hier einen Freiheitskampf, der alles zum Tode verurteilt, was vermeintlich die nationale Freiheit bedroht. O'Casey sieht diese Revolte als einen sinnlosen Akt der Gewalt, der in seiner nationalistischen Form nichts erreicht – so der enttäusche Jungsozialist Covey: „If they were fightin' for anything worth while, I wouldn't mind." (ebd., S. 208).

Noch viel pessimistischer bewertet derartigen politischem Widerstand der Roman *Plan B* von Chester Himes. Der Roman beschreibt eine fiktive, beispiellose Gewaltorgie im New Yorker Stadtteil Harlem, wo jemand anonym unter der afroamerikanischen Bewohnern Waffen verteilt hat, mit der Botschaft: „Lernen sie ihre Waffe zu gebrauchen. […] Die Freiheit ist nahe!“ (Himes 2000, S. 9). Damit bricht die Anarchie in Harlem aus: Die afroamerikanischen Einwohner schießen auf alles, was sich bewegt und nicht ihre Hautfarbe hat. Am Ende fallen sogar die beiden ermittelnden Polizisten – in allen vorangegangen Romanen stets Herren der Lage – diesem Aufruhr zum Opfer (ebd., S. 171).

Hier gibt es kein sichtbares politisches Konzept mehr, sondern die Wut einer unterdrückten Minderheit bricht eruptiv aus. Der Anführer ist kein strahlender Wilhelm Tell, sondern ein Geschäftsmann, der es sich einfach leisten kann jedem eine Waffe zu geben. Die einzige Erklärung für den Aufstand bieten die eingeschobenen Passagen, die Einzelschicksale aus der Geschichte der Unterdrückung der Afroamerikaner erzählen. Dieser Roman ist zum einen das fatalistische Fazit Himes‘, der nicht glaubte, dass sich die afroamerikanische Situation ohne Gewalt positiv verändern würde. Zum anderen aber zeigt dieses Werk auch, was jeder Freiheitskampf ist, wenn man ihn jeder moralischen und philosophischen Begründung entkleidet: die nackte Gewalt.

„Do thou, great liberty, inspire our souls" – Addisons Freiheitskonzepte und ihre Rezeption in Deutschland und der Schweiz

16

Ludwig Kevora

„Sie werden sehen, die Formen von Gärten
werden Sie nach und nach an Orten erblicken,
wo Sie sie nicht vermutet haben."
Pedro Cabrita Reis, anläßlich True Gardens #6 (Graz), 2008

Vergöttlichung, Historisierung und Gefahren von Freiheit

London, 1710. Der Dichter, Dramatiker und Publizist Joseph Addison (1672–1719) liest auf einem Spaziergang, einige Tage vor dem 19. April, die antike Geschichte der Bildtafel des Kebes. Ermüdet setzt er sich in den Schatten und schläft ein. Er träumt von einer Göttin Freiheit (‚Liberty') auf verschneiten Bergen in rauem Klima. Dort steht ihr Thron auf einer grünen Alm über den Wolken. Es scheint keine Sonne, doch die Berge glühen, so dass die Göttin umso lichtvoller erscheint, wie die Farben der Wiese mit den darauf wild wachsenden Blumen. Ein mäandernder Fluss berührt alle Büsche in seinem wunderbar gewundenen Lauf. Addison begegnet der Göttin. Im *Tatler* berichtet er am 20. April anonymisiert:

> *„I descended into the happy Fields that lay beneath me, and in the midst of them, beheld the Goddess sitting upon a Throne. She had nothing to enclose her but the Bounds of her own Dominions, and nothing over her Head but the Heavens. Every Glance of her Eye cast a Track of Light where it fell, that revived the Spring, and made all Things smile about her. My heart grew chearful at the Sight of her, and she looked upon me, I found a certain Confidence growing in me, and such an inward Resolution as I never felt before that Time."* (Addison 1987, S. 399)

Zu ihrer Linken befindet sich die römisch akzentuierte Herrscherin eines Bündereichs mit Freiheitskappe, Stab und Mantel, zu ihrer Rechten eine monarchische Herrscherin mit britischem Zepter, goldener Krone und in weißem Hermelinpelz. Beides sind Gottheiten, doch die linke erscheint als vulgär und unwürdig der Bewunderung, denn sie trägt Feuer in den Augen und ihr Mantel Figuren mit Wunden, sowie in blutigen Buchstaben den Schriftzug „The Ides of March". Zu den Füßen der rechten jedoch sitzen zahme Löwen, der majestätische Charakter ist ohne einen Akzent von Terror und heischt Liebe und Verehrung. Im Gefolge der Göttin Freiheit erkennt Addison einige Künste und Wissenschaften, auch andere Gottheiten, unter denen die Göttin Beredsamkeit (‚*Eloquence*', ebd., S. 400) hervorragt. Auch Fülle (‚*Plenty*', ebd.) sowie gesellschaftlicher Umgang und Handel (‚*Commerce*', ebd.) sind Gottheiten.

Die erträumte Landschaft befindet sich in einem Kreis anderer Berge, der nicht geschlossen ist. An zwei Lücken befinden sich Wachen, die Tag und Nacht die Göttin Freiheit vor Gefahren schützen. An einem Spalt droht der Zug der Tyrannei (‚*Tyranny* […] dressed in an Eastern Habit, and grasping in her Hand an Iron Scepter', ebd., S. 401) einzubrechen: Barbarei (‚*Barbarity*, with the Garb and Complexion of an *Aethiopian*', ebd.), Ignoranz (‚*Ignorance* with a Turband upon her Head', ebd.),

Verfolgung (‚*Persecution* holding up a bloody Flag, embroidered with Flower-de-Luces', ebd.), Unterdrückung (‚*Oppression*', ebd.), Armut (‚*Poverty*', ebd.), Hunger (‚*Famine*', ebd.) und Folter (‚*Torture*', ebd.) mit einem abschließenden Arrangement von Strafgeräten wie Bänken, Rädern, Ketten und Galgen. An der anderen Öffnung wartet die Zuchtlosigkeit (‚*Licentiousness*, dressed in a Garment not unlike the *Polish* Cassock', S. 401) und führt Aufruhr (‚*Clamour*, with a hoarse Voice and a Hundred Tongues', ebd.), Durcheinander (‚*Confusion*, with a mishapen Body and a Thousand Heads', ebd.), Frechheit (‚*Impudence*, with a Forehead of Brass', ebd.) und Plünderung (‚*Rapine*, with Hands of Iron', ebd.) mit einem Endzug von Tumult, Lärm und Aufruhr mit sich.

In Addisons Traum ist zunächst die Analogie zur antiken „Fabel" des Tafelbildes von Kebes auffällig: ein Berg, ein höchstes Ziel, die allegorische Darstellung von Gut und Übel. Doch die Inhalte werden getauscht: Während die Tafel das gesamte Menschenleben abbildet, ist es in Addisons Text ein Traum, wo Glückseligkeit als das oberstes Ziel gilt, ist es bei Addison Freiheit, und die Güter und Übel der Menschen werden zu den Begleitern und Feinden von Freiheit. Interessant erscheint weiters das dem Traumbericht vorangestellte Motto von Claudian aus *De Consulatu Stilichonis*, in der Freiheit nur unter einem friedvollen Prinzen akzeptierbar ist. Denn im gesamten Traum ist weder ein Prinz, noch eine verwandtschaftlich verknüpfte Herrscherfigur enthalten. Möglicherweise ist also Freiheit, als Prinzip in der Beziehung der obersten Göttin zu anderen göttlichen Figuren, auch in der Abwesenheit von bindenden Verwandtschaftsbeziehungen realisiert. Freiheit wird auf diese Weise zu einer solitären Obergöttin, die weder Eltern noch Kinder, weder Gatten noch Verwandte hat. Die Attribute der flankierenden Gottheiten und der personifizierten Bedrohungen versuchen den Traum historisch zu verankern, obwohl natürlich Offenheiten bleiben, denn es ist ein Traum, der im Zuge seiner Niederschrift keine Deutung durch den Autor erfährt. Schließlich erwacht der Träumende durch das Getöse der Gefahren, wobei die Situation des Erwachens selbst nicht allegorisch gemeint ist. Hier ist wiederum der Empirist Addison am Werk: Die Lärmereien „were so very great, that they disturbed my Imagination more than is consistent with Sleep, and by that Means awaked me." (ebd., S. 401)

Der Selbstmord Catos – Gelingen oder Scheitern von politischer Freiheit?

Vermutlich von 1699 bis 1702 hat Addison zur Lebensgeschichte Cato des Jüngeren eine Tragödie in vier Akten verfasst, wie Samuel Johnson berichtet (Johnson [1925], S. 337). Erst 1713 vollendet er sie, indem er einen fünften Akt hinzufügt. Das Stück gelangt im selben Jahr am Royal Theatre in der Drury Lane in London erfolgreich zur Uraufführung und wird gedruckt. Seitenhiebe auf die Machtverhältnisse im neuen Großbritannien machen das klassizistische Versdrama zum Zeitstück über politische Freiheit. Denn Johnson vermerkt:

> *„The time, however, was now come when those who affected to think liberty in danger, affected likewise to think that a stage-play might preserve it [...] The Whigs applauded every line in which liberty was mentioned as a satire on the Tories; and the Tories echoed every clap to show that the satire was unfelt." (Johnson 1925, S. 337f)*

Die Handlung kreist um Catos Selbstmord in Afrika. Cato hat sich nach Utica (Tunesien) mit den Söhnen Marcus und Portius, sowie der Tochter Marcia zurückgezogen und ist bedroht von Cäsar, der ihn auf seine Seite bringen oder unterwerfen will. Sempronius und Lucius bilden mit Cato einen kleinen römischen Senat vor Ort. Juba, ein junger afrikanischer Prinz, orientiert sich an Cato und dessen römischer Lebensweise. Ihm zur Seite steht General Syphax, ein Verräter. Cato selbst wird von dem römischen Ritter Decius besucht, einem Gesandten Cäsars. Lucia, die Tochter von Lucius, ist Vertraute von Marcia; eine Rolle mit gesondertem Epilog.

Cato ist Römer. Er definiert dies über die Ortszugehörigkeit hinaus als „a friend to virtue" und „[g]reater than Caesar" (Addison 1909, S. 190f.). Sempronius erblickt darin Freiheit und das Ewige: „Cato, we thank thee. / The mighty genius of immortal Rome / Speaks in thy voice, thy soul breathes liberty" (ebd., S. 191). Cato wäre Cäsars Freund, würde dieser Rom die Freiheit wiedergeben und seine Herrschaft einem Senat beiordnen. Diese Bedingungen könnte Cäsar nie akzeptieren, so wird das Freundschaftsangebot, übermittelt durch Decius, zur Todesgewißheit. Widerstand ist mehr oder weniger zwecklos, denn Cäsar hat bisher listiger agiert und konnte sich in bewaffneten Auseinandersetzungen durchsetzen. So möchte Cato die verbliebene Zeit bis zum endgültigen Triumph möglichst ausdehnen:

„[...] strive to fill / This little interval, this pause of life, (While yet our liberty and fates are doubtful,) / With resolution, friendship, Roman bravery, / And all the virtues we can crowd into it; That heaven may say, it ought to be prolonged." (ebd., S. 192f)

Diese passive Seite Catos ist von Anfang an präsent. Ein ausgetragener Konflikt mit Cäsar ist nicht zu erwarten. Dennoch ruft er seine Männer zur Verteidigung auf:

„Do thou, great liberty, inspire our souls, / And make our lives in thy possession happy, / Or our deaths glorious in thy just defence." (ebd., S. 209)

Juba, der Cato verehrt und Marcia gerne standesgemäß heiraten möchte, gesteht Cato, wenig politischen Erfolg mit seiner stoischen Lebens-weise gehabt zu haben:

„Dost thou love watchings, abstinence, and toil, / Laborious virtues all? Learn them from Cato: / Success and fortune must thou learn from Caesar." (ebd., S. 194)

Cato tötet sich selbst wie ein stoischer Weiser, um sich und seine Tugenden nicht auszuliefern; nur der Leichnam, der an Cäsar übergeben wird, zeugt vom Scheitern eines Weltbilds. Mit ihm endet, wie Sempronius zu Syphax sagt, „[t]his medley of philosophy and war." (ebd., S. 200)

Johann Christoph Gottsched (1700–1766) kannte Addisons *Cato* von 1713 sowie den französischen *Cato* von François-Michel-Cretien Deschamps aus dem Jahr 1715. Obwohl er sich sehr an beiden Vorgängern orientiert, ist sein Trauerspiel *Sterbender Cato*, das 1731 uraufgeführt und ein Jahr später gedruckt wird, ein originäres Stück mit eigener Nuancierung des antiken Stoffs, auch wenn er viele Textteile aus den Vorlagen übersetzt. Hinzu tritt eine theoretische Beschäftigung, die in der akademischen Rede mit dem Titel „Cato ist nicht als ein unüberwindlicher Weise gestorben" Ausdruck findet (Vgl. Gottsched 1976).

Auffällig ist in Gottscheds Stück von Anfang an der aktive Cato. Denn hier tritt die Hauptfigur bereits in der Ersten Handlung auf, während sie bei Addison erst im zweiten Akt, überdies nach einem langen ersten Akt, erscheint. Zudem ist Cäsar eine Figur im Stück, die in Aktion mit Cato tritt – bei Addison tritt nur ein Botschafter Cäsars auf. Weiters finden sich bei Gottsched deutlich mehr Textpassagen, in denen Cato spricht. Dies alles macht trotz der spezifischen Regelpoetik von Gottsched – seine *Critische Dichtkunst* erschien fast zeitgleich 1730 – aus dem Stoff ein dynamisches und kräftiges Versdrama.

Gottsched überformt den Selbstmord Catos hin zum „Unfall" (Gottsched 2007, S. 83), indem er Cato in seinen Schlusssätzen die Götter um Vergebung bitten lässt mit dem Hinweis: „Der Beste kann ja leicht vom Tugendpfade wanken. / Doch ihr seid voller Huld. Erbarmt euch!" (ebd., S. 84). Bei Addison geht, da Cato Rom verkörpert, ein unüberwundenes Rom vielleicht zu rasch dahin, aber niemals als unwillkürlicher Akt, der einem zustößt oder passiert. Der Anruf an die Götter dient bei Addison dazu, die Situation des Lebensmüden, der sich selbst tötet, zu entlasten – der Tugendpfad wird damit nicht verlassen. Deshalb können bei Addison römische Werte, wie Freiheit durch den Selbstmord, als gerettet erscheinen (Vgl. Buhr 1998). Bei Gottsched aber (Gottsched 2007, S. 83) folgt die Freiheit Rom ins Grab, wie Cato ankündigt, während bei Addison nur der Leichnam an Cäsar ausgehändigt wird, um die letztliche Überlegenheit im Scheitern der *civitas* zu demonstrieren. Diese Freiheitschance hätte Gottsched vielmehr im geduldigen Ertragen einer Gefangenschaft, einer diesseitigen Möglichkeit zur stoischen *constantia* gesehen, wie er in der Rede ausführt. Der Selbstmord ist dort Anschuldigung und Grund, in Cato einen überwindlichen Weisen zu sehen im Gegensatz zu Seneca, der als unüberwindlicher Weiser aufgefasst wird, weil er auf einen Befehl hin Selbstmord begangen habe. Cato hingegen hätte im Affekt gehandelt, weil er den „verhaßten Tyrannen" (Gottsched 1976, S. 485) nicht sehen wolle:

„Die Liebe zur römischen Freyheit, muß seinem [Catos] Eigensinne zum Vorwand dienen; und die Begierde, sich durch eine unerhörte That einen unsterblichen Namen zu erwerben, muß mit einem Deckmantel einer stoischen Großmuth verhüllet werden." (ebd., S. 489)

Freiheit und Ungebundenheit als Voraussetzungen von Größe

Vom 21. Juni bis zum 3. Juli 1712 erscheinen im *Spectator* elf Artikel Addisons unter dem pseudonymen Autorenkürzel „O". Addison nennt die Serie von No. 411 bis No. 421 in einer Ankündigung „an Essay *on the Pleasures of the Imagination*" (‚O' [= Addison] 1965, S. 530). Tatsächlich handelt es sich um die Revision eines einzigen Langtextes, der zu Lebzeiten nicht publiziert worden ist. Teile dieses Langtextes sind uns erhalten geblieben, die Unterschiede zwischen den Fassungen vermerkt Bond in seiner Gesamtausgabe der Zeitschrift. Der Titel ist nicht neu, denn er findet sich bereits bei Sir William Temple oder Lady Mary Pierrepont. Für Addison summiert das Wort „fancy" die meisten Bedeutungsaspekte von „imagination". Er entwirft eine empiristische Ästhetik, die von den Gegenständen abhebt, die sich durch unsere Sinne in das Bewusstsein vermitteln lassen und dort zu Ideen werden. Dem Gesichtssinn oder Blick kommt eine herausragende Stelle zu, so dass Addison bei den Freuden der Einbildungskraft nur all jene originär durch diesen Sinn vermittelten Freuden meint, die er in primäre und sekundäre unterteilt. Wichtiger ist sein Begriff der Größe:

„By Greatness, I do not only mean the Bulk of any single Object, but the Largeness of a whole View, considered as one entire Piece. Such are the Prospects of an open Champian Country, a vast uncultivated Desart, of huge Heaps of Mountains, high Rocks and Precipices, or a wide Expanse of Waters, where we are not struck with the Novelty or Beauty of the Sight, but with that rude kind of Magnificence which appears in many of these stupendous Works of Nature. Our Imagination loves to be filled with an Object, or to graspe at any thing that is too big for its Capacity. We are flung into a pleasing astonishment at such unbounded Views, and feel a delightful Stillness and Amazement in the Soul at the Apprehension of them. The Mind of Man naturally hates every thing that looks like a Restraint upon it, and is apt to fancy it self under a sort of Confinement, when the Sight is bent up in a narrow Compass, and shortned on every side by the Neighbourhood of Walls or Mountains. On the contrary, a spacious Horison is an Image of Liberty, where the Eye has Room to range abroad, to expatiate the Variety of Objects that offer themselves to its Observation. Such wide and undetermined Prospects are as pleasing to the Fancy, as the Speculations of Eternity or Infinitude are to the Understanding. But if there be a Beauty or Uncommonness joyned with this Grandeur, as in a troubled Ocean, a Heaven adorned with Stars and Meteors, or a spacious Landskip cut out into Rivers, Woods, Rocks, and Meadows, the Pleasure still grows upon us, as it arises from more than a single Principle.“ (ebd., S. 540f)

In dieser langen Textpassage wird Freiheit in der Naturerfahrung von Größe erblickt, die sich beim Anblick einer unbesorgten, belassenen Natur einstellt, weil es nur in ihr Neues geben kann. Deshalb sind Gewöhnung und Begrenzung in der Anschauung, sowie eine kunstvoll gestaltete Natur, wie der barocke Garten abzulehnen. Der offene Himmel ist ein Bild der Freiheit, hier kann der Blick schweifen und Variationen erfassen. Für die Einbildungskraft wiederum sind weite und unbegrenzte Formationen angenehm, wobei bei Hinzutreten mehrerer Aspekte Lust entsteht.

Johann Jakob Bodmer (1698–1783) entstammt, ebenso wie Addison und Gottsched, einem Pfarrhaushalt. Er wächst bei Greifensee im Glatttal in der Nähe von Zürich auf und lernt am Carolinum der Chorherren, der heutigen Universität Zürich, seinen Studiengenossen Johann Jakob Breitinger (1701–1776) kennen. Er stellt bald fest, dass er kein Pfarrer werden will wie sein Vater und beginnt eine Lehre als Seidenfabrikant, die er aber auch bald zugunsten einer literarischen Laufbahn abbricht. Auf diesem Suchprozess gelangt er auch nach Genf, wo er den *Spectator* in einer französischen Übersetzung zum ersten Mal erhält. Das Blatt beeindruckt Bodmer, so dass er später plant, einen eigenen Zürcher „Zuschauer“ herauszugeben. 1718 unternimmt er eine prägende Herbstwanderung in den Aargau, aus der 1720 ein literarischer Klub, die „Gesellschaft der Maler“ hervorgeht. Das Verhältnis von Literatur zur Malerei ist wegweisend für seine späteren Werke zu Dichtkunst und Ästhetik. Bodmer war weiters tief beeindruckt von Miltons *Lost Paradise*, so dass er trotz fehlender Englischkenntnisse eine Übersetzung anstrebt. Laurenz Zellweger ist hier die Vermittlungsgestalt. Durch ihn lernt Bodmer Englisch, gelangt an englische Originaltexte und somit an Addisons weitere Werke (Vgl. Vetter 1900).

Anschließend an Locke sind für Bodmer die Sinne „die ersten Lehrer der Menschen“ (Bodmer 1971, S. 4), alle Erkenntnis komme von ihnen, wobei Erkenntnis bei Bodmer „mit einem gewissen Ergetzen begleitet ist“ (ebd., S. 6). Jeder der fünf Sinne entdecke dem Menschen eine neue Quelle des Ergötzen, deren Vereinigung vermehre Erkenntnis und Ergötzen. Dem Gesichtssinn kommt wie bei Addison eine herausragende Stelle zu, ebenso der menschlichen Seele, weil sie Einbildungskraft besitzt. Dichter können in die Seele „malen“ mit ihren Worten wie Künstler es bei Bildern vermögen:

„Auf diese Weise sind der Poete, der Mahler, und der Bildhauer, einander verwandt, sie treten sämtlich in die Spur der Natur, sie befleissen sich durch ihre Vorstellungen, Bilder und Gemählde, eben solche Eindrücke in der Phantasie der Menschen zu erwecken, als die würcklichen Gegenstände durch ihre eingepflanzte natürliche Kraft erwecken würden; wie denn die Nachahmung eben dadurch ihre Vollkommenheit beweiset, wenn sie eine gleiche Würkung, wie das Urbild, auf das Gemüthe macht: Und sie können durch diese geschickte Nachahmung ihres kunstreichen Fleisses, welche die Eindrücke von all dem befreyet, was sie in der Natur eckelhufts, unangenehmes, und gewaltsames hatten, das menschliche Gemüthe mit einer lehrreichen und empfindlichen Lust anfüllen." (ebd., S. 31f)

Bodmer beschneidet die bei Addison vorgefundene ästhetische Gestaltungsfreiheit: Zunächst bindet er Erkenntnis an das Ergötzen – bei Addison ist sie ungebunden. Dann ist nicht mehr Freiheit eine Voraussetzung einer ästhetischen Erfahrung, sondern in der Nachahmung stecke Befreiung vom Ekelhaften, Unangenehmen und Gewaltsamen. Schließlich sichere diese Befreiung sogar eine lehrreiche, also mit Verstand versetzte Lust.

Hinsichtlich der Rezeption bei Bodmer und dessen Kreis in der Schweiz zeigt sich, ähnlich wie bei Gottsched in Deutschland, eine Rückstufung oder Begrenzung des Umfangs von Freiheit, der in Addisons Werk weder abgestuft noch begrenzt ist. Freiheit als Gottheit wurde allerdings nicht als Gedanke aufgenommen, aus der Allegorie ist sie in Deutschland und der Schweiz entlassen. Interessant erscheint, dass Gottsched und Bodmer die Weite dieses Begriffs bei Addison wohl gekannt, sogar bewundert, aber nicht aufzunehmen gewagt haben – im frühen 18. Jahrhundert.

Literatur als Widerstandsakt 17

Eine Rezeptionsgeschichte

Maria Biza

„Und mich fürchten Generäle Diktatoren Oberste Könige Militärrichter obwohl ich keine Pistole habe [...] nichts nichts als ein zitterndes Lächeln vor dem Wunder der Welt das die echten Revolutionäre vorbereiten."
(Jannis Ritsos)

Der 100. Geburtstag des griechischen Dichters Jannis Ritsos löste im Jahr 2009 vielfältige Aktivitäten aus, die von Lyrik-Abenden bis hin zu neu erschienenen deutschsprachigen Ausgaben reichten[99]. Abgesehen von Veröffentlichungen in verschiedenen Zeitschriften, blieb jedoch die, bis dahin mehr als 30 selbstständige Ausgaben umfassende, Übersetzungs- und Vermittlungsarbeit im deutschsprachigen Raum weithin unerforscht. Dieser Artikel konzentriert sich auf die Rolle, welche die 1967-1974 im deutschsprachigen Raum erschienene Lyrik Jannis Ritsos in dieser Zeit spielte und wie diese Rezeption sich auf die spätere Aufnahme des Dichters in Deutschland auswirkte. Dieser Zeitraum wurde ausgewählt, da 1967 eine militärische Junta die Macht in Griechenland ergriff, eine formelle Zensur durchsetzte, Ritsos literarisches Werk als verboten erklärte und ihn selbst zwei Jahre lang auf Straflagerinseln verbannte. Des Weiteren wird der Versuch unternommen, am Beispiel der Rezeption von Ritsos auf die Beziehung zwischen Literatur, ihrer Vermittlung in eine andere Sprache und Freiheit – betrachtet als politische wie auch als künstlerische (Rede-) Freiheit – Licht zu werfen.

Jannis Ritsos wurde im deutschsprachigen Raum vor allem als Dichter des linken politischen Widerstandes wahrgenommen. Dazu trug sowohl sein politisches Bekenntnis, als auch die Geschichte Griechenlands im 20. Jahrhundert bei, die, wie Armin Kerker formulierte, von „fremden und einheimischen Despoten" geprägt ist. (Ritsos 1980, S. 81) Ritsos Werk konnte in Griechenland nicht immer ungehindert zirkulieren. Während der politischen Verfolgung der Linken nach Ende des Bürgerkrieges 1949, sowie auch nach der Machtergreifung durch die Junta, war es dem Dichter verboten, seine Werke im eigenen Land zu veröffentlichen. Die Rezeption seines Werkes vollzog sich durch dessen heimliche Verbreitung im Ausland, entweder in der griechischen Sprache, herausgegeben z.B. in Bukarest in einem literarischen und politischen Verlag, oder in fremdsprachigen Übersetzungen, die sich ab 1951 auch im deutschsprachigen Raum finden.

Die Machtergreifung der Junta löste in Europa und im deutschsprachigen Raum eine intensive Auseinandersetzung mit dem Werk Ritsos aus. Während sich im Zeitraum von 1951 bis 1966 die Zahl der Veröffentlichungen im deutschsprachigen Raum auf nur drei Übersetzungen beschränkte, welche in literarischen Zeitschriften der ehemaligen DDR herausgegeben wurden[100], stieg die Zahl der Übersetzungen während der Diktaturzeit 1967-1974 auf 14. Fünf Veröffentlichungen erschienen in der Schweizer Zeitschrift *Propyläa*, fünf Auswahlbände in der BRD und vier in der ehemaligen DDR, darunter zwei selbstständige Bände und Publikationen in der

99. Die neu erschienenen Ritsos-Ausgaben sind: Ritsos, Jannis: 1. Monovassia, übers. von Klaus-Peter Wedekind, Frankfurt: Suhrkamp, 2. Martyries-Zeugenaussagen, übers. von Günter Dietz und Andrea Schellinger, Berlin: Elfenbein und 3. 12 Gedichte zu Kavafis, übers. von Niki Eideneier, Köln: Romiosini. Lyrikabende und Konzerte zur Feier des hundertsten Geburtstags von Jannis Ritsos (1909-1990) fanden in deutschen Städten, wie München (24-26.04.2009) und Berlin (26.05.2009) statt.

100. Die erste deutschsprachige Übersetzung aus dem Werk von Ritsos wurde im Jahr 1951 in der Berliner Zeitschrift Aufbau veröffentlicht und betrifft die Übertragung eines Fragments aus dem Poem: Brief an Joliot-Curie. Die darauf folgenden Übersetzungen erschienen in der literarischen Zeitschrift Sinn und Form in den Jahren 1957 und 1960 (Ritsos: Die Mondscheinsonate. a.d. Französischen übers. v. R. Rotschild und Das Fenster a. d. Französischen übers. von R. Schneider. In: Sinn und Form, Heft 4, 1957, S. 714-726 und Heft 2, 1960, S.224-234).

Zeitschrift *Sinn und Form*[101]. Diese Publikationen verfolgten ein Ziel, welches weit über die Grenzen reiner literarischer Tätigkeit hinaus ging. Mittels literarischer Übersetzungen sollte eine Stimme erhoben werden, um auf die politischen Missstände in Griechenland aufmerksam zu machen. Sie waren folglich stark politisch und ideologisch gefärbt, was sich sowohl in der Textauswahl als auch in der Art des Übersetzens widerspiegelte. Um dies zu verdeutlichen werden im Folgenden einige Zeilen aus Ritsos Poem *Romiosini* (auf Deutsch *Griechentum* oder *Gräzität*) verglichen. Die erste Übersetzung fällt zeitlich mit der Machtergreifung durch die Junta zusammen und stammt aus dem ersten deutschsprachigen Auswahlband, der 1967 unter dem Titel *Poesiealbum Mikis Theodorakis* im Verlag Neues Leben (DDR) erschien. Die zweite Übersetzung aus dem Auswahlband *Mit dem Maßstab der Freiheit* erschien dagegen 1971, zu einer Zeit, als der Dichter bereits aus dem Exil entlassen wurde.

Wie viele sind jetzt eingesperrt, *wie viele haben sie umgebracht.* *Bald werden wir im Land die Glocken läuten [...]* *Die ganze Erde uns und kein Stück unsren Feinden [...]* *(aus: Poesiealbum,* *Theodorakis 1967, S.19)*	*Diese aber liegen in Eisen und* *jene in der Erde. [...]* *Gleich werden die Glocken läuten.* *Diese Erde ist ihre und unsere [...]* *(aus: Mit dem Maßstab der Freiheit,* *Ritsos 1971, S.109)*

Die erste Übersetzung wurde mit dem Ziel geschaffen, die deutsche Öffentlichkeit über die politische Situation in Griechenland aufzuklären. So ist auch die freie Übertragung der ersten zwei Zeilen zu erklären, da diese sehr direkt die Auswirkungen des Unrechtsstaates auf die griechische Bevölkerung ansprechen. Aufschlussreich ist ebenso die Einführung des Personalpronomens „wir", da es ein Beispiel für den Einfluss des in der Zielsprache herrschenden Dogmas auf die Übersetzungstätigkeit ist. Der sozialistische Realismus mit seinem kollektiven und kämpferischen „wir" bewirkte einen Eingriff in das Sinngefüge des Originals. Dieses „wir" verstärkte zudem maßgeblich die Identifizierung des Lesepublikums mit dem „Griechentum", vor allem wenn man bedenkt, dass dieser Teil des Poems, vertont von Mikis Theodorakis, dazu gedacht war, gesungen zu werden und in dieser Form durch das Personalpronomen eine gewisse Dynamik erhält[102]. Die Übersetzung der letzten Zeile rückt das Bild der Niederlage des Feindes in den Vordergrund. Ohne weiteres kann der Feind im gesamten Kontext der Ausgabe mit der willkürlichen Macht der Diktatoren gleichgesetzt werden, was dazu führte, dass das Poem *Romiosini* in seiner ersten deutschen Übersetzung als Symbol für den Widerstand gegen die Junta wahrgenommen wurde, während es ursprünglich einen viel breiteren Begriff von Romiosini umfasst, und zwar, wie David Ricks es formulierte, als „a way of life and moral stance, and its presence as an heirloom" (Ricks 2008, S. 474).

Eine Illustration in dem *Poesiealbum Mikis Theodorakis* zeigt folgende Verse aus Mikis Theodorakis Lied *Ich bin die Front*: „Mitten in deinem Herz, Athen / habe ich Lieder angestimmt / Ich bin die Front, ich rufe zum Kampf".

Auch die Vor- und Nachworte der in dieser Zeit entstandenen Ausgaben von Ritsos verfolgten den Zweck, der in Deutschland herrschenden Unkenntnis über die tatsächliche Situation in Griechenland entgegenzuwirken. Der erste, 1968 erschie-

101. Die folgenden Werke von Ritsos wurden in Propyläa veröffentlicht: Das Griechentum in Bd. 3, Oktober 1968; einige Gedichte aus der Sammlung Steine- Wiederholungen- Gitter, die erst im Jahr 1972, nach der Abschaffung der Vorzensur, in Griechenland herausgegeben werden konnten; in Band 8, April 1970 und in Band 9-11, Sommer 1971. 1968 gab Propyläa ein Sonderheft heraus, das Gedichte aus der 1966 in Griechenland veröffentlichten Sammlung Zeugenaussagen II enthält (Ritsos: Zeugenaussagen. Mit einer Vorbemerkung von Eleni N. Kazantzaki und einer Einleitung von Max Frisch, Zürich), und im Jahr 1972 erschienen zwei Chorlieder (Der Baum des Gefängnisses und die Frauen sowie Die Greisinnen und das Meer) in der gleichen Zeitschrift. Die zustande gekommenen BRD-Ausgaben sind: Ritsos: 1. Gedichte, übers. v. V. Tsakiridis, 1968; 2. Zeugenaussagen. Griechisch-Deutsch, übers. v. G. Dietz. 3. Mit dem Maßstab der Freiheit..., übers. v. I. Rosenthal-Kamarinea, 1971; 4. Epitaphios. Eine von Mikis Theodorakis vertonte Auswahl, übers. v. I. Rosenthal-Kamarinea, 1973 und 5. Romiosyne. Das Griechentum, übers. v. G. Rebham, 1974. Die DDR-Ausgaben waren: Poesiealbum Mikis Theodorakis, übers. v. B. Jentzsch und K.-D. Sommer, 1967; Ritsos: Die Wurzeln der Welt. Gedichte, übers. v. B. Jentzsch und K.-D. Sommer, 1970 und zwei Übersetzungen in der Zeitschrift Sinn und Form, die in Heft 4, 1969, S.916-937 und in Heft 1-6, 1970, S.25-38 zu finden sind.

nene, BRD-Auswahlband übte heftige Kritik an den Bundestagsabgeordneten und forderte sie auf, die Berichte von Amnesty International zu lesen, da die offizielle politische Linie der BRD stillschweigend das Regime in Griechenland anerkannte und das Schicksal der Deportierten verharmloste, da man den Deportierten, laut Erik Blumenfeld, Politiker der CDU, „jederzeit die Freiheit gibt, von der Haftinsel fortzugehen, wenn sie eine Erklärung unterschreiben, daß sie keine antirevolutionäre Haltung einnehmen würden gegen die jetzige Regierung [...]"[103]. Im gleichen Band wurde das Schreibverbot aufgegriffen: „Bis heute hat Ritsos nicht einmal die Erlaubnis zu schreiben" (Ritsos: *Gedichte*, 1968, S. 4). Die Zeitschrift *Propyläa* machte sich ebenfalls zu einer „Waffe" gegen die politische und künstlerische Unfreiheit in Griechenland, indem sie Ritsos Schicksal thematisierte: „1967 musste Ritsos erneut in die Verbannung. Nun soll er wieder frei sein" (Ritsos: *Zeugenaussagen*, 1968, S. 48). In Max Frischs Vorwort zu einem Ritsos-Sonderheft der Zeitschrift *Propyläa* wurde betont, welche Bedeutung der Lektüre von Ritsos Werk zugeschrieben wurde: „[...] indem wir diese Gedichte lesen und Kenntnis haben von dem Geist, der verbannt wird [...] erkennen wir den Ungeist, der an der Macht ist im heutigen Griechenland und nicht nur dort [...]" (ebd., S. 2).

Aus den oben eingeführten Zitaten lässt sich der Schluss ziehen, dass man die Bedeutung der politischen Geschehnisse nicht unterschätzen darf, wenn Interesse an einem fremdsprachigen Dichter entsteht. Es ist des weiteren für eine Übersetzungs- und Rezeptionsgeschichte interessant, die wechselseitige Beziehung von innenpolitischem (griechischen) Geschehen und (deutschsprachiger) Übersetzungstätigkeit zu erforschen.

Viele Auswahlbände, die von 1967 bis 1974 entstanden, griffen auf eine frühere poetische Phase Ritsos zurück (1940-1950), vor allem auf die Gedichte, die in den Jahren des ersten Exils (1948-1952) verfasst wurden. Diese Gedichte waren für den anti-diktatorischen Kampf geeignet, da sie erstens eine poetische Berichterstattung über das Leben der Gefangenen im Exil boten und zweitens von einem unerschütterlichen politischen Glauben und einem zuversichtlichen Blick in die Zukunft durchzogen sind. Diese Gedichte machen den größeren Teil des ersten BRD-Auswahlbands, *Gedichte* von 1968, sowie der ersten DDR-Ausgabe, *Die Wurzeln der Welt* von 1970, die auf einer großen Auswahl aus Ritsos Werk basiert, aus. Dem Dichter kam es bei diesen Gedichten, die an den Exilorten in der Erde vergraben wurden, dort versteckt blieben und trotzdem dem Dichter und seinen Lagergenossen Mut machten, auf die Botschaft an (Vgl. Voulgaris / Kerker 1987). Ritsos Sprache zielte auf Verständlichkeit und setzte Bildmotive der sozialistischen Kunst ein, wie z.B. das Motiv des Dichterarbeiters (Vgl. z.B. das Gedicht: *Lektionen in Poesie* in: Ritsos 1970, S. 123-124). Deswegen fanden diese Gedichte, die als offene, engagierte Reaktion gegen die Repression des Staates bezeichnet werden können, einen großen Widerhall in der ehemaligen DDR, wo sie speziell für eine Aufführung im Rahmen des 11. Festivals des politischen Lieds in Berlin übersetzt wurden (es handelt sich um die Ausgabe Ritsos: *Die Bäume brauchen diesen Himmel ganz*, 1981).

102. Die Ausgabe Poesiealbum Mikis Theodorakis enthält auch Noten. Das Poem Romiosini, verfasst zwischen 1945-1947, veröffentlicht 1954, wurde 1966 als Lied vertont. Es ist in der griechischen literarischen Tradition üblich, dass Gedichte vertont werden. Auf dieser Weise erreichte das Gedicht bzw. das Lied ein breiteres Publikum. Die Vertonung der Romiosini war während der Diktatur verboten, wie auch die ganze Musik von Theodorakis. Paul Dessau hat den Armeebefehl Nr. 13, der die Wiedergabe und das Spielen der Musik von Theodorakis sowie aller Hymnen der kommunistischen Jugend verbot, in Musik gesetzt. Der Armeebefehl kommt in der hier erwähnten Ausgabe vor.

103. Seyppel: Hellas. Geburt einer Tyrannis. Impressionen Analysen Dokumente, 1968, S.79. Vgl. auch die in Propyläa im Band 8, April 1970, S.54 erhaltene Aussage des Bundestagsabgeordneten Stecker, nach einer Reise nach Griechenland auf Einladung der Diktatur-Regierung, zum Spiegel (Nr.33/1968): „Wir brauchen ein stabiles Griechenland, das sich dem Westen zugehörig fühlt und sich das deutsche Anliegen der Wiedervereinigung zu eigen macht. Das tut die Athener Regierung. Und jede Regierung, die das tut, habe ich zunächst einmal mit Wohlwollen zu betrachten".

Eine zweite Kategorie von Gedichten, welche in dieser Zeit vermehrt in deutschsprachigen Übersetzungen vorlagen, waren die *Zeugenaussagen*. Dies sind kurze lakonische Gedichte, in denen der Dichter Bezug auf aktuelle Probleme seiner Zeit nimmt (Vgl. Ritsos 1989, S. 54-60). Sie entlarven, wie Max Frisch formulierte, die „Staatsmacht, die diese Stimme verbannt, vor aller Welt, als eine Macht [...] wider den Sinn zu leben" (Ritsos: *Zeugenaussagen*, 1968, S. 3) und führen zu neuen Sichtweisen, da Dingen und scheinbar unwichtigen Ereignissen, dem Selbstverständlichen enthoben, eine neue Bedeutung beigemessen wird: „Er verschwand in der Tiefe der Straße. Der Mond stand schon hoch. Ein Vogel rief aus den Bäumen. Einfache, gewöhnliche Geschichte. Niemand merkt etwas. Zwischen den zwei Laternenpfählen ein großer Fleck Blutes" (*Entfernen* in ebd., S. 11).

Die Gedichte, deren Entstehung zeitlich mit den ersten Jahren der Junta zusammenfällt, unterscheiden sich von den älteren, ebenfalls im Exil verfassten Gedichten dadurch, dass diese sich des Mythos bzw. der antiken Geschichte bedienen um die Gegenwart zu thematisieren, wie z.B im Gedicht *Nach der Niederlage*:

> *„Nach der Vernichtung der Athener an den Ägos-Flüssen [...] war Schluß mit unseren freien Diskussionen [...] Ins Feuer unsere Papiere und unsere Bücher [...] Und selbst wenn es geschähe, daß sie uns erlaubten, einen alten Freund zum Zeugen aufzurufen, er würde ablehnen aus Angst, ebenfalls unser Schicksal zu erleiden – und er hat Recht, der Mensch. Deshalb ist es gut hier – kann sein, wir kriegen sogar eine neue Beziehung zur Natur, wenn wir durch den Stacheldraht ein Stückchen Meer betrachten [...]." (Ritsos 1980, S. 28)*

Der Dichter behandelte zwar, wie gehabt, die widrigen Lebensumstände und die politischen Zustände in seinem Land, aber er brachte diesmal, mittels des Einsetzens des Mythos, nicht nur seinen Protest gegen die Junta, sondern auch seine Kritik über die „Seinigen" und seine Verzweiflung über die Krise in den sozialistischen Ländern (Prager Frühling 1968) wie auch über die Teilung der griechischen Linken (Februar 1968) zum Ausdruck (Vgl. Prokopaki 1981, S. 60-63). Diese Gedichte, die nicht mehr von Gewissheit und politischer Überzeugung redeten, brachten, wie Pierrat kommentiert, die europäische Linke in Verlegenheit (Pierrat 1978, S. 20). Sie wurden trotzdem in der BRD und in der Schweiz herausgegeben, während die DDR-Resonanz zur gleichen Zeit sehr gering war[104]. Hieraus lässt sich unschwer folgern, dass die deutschsprachigen Ausgaben einerseits dem Dichter einen Ausweg aus der Zensur in seinem Land boten, andererseits aber der Gedichtauswahl eine „ideologisch" und „poetologisch" kontrollierte Übersetzungstätigkeit zugrunde lag, so dass beispielsweise in der ehemaligen DDR Gedichte vermieden wurden, die den Geist des Sozialismus nicht in Worte fassten.

Erwähnenswert ist auch eine weitere, speziell deutsche Ausprägung des Interesses an Ritsos Werk, die zur Folge hatte, dass jene Werke, die einen direkten Bezug auf die Blutspur der deutschen Besatzung in Griechenland nehmen, wie z.B. *Das letzte Jahrhundert vor dem Menschen* oder *Die Nachbarschaften der Welt*, viel später ins Deutsche als in andere europäische Sprachen übersetzt wurden[105]. In diesem Zusammenhang interessant ist ebenfalls die fragmentarische Übersetzung des Poems *Brief an Joliot-Curie*, das in zwei BRD-Auswahlbänden enthalten ist, jedoch ohne die folgende Stelle, deren Auslassung in der Ausgabe *Gedichte* von 1968 nicht durch „[ ]" kenntlich gemacht wurde (Ritsos: *Gedichte*, 1968, S. 35-40).

104. In der ehemaligen DDR wurde 1979 zum ersten Mal eine kleine Auswahl aus dieser Phase Ritsos getroffen: Milos geschleift. Poeme und Gedichte, hrsg. von Thomas Nicolaou, Leipzig: Carl Hanser Verlag.

105. Die Nachbarschaften der Welt wurden z.B. 1961 ins Albanische übersetzt. Das letzte Jahrhundert vor dem Menschen lag seit 1975 in der italienischen Sprache vor (Vgl. Makrynikola 1993, S. 341, 350, 374). Das letzte Jahrhundert vor dem Menschen erschien, übersetzt von Niki und Hans Eideneier, 1980, während Die Nachbarschaften der Welt erst 1984 von Erasmus Schöfer in deutscher Sprache herausgegeben wurde.

„Du hast bestimmt, Joliot, von Manolis Glezos gehört, [...] als er auf die Felsen der Akropolis kletterte, in den Fäusten den Zorn und die Hoffnung der Völker drückend, als er unter den offenen Nasenlöchern der hungrigen Maschinengewehre, mit seinen beiden Fäusten das Hakenkreuz brach, brach er mit seinen beiden Fäusten alle Zähne des Todes“[106]

106. Übersetzung der Autorin. Die Stelle bezieht sich auf die Entfernung der deutschen Fahne aus der Akropolis im Jahr 1941.

Es stellt sich die Frage, ob diese Auslassung einer Notwendigkeit entsprang, da das Gedicht zu lang war, um in seiner Ganzheit übernommen zu werden, oder ob ihr eine beabsichtigte Auswahl zu Grunde lag, die darauf abzielte Stellen zu vermeiden, die bei dem deutschen Publikum keine positiven Erinnerungen auslösen könnten.

Die Tatsache, dass Ritsos Dichtung im Zeitraum von 1967 bis 1974 einem außerliterarischen Zweck unterlag, brachte als Folge mit sich, dass Ritsos, besonders in der BRD, als Dichter galt, dessen Oeuvre als eine poetische Geschichtsbebilderung zu betrachten sei. Stets wurde das Bild eines Dichters und Menschen, der nie mundtot gemacht werden konnte, projiziert, wobei die innere Auseinandersetzung Ritsos mit den Grenzen der literarischen Freiheit eines „engagierten“ Künstlers unbeachtet blieb. Es könnte als Paradoxon der Rezeptionsgeschichte bezeichnet werden, dass ausschließlich in der ehemaligen DDR und ab den 80er Jahren Ritsos theoretische Texte und Prosawerke erschienen, in denen der Dichter, der sich im deutschsprachigen Raum zunächst einen Namen als engagierter Dichter gemacht hatte, den Begriff des Engagements verwirft, da er nie begriff, was Engagement bedeutet, denn, „was der Mensch tut, ist: sich ausdrücken. Und zwar: sich frei ausdrücken“ (Ritsos 1989, S. 113). Ebenso verteidigt er in seinem Essay *Über Majakowski* (1963) die Kunstfreiheit, indem er die Kunst als „das höflichste und durchsichtigste Bild der Sorge und des Kampfes des Menschen für mehr Humanität und Freiheit“ charakterisiert und am Beispiel der Rezeption von Majakowski die freie Suche nach der Form leidenschaftlich befürwortet:

„Lernen wir alle [...] vom Werk, Leben und Tod Majakowskis, [...] und benutzen wir seine Person nicht als abgeschlossenes ästhetisches Dogma, das der Suche nach neuen Formen im Wege steht, die den Widersprüchen unserer Epoche entsprechen und die nur durch diese Widersprüche von innen hervorgebracht und durchgesetzt werden können.“ (ebd., S. 87f)

In der ehemaligen DDR wurde sogar das *Ungeheure Meisterwerk*, die poetische Autobiografie des Dichters herausgegeben, ohne die zensierten Stellen des griechischen Originals, die der Dichter selbst wegstrich – laut seinem Übersetzer Asteris Kutulas, um eine direkte Konfrontation mit dem geltenden Normbewusstsein der kommunistischen Partei Griechenlands, deren Mitglied er seit den 30er Jahren war, zu vermeiden[107]. In diesem Werk entledigte sich Ritsos aller Masken; er verkörpert nicht mehr, wie er in einem Interview zugab, die mythischen Personen, welche seinen Monolog-Gedichten ihren Titel gaben, sondern ist ganz er selbst (Ritsos 1996, S. 245). Die Masken und der Mythos boten dem Dichter Schutz und Freiheit (Ritsos 1989, S. 173). Sie waren eine Strategie, um nicht nur der aggressiven, staatlichen Zensur zu entgehen, sondern auch, um eine offene politische Konfrontation mit der eigenen Bewegung zu vermeiden. Als sich der Dichter in diesem Poem der Masken entledigte und später in seiner erotischen Dichtung, und vor allem in seinem Prosawerk, seiner Redefreiheit keine Grenzen mehr setzte, sondern sich einer kühnen, realistischen Sprache, die weder „moralische“ noch „ideologische“ Tabus kannte, bediente, wurde ihm in Griechenland Obszönität unterstellt und man hegte

107. Das Ungeheure Meisterwerk erschien 1978 auf Griechisch, 1988 ins Deutsche übersetzt in 325 nummerierten Exemplaren vom Verlag Reclam in Leipzig. Der Dichter trug, laut Asteris Kutulas, am 13.11.1982 die fehlenden Verse des griechischen Originals mit seiner Feder ein. Das Ungeheure Meisterwerk wurde auch in den Auswahlband: Deformationen übernommen (Ritsos: Deformationen, 1996, S. 295).

108. *Ritsos Erotika erschienen 1983, zwei Jahre nach der griechischen Veröffentlichung, in dem Verlag Volk und Welt (DDR). Sein Prosa-Zyklus, der neun Romane umfasst, wurde von dem gleichen Verlag in drei Bänden Ikonenwand anonymer Heiliger I, II, III 1986, 1987 und 1989 herausgegeben. Der Zyklus wurde auf Griechisch von 1982 bis 1986 veröffentlicht.*

dem Werk gegenüber ideologische Bedenken. In der DDR hingegen fanden die gleichen Werke Ritsos triumphale Resonanz[108]. Die eklatant unterschiedliche Aufnahme dieser Werke in Griechenland und im deutschsprachigen Raum wirft die Frage auf, inwieweit das Lesepublikum bereit ist, die unbegrenzte Redefreiheit eines Dichters zu akzeptieren und inwieweit es möglich ist, sich bei der Bewertung der Dichtung auf die Dichtung an sich zu konzentrieren und den Einfluss der politischen Ansichten des Dichters zu ignorieren. Diese Problematik ist auch an dem Gedicht *Für Jannis Ritsos*, im Jahr 1973 von Armin Kerker verfasst, ablesbar. Kerker arbeitete besondere Merkmale der Werkrezeption Ritsos zu einem poetischen Bild heraus und schrieb sein Gedicht mit dem Ziel, gegen die Entpolitisierung dieses Dichters zu protestieren. Mithilfe ironischer Sprache setzt er diejenigen, die den Dichter, „selbst durch Folter nicht zum Schweigen bringen" mit denjenigen gleich, die neue Dimensionen an Ritsos Werk entdecken: „entdecken sie, die ihn lieber tot als rot gesehen hätten, [...] Stille Altersreife", „zögernde Hoffnung" einer „noterfahrenen Weisheit", und beendet das Gedicht wie folgt: „Es ist jetzt nötiger denn nie, ihn vor diesen zu schützen" (Werner 2006, S. 47).

Die dem hier behandelten Zeitraum nachfolgende Ritsos-Rezeption wurde stark durch die damalige, hauptsächliche Wahrnehmung seiner Dichtung als Widerstandsakt und seiner Biografie als Beispiel für einen Menschen mit ungebrochenem Willen geprägt. Für Ritsos selbst war die Dichtung unter totalitären Regimes wohl eine Überlebensstrategie; die Funktion der Dichtung an sich bleibt jedoch von politischen Systemen unabhängig, da sie aus Widerstand gegen die Vergänglichkeit der Zeit und den Tod entsteht; einem Tod, der nicht nur natürlicher Tod ist, sondern auch gesellschaftlicher Tod, der mit Not, Ungerechtigkeit, Ausbeutung und sogar mit dem Versagen der menschlichen Kommunikation verbunden ist. (Vgl. Ritsos 1989, S. 114/135)

Kampf für die Freiheit – Literatur für die Freiheit

18

Zur Bedeutung autobiographischer Werke von Kärntner SlowenInnen für die Holocaustliteratur

Judith Goetz

Einleitung: Holocaustliteratur und Kärntner SlowenInnen

Begriffe wie Holocaust, Auschwitz oder Shoah werden heute analog für den von ÖsterreicherInnen und Deutschen aufgebauten und durchgeführten Vernichtungsapparat des Nationalsozialismus, der den Tod von mehreren Millionen Menschen mit sich brachte, verwendet. Der aus der US-amerikanischen Literaturwissenschaft stammende Begriff ‚Holocaustliteratur' wiederum meint, zumindest tautologisch verstanden, Literatur, die den Holocaust zum Thema hat. Obgleich sich der Begriff weitgehend etablieren konnte, bleibt seine genaue Bedeutung diffus. So werden in seiner Verwendung darunter einerseits ausschließlich fiktive Werke verstanden, andererseits lediglich Texte von Überlebenden oder einzig jene jüdischer AutorInnen. Tatsächlich lassen sich viele Werke jüdischer AutorInnen finden, die den Holocaust als Thema haben, was nicht zuletzt auch auf die religiöse Tradition literarischer Katastrophenbewältigung zurückzuführen ist. Das Leid von Roma und Sinti hingegen blieb mitunter auch aufgrund ihrer vorwiegend mündlichen Überlieferung meist ungeschrieben. Anders sieht es im Zusammenhang mit den Kärntner SlowenInnen aus, die ebenfalls zwangsausgesiedelt wurden und in Konzentrations- und Vernichtungslagern dem nationalsozialistischen Regime zum Opfer fielen. Die in Kärnten/Koroška beheimatete Minderheit verfügt sehr wohl über eine lange zweisprachige Literaturtradition. Dennoch fanden jene Werke von Kärntner slowenischen AutorInnen, die den Holocaust zum Thema haben, bislang kaum bis keinen Eingang in die Debatten und Auseinandersetzungen rund um die Literatur nach Auschwitz.

Dies mag einerseits auf den mangelnden Bekanntheitsgrad der Opfergruppe zurückzuführen sein, andererseits aber auch auf den österreichischen Umgang mit der Geschichte und den Rechten der Minderheit. Über 60 Jahre Befreiung meint nämlich vor allem in Kärnten/Koroška „Niederlage" und in Bezug auf die Erinnerungstradition in erster Linie eine Kultivierung faschistoider und antislowenischer Brauchtumspflege. Dies verdeutlicht sich in der Fortsetzung eines Gedenkens, welches an die vermeintlichen „Opfer" der PartisanInnen erinnert, nicht jedoch an ihren antifaschistischen Beitrag zur Befreiung. Die Forschungsrelevanz ergibt sich daher aus dem Umstand, dass die von ehemaligen PartisanInnen und anderen Kärntner slowenischen AutorInnen niedergeschriebenen (Lebens-) Geschichten weitgehend marginalisiert werden und bis heute keinen Eingang in den Literaturkanon hierzulande gefunden haben und auch kaum der Holocaustliteratur zugerechnet werden. Dass die ohnehin in kleinen Verlagen publizierten Werke meist nur in niedriger Auflage produziert werden, spiegelt auch die mangelnde Nachfrage nach derartigen Texten wider. Im Gegensatz zu anderer Kärntner Prominenz wie Turrini, Handke etc., die in ihren Werken ebenso Bezug auf die slowenische Minderheit nehmen, sind beispielsweise die Erzählungen von Lipej Kolenik, Franc Kukovica oder

Anton Haderlap weder auf den Literaturlisten der Schulen noch in den meisten österreichischen Buchhandlungen anzutreffen.

Kampf für die Freiheit

Wie Haas und Stuhlpfarrer (1977) betonten, scheint es bis auf wenige Ausnahmen um die Widerstandsforschung in Österreich nicht sehr gut bestellt bzw. die Geschichte des Widerstands nicht nur unzufriedenstellend aufgearbeitet, sondern vor allem auch kaum in die nationale Geschichtsschreibung integriert und als bedeutender Beitrag zur Beendigung der industriell betriebenen Massenvernichtung der Nazis anerkannt zu sein.

„Die Geschichte des Widerstandes der Kärntner Slowenen gegen das NS-Regime ist in Österreich noch nicht sehr zusammenfassend geschrieben worden. Ein Ergebnis einer solchen Untersuchung wird jedenfalls die Erkenntnis sein, daß die Kärntner Slowenen einen unverhältnismäßig hohen Anteil im Kampf gegen den Nationalsozialismus für sich in Anspruch nehmen können, außerdem jedoch das von den Kärntner Slowenen dadurch erworbene hohe Maß an Sensibilität gegenüber allen Maßnahmen, die Kärntens Nationalsozialisten im Zuge der antislowenischen Verfolgungspolitik aufgenommen, verstärkt und selbst entwickelt haben." (Haas / Stuhlpfarrer 1977, S. 87)

Eine dieser Arbeiten stellt der von Emmerich Tálos (2000) herausgegebene Band *NS-Herrschaft in Österreich*, in dem auch die Geschichte des kärntnerslowenischen Widerstands beschrieben wird. Tálos meint in Anlehnung an Valentin Sima, dass es schon bei der Abstimmung über den Anschluss Österreichs an NS-Deutschland in den zweisprachigen Gebieten (wie z.B. in Bleiburg / Pliberk oder Eisenkappl / Železna Kapla) mehr Gegenstimmen (Vgl. Tálos 2000, S. 760) gegeben hatte als im restlichen Kärnten/Koroška. Während die Osvobodilna Fronta (Befreiungsfront) OF in Slowenien bereits 1941 gegründet worden war, kam es zu ähnlichen Organisationsformen in Kärnten/Koroška erst 1942 im Jauntal/Podjuna und ab 1943 im Rosental/Rož. Auch Brigitte Entner betont in ihrem Text *Wie weiblich ist der Widerstand? – Kärntner Slowenen und Sloweninnen im Kampf gegen das NS Regime* in dem von Baumgartner, Girstmair und Kaselitz herausgegebenen Band *Wer widerstand? Who resisted?* (2008), dass die Rebellion den Kärntner SlowenInnen nicht unbedingt in die Wiege gelegt worden wäre, da die meisten Angehörigen der Minderheit eher christlich konservativ und zumindest die FunktionärInnen sogar trotz der Benachteiligungen loyal dem NS-Regime gegenüber eingestellt waren. Den Hintergrund für die Beteiligung am Widerstand stellten vor allem der Überfall des NS-Einheiten auf Jugoslawien, sowie die Deportationen von knapp 1000 Angehörigen der kärntnerslowenischen Minderheit, dar. Zuvor hatte es zwar auch unterschiedliche Widerstandsformen, wie beispielsweise Gegenpropaganda, gegeben, zum bewaffneten Widerstand vor allem in Südkärnten war es aber erst im Jahr 1942 gekommen. Nach dem Angriff auf Jugoslawien kam es zu einer erneuten Verhaftungswelle durch die NationalsozialistInnen, die sich vor allem gegen Priester und die kulturellen Eliten richtete. Zudem wurde von den NS-MachthaberInnen Slowenisch auch in der Kirche verboten, Vereine aufgelöst, Vermögen eingezogen, Zeitungen eingestellt und das Genossenschaftswesen zerstört.

Obgleich sich die Forschung meist einig darüber ist, dass der große Zulauf bei den

PartisanInnen vor allem auch als Reaktion auf die „brutale Germanisierung, Aussiedlungen" (Tálos 2000, S. 201) zu verstehen ist, wird in einem geschichtsrevisionistischen Diskurs immer wieder versucht, Ursache und Wirkungen voneinander zu trennen und die Vorgehensweisen der PartisanInnen von der Geschichte des Nationalsozialismus abzuspalten und als „ungerechtfertigt" zu diffamieren. Vielmehr kam der slowenischen Minderheit in Kärnten/Koroška jedoch nicht nur im organisierten PartisanInnenkampf eine besondere Bedeutung zu, sondern vor allem auch im Widerstand gegen das NS-Regime. Obgleich die kärntnerslowenischen PartisanInnen nicht die einzigen gewesen waren, die sich gegen den NS zur Wehr gesetzt hatten, da es beispielsweise auch Widerstand von Seiten der ArbeiterInnen, der Kirche oder auch PartisanInnen im Salzkammergut oder auf der Koralm gegeben hatte, kam ihnen dennoch eine besondere Rolle zu. So meint Emmerich Tálos:

„Die slowenischen Partisanen konnten sich organisatorisch, politisch und militärisch in Kärnten fest etablieren und lieferten den dort zur Bandenbekämpfung eingesetzten Polizei-, SS- und Wehrmachtseinheiten schwere Gefechte, bei denen mehr als 1000 WiderstandskämpferInnen – meist Slowenen, aber auch deutschsprachige Österreicher, sowjetische und andere Kriegsgefangene – fielen. Ungeachtet der politischen Orientierung auf ein vereintes Slowenien unter kommunistischer Herrschaft hin ist dieser Einsatz als wichtigster und effektivster „eigener Beitrag" zur Befreiung Österreichs von der NS-Herrschaft anzusehen." (Tálos 2000, S. 201)

Literatur für die Freiheit

Literatur kann nicht losgelöst von dem gesellschaftlichen Umfeld, in dem sie entsteht, betrachtet werden, sondern wird maßgeblich von ihm beeinflusst. Dies trifft auch auf die Literaturproduktion von Kärntner SlowenInnen zu und so meint auch Lev Detela:

„Die mehrschichtige Komplexität der nationalen, politischen, ökonomischen und sozialen Entwicklungen inmitten einer zweisprachigen Gesellschaftsschichtung mit unzähligen politisch, historisch oder ideologisch erzwungenen Konfrontationen am engsten Raum bedingt die komplizierte Wahrheit der kärntnerslowenischen Realität und der kärntnerslowenischen Literatur." (Detela 1993, S. 12)

Nicht nur die in der Literatur beschriebene Realität wird jedoch von den Konflikten beeinflusst, sondern auch die Realität der Literaturproduktion und Forschung über die Literatur der Minderheit. Auch Andrej Leben spricht davon, dass

„[n]ach 1945 … eine neue Politisierung bei gleichzeitiger Stärkung des Nationalbewußtseins die slowenische Volksgruppe [erfasste], was zunächst zur Erweiterung der Kulturarbeit führte. Als jedoch gegen Ende der vierziger Jahre klar wurde, daß es zu keiner Grenzkorrektur zugunsten Jugoslawien kommen würde, setzte eine große kulturelle Depression ein, die die Assimilation stark beschleunigte. Dieses politische Umfeld prägte das Werden der slowenischen Literatur in Kärnten, die nach wie vor nur auf eine sehr beschränkt entwickelte, normativ-utilitaristische und autodidaktische Tradition zurückgreifen konnte, da der Zweite Weltkrieg die vielversprechenden Ansätze einer literarischen Erneuerung zunichte gemacht hatte." (Leben 1994, S. 45)

In seinem Kapitel *Der Befreiungskampf und Weltkrieg in der Nachkriegsliteratur* erwähnt er weiters:

„Nach dem Krieg entstanden auch in Kärnten mehrere literarische Werke zum Thema Widerstand gegen den Nationalsozialismus, vor allem in Form der Memoirenliteratur. Die Erfahrung des Widerstandes gegen den Nationalsozialismus bildet thematisch gesehen das einzige bedeutende Bindeglied zwischen kärntnerslowenischen und der slowenischen Literatur." (ebd., S. 41)

Somit verdeutlicht sich, dass dem Freiheitskampf in der kärntnerslowenischen Literatur nach 1945 eine zentrale Rolle zukam und als Ausdruck der gesellschaftlichen Realität der Kärntner SlowenInnen gelesen werden kann und muss.

Gleichzeitig ist die Beziehung der kärntnerslowenischen Literatur zum Themenkomplex „Freiheit" von einem vielschichtigen Spannungsverhältnis gekennzeichnet. Der kleine zweisprachige Drava Verlag hat in den letzten Jahren in der Reihe *Bücher gegen das Vergessen* mehrere autobiographische Werke und Übersetzungen von ehemaligen PartisanInnen und/oder anderen (Kärntner) SlowenInnen, die sich auf unterschiedliche Art und Weise gegen das nationalsozialistische Vernichtungsregime zur Wehr setzten und somit für die Freiheit kämpften, veröffentlicht. Es handelt sich hierbei um Anton Haderlap: *Graparji. So haben wir gelebt. Erinnerungen eines Kärntner Slowenen an Frieden und Krieg (2008),* Tone Jelen: *Auf den Spuren der Hoffnung. Odyssee eines Kärntner Slowenen 1938-1945* (2007), *Andrej* Kokot: *Das Kind, das ich war. Erinnerungen an die Vertreibung der Slowenen aus Kärnten* (2007), Lipej Kolenik: *Für das Leben, gegen den Tod. Mein Weg in den Widerstand* (2001), Franc Kukovica: *Als uns die Sprache verboten wurde. Eine Kindheit in Kärnten (1938–1945)* (2008), Karel Prusnik-Gasper: *Gemsen auf der Lawine. Der Kärntner Partisanenkampf* (1984) sowie Helena Kuhar: *Jelka. Aus dem Leben einer Kärntner Partisanin* (2009).

In diesen autobiographischen Schriften ehemaliger PartisanInnen zeigt sich, dass die Literatur eine der wenigen Freiheiten bzw. Möglichkeiten darstellte, dem von ihnen Erlebten Gehör zu verschaffen, ihre Anliegen sichtbar zu machen und das auszusprechen, was nach 1945 in Kärnten, wie auch anderswo in Österreich, fast niemand hören wollte. So zeigt die Entstehungsgeschichte der Werke einerseits, dass es sich um „Literatur in der Freiheit" von ehemaligen „FreiheitskämpferInnen" handelt, anderseits aber Konfrontationen mit der erlebten „Unfreiheit" während des Nationalsozialismus sowie den Enttäuschungen mit der neu gewonnen Freiheit nach 1945 thematisiert werden. Dem Schreiben bzw. der Literatur kommt zudem eine spezifische Funktion als Freiheit zu, nämlich der Freiheit, einen Gegendiskurs zum hegemonialen Gedenken zu etablieren und zu manifestieren. Auffallend bei den Werken sind vor allem auch die zahlreichen Namen und Lebensgeschichten, an die sich die unterschiedlichen AutorInnen erinnern. Die Werke sind Denkmäler für jene Menschen, die sich gegen den Nationalsozialismus zur Wehr setzen und/oder ihm zum Opfer vielen. So benennen die AutorInnen jene Menschen, die ihnen in der Not zur Seite gestanden sind, die PartisanInnen auf unterschiedliche Weise unterstützten oder an ihrer Seite kämpften. Durch die Erinnerung an Menschen, die in den besagten Werken erwähnt und beschrieben werden, wird nicht zuletzt auch ihr Schicksal davor gerettet, vergessen zu werden.

Keines der Werke endet mit der Befreiung vom Nationalsozialismus, vielmehr wird auch der Leidensweg thematisiert, der den Kärntner SlowenInnen und insbesondere den ehemaligen PartisanInnen unter ihnen auch nach 1945 noch bevorstand. „Wir ahnten, dass die Zukunft dem bisherigen Schicksal der Kärntner Slowenen gleichen würde" schreibt Lipej Kolenik über die Nachkriegszeit, die für ihn in mancher Hinsicht noch schlimmer war. Als ehemaliger Partisane war er Diffamierungen als

„eigentlicher Täter und Verräter" ausgesetzt und wurde von der wieder installierten slowenInnenfeindlichen Kärntner Obrigkeit bis Ende 1949 13mal eingesperrt. Auch Jelka blieb nach dem Krieg aktiv in kärntnerslowenischen Organisationen und wurde beispielsweise 1947 zur Vorsitzenden der „Antifaschistischen Frauenfront" gewählt. Die Hoffnung gab sie dabei nie auf und so meinte sie auch: „Die Hoffnung ist wie ein Feuer, an dem man sich aufwärmt, wenn es rundherum kalt ist. Solange wir gegen den Hitler gekämpft hatten, dachten wir: Morgen wird Gerechtigkeit sein in Kärnten! Daraus ist nichts geworden. Jetzt darf man die Glut nicht ausgehen lassen. Aus der Glut kann einmal ein neues Feuer werden. Aber wenn sie ausgeht, bleibt nur kalte Asche." Indem der Drava Verlag das Werk erneut einem breiten Lesepublikum zugänglich gemacht hat, kann diese Glut zweifellos weiter getragen werden.

Auch Karel Prušnik-Gašper, ein bekannter Kärntner PartisanInnenführer erzählt in seinem Erinnerungsbuch *Gemsen auf der Lawine* (1981) von seiner Verurteilung zu einer zwölfmonatigen Haft, weil er in seiner Rede bei der Denkmalenthüllung in St. Ruprecht 1947 unter anderem dazu aufgerufen hatte, das Denkmal möge den Kärntner SlowenInnen für alle Zeiten eine Mahnung sein, niemals wieder „Sklaven zu sein" und immer dann zu den Waffen zu greifen, wenn es darum geht, „gegen die Fremdherrschaft" zu kämpfen. „Unser Ziel war ein gerechter Friede, eine gerechte demokratische Ordnung, die völlige Liquidierung des Faschismus". Ein Ziel, das im offiziellen Kärnten/Koroška und seinem „ewigen Abwehrkampf" gegen alles Undeutsche weder anzutreffen war noch ist.

Für eine längst anstehende und durchwegs sinnvolle Integration dieser Werke in die etablierte Holocaustliteratur scheint sowohl ein breit gefasster Begriff von Holocaustliteratur, als auch ein internationalistischer Zugang zu dem Term notwendig. Wird Holocaustliteratur nämlich im weitesten Sinne als Literatur, die den Holocaust zum Thema hat, definiert, so zählen die autobiographischen Werke von Kärntner slowenischen AutorInnen über den zweiten Weltkrieg zu diesem Genre. Dass diese Werke in einem österreichischen Kontext meist marginalisiert und bislang keinen umfassenden Eingang in die etablierte Holocaustliteratur gefunden haben, ist einerseits auf den Umgang mit der slowenischen Minderheit und ihrem Schicksal während des zweiten Weltkriegs in Österreichs, andererseits auf ihre enge Verbindung mit dem organisierten PartisanInnenwiderstand gegen das NS-Regime, sowie dem mangelnden Bekanntheitsgrad dieser Opfergruppe zurückzuführen. An Hand der Rezeptionsgeschichte der vorliegenden Werke zeigt sich, dass auch die Holocaustliteratur in enger Verbindung zur nationalen Literaturtradition steht und die Texte von Kärntner SlowenInnen nicht zufriedenstellend berücksichtigt. Gerade deshalb scheint eine Integration dieser Werke in den Erinnerungsdiskurs sowie in die Holocaustliteratur notwendig.

Zudem wird Holocaustliteratur meist direkt aber auch indirekt der „deutschen" Literatur zugeordnet. So ist es auch kaum verwunderlich, dass Michael Berner schreibt, dass „der Bekanntheitsgrad von Literatur auch von der Schreibsprache – und damit von der Zuordnung zur jeweiligen nationalen Literaturgeschichte – abhängig zu sein" (Berner 2006, S. 40) scheint. Dass viele der vorliegenden Werke zuerst auf Slowenisch erschienen und erst sehr spät veröffentlicht wurden, zeigt nicht nur, dass es wenig Interesse an den autobiographischen Werken von Kärntner SlowenInnen gab, sondern auch, dass der Umgang mit den Werken Gefahr läuft, sie nicht als Teil der Literaturgeschichte in Österreich zu betrachten. Insofern scheint für die Integration der vorliegenden Werke ein internationalistischer Zugang zu dem Begriff Holocaustliteratur durchwegs sinnvoll. Nicht zuletzt könnte eine Integration der Werke in den etablierten Erinnerungsdiskurs sowohl zu einer verstärkten Thematisierung des Schicksal der Minderheit während dem Nationalsozialismus mit sich bringen, als auch gängigen (deutsch)kärntnerischen Geschichtsmythen korrigierend entgegenwirken und den AutorInnen endlich die Anerkennung entgegenbringen, die ihnen seit mehr als 60 Jahren verweigert wird.

INSTITUT FÜR EUROPÄISCHE UND VERGLEICHENDE SPRACH- UND LITERATURWISSENSCHAFT UNIVERSITÄT WIEN

SPANNUNGSFELDER: LITERATUR UND FREIHEIT

Die Vergleichende Literaturwissenschaft lebt von der Reibung und dem Austausch mit anderen Geisteswissenschaften. Wir laden daher ganz besonders alle Komparatist_innen / Philolog_innen / Kunsthistoriker_innen / Politolog_innen / Philosoph_innen / Historiker_innen / Gender- und Kulturwissenschafts- Studierende ein, sich mit der Rolle der Literatur, Zensur und Provokation, einzelnen Literat_innen oder literarischen Phänomenen und Strömungen innerhalb ihres Fachgebietes zu untersuchen und das Spannungsfeld Literatur - Freiheit unter ihrer Perspektive auszuloten und zu diskutieren. Neben den forschungsrelevanten Inhalten sind der institutsübergreifende Austausch und die Vernetzung der Studierenden, über die Grenzen Österreichs, Deutschlands und der Schweiz hinweg ein wichtiges Ziel des WSKK.

PROGRAMM

Neben den Lectures finden eine Lesung und literarische Streifzüge statt. Diese Spaziergänge durch Wien haben eine literaturhistorische Auseinandersetzung mit Literat_innen und literarischen Strömungen in Verbindung mit Orten und sozialen Kontexten zum Ziel.

CALL FOR PAPERS

Bitte sendet eure Vorschläge für einen Redebeitrag mit einer Länge von 20 Minuten bis zum 15.12.09 ein. Einzureichen ist ein max. 1-seitiger Abstract, sowie nach dem Kongress der Vortrag als Word-Dokument, zur Veröffentlichung im Sammelband bestimmt.

FACTS

Die Teilnahme ist kostenlos, wir bitten jedoch um eine Anmeldung über unsere Homepage, damit wir die Teilnehmer_innenzahl abschätzen können. Wir organisieren Couchsurfing oder reservieren euch Betten in einem Youth Hostel, bitte bei der Anmeldung angeben. Spontane Besucher_innen sind immer herzlich willkommen.

↘ http://wskk.at.tf/ ↘ skk.wien@gmail.com ↘ facebook

Literarische Streifzüge

"Kaffeehausliteratur und Salondamen"
Ein kleines Heftchen mit Texten zum Mitnehmen und darin Schmökern. Es werden ein paar typische Kaffeehäuser vorgestellt, mit Auszügen von Literatinnen und Literaten, die dort lebten, liebten und vor allem schrieben. Liegt am Institut aus.

"Jüdisches Wien"

MP3 & Stadtplan mit eingezeichnetem Weg zum download auf www.wskk.at.tf. Passwort bitte erfragen.
Der Spaziergang wird euch durch den 2. Bezirk, die Leopoldstadt, führen. Es werden u.a. die LiteratInnen Arthur Schnitzler, Joseph Roth, Veza Canetti und Lili Grün, sowie das Jüdische Theater und die Jiddische Literatur besprochen. Wir werden uns auf die Spuren der LiteratInnen begeben, denn die Leopoldstadt war/ist nicht nur der Wohnort vieler jüdischer Wiener Intellektueller, sondern wird auch in literarischen Texten vielfältig thematisiert.

"Morbides Wien"

Gemeinsam gehts am Sonntag zum Wiener Zentralfriedhof, wo wir die Ehrengräber verstorbener AutorInnen besuchen, um anhand performativer Elemente den Tod als Motiv in der Wiener Literatur hervorzuheben – und versuchen, die makabren, morbiden und schaurigen Seiten des Schreibens zu entdecken.
„Durt hint'n bei der Mamorgruft, durt stehngan zwa Skelette, die stess'n mit zwa Urnen an, und saufen um die Wette."
(Wolfgang Ambros)
Für Glühwein ist gesorgt.
Bei Regen Ortswechsel

GEWI

Freitag, 15. Januar 2010 19.00h,
Schikaneder_ Margaretenstraße 24, 4.Bezirk
Lesung, danach Party

http://2wegwortwechsel.wordpress.com
http://www.schikaneder.at

Kunst und Wissenschaft liegen sich in den Armen!

Wir präsentieren: Die Auftaktveranstaltung zu der Lesereihe „2Weg WortWechsel" des Instituts für Vergleichende Literaturwissenschaft. 2Weg WortWechsel gestaltet den Eröffnungsabend des 01.WSKK !! Gelesen, performed wird interdisziplinär, rückwärts und in die Zukunft gerichtet – Junge AutorInnen der Komparatistik-Institute sprechen Text zum Thema Wort:Frei.

Es lesen:
Patricia Jäggi "Stell dir vor. 18 Minuten im 33er Bus"
Thomas Schwentenwein "Fragment: Rennende Jungen"
Thomas Köck "Ich habe diese Idee von Ivana Müller gestohlen (aber sie hats mir eigentlich erlaubt). An exercise in concert - eine Übung in Gemeinschaft"
Karoline Kuttner "Keine Aussage"
Wiebke Hebestedt "Dein Zimmer, in das ich kam, du etwas fandest und wir darüber redeten"
SprachKlangCollage von Antonia Rahofer (Text), Bernhard Höchtel (Keyboard), Robert Pockfuß (Gitarre)
Moderiert von Florian Stanek

↘ http://wskk.at.tf/ ↘ skk.wien@gmail.com ↘ facebook

Impressum

WSKK - Planungsteam_
Ursula Ebel, Sophie Lembcke, Thomas Schwentenwein
In den Arbeitsgruppen_
Nikolina Durcak, Tanja Kuschej, Vazul Litkey, Regina Metzger, Julia Miesenboeck, Martina Pellet, Sara Permoon, Stefanie Preiner, Marianne Schlögl, Florian Stanek, Sophia Reul, Eyke Vonderau
2WegWortwechsel_ Martina Pellet
Grafische Gestaltung / Logo_ Andrea Hanzl
Technische Umsetzung der Homepage_
Aurelia Jiricek & Stefan Slaby
Dank an_ STV Komparatistik, GEWI, ÖH Wien, Kulturreferat, Prof. Norbert Bachleitner, Dr. Stefan Kutzenberger, Johanna Ott, Prof. Achim Hermann Hölter, Mag. Alexander Edelhofer, Mag. Florian Müller, DGAVL

01.WIENER STUDIERENDEN KONGRESS KOMPARATISTIK

SPANNUNGSFELDER: LITERATUR UND FREIHEIT

15-17/01/10

INSTITUT FÜR EUROPÄISCHE UND VERGLEICHENDE SPRACH- UND LITERATURWISSENSCHAFT
UNIVERSITÄT WIEN_BERGGASSE 11, 1090 WIEN

16.01.10 SAMSTAG
Institut für Vergleichende Literaturwissenschaft
Berggasse 11_ SEMINARRAUM A

9.30h
Die Zensur in Böhmen zwischen 1815 und 1848
Petr Píša, Karlsuniversität Prag
Die literarische Freiheit Gottfried Benns durch die Überwindung eines biographischen Deutungsansatzes
Christina MADENACH, LMU
Literatur als Widerstandsakt. Eine Rezeptionsgeschichte.
Maria BIZA, LMU
Die schweigenden Wortführer – Zur Rolle der Schriftsteller während der friedlichen Revolution in der DDR
Susanne BACH, Heidelberg
Diskussion

PAUSE

11.45h
„Aber der wirkliche Kampf stimmt schlecht mit den Anforderungen der Belletristik" - Literatur im Spannungsfeld von ökonomischer Abhängigkeit und Freiheit
Anna WALCH, Wien
Von Berlin bis Heidelberg, ein Grabenkrieg um geistiges Eigentum in der Wissenschaft
Gabriele HOFLER, Wien
Diskussion

MITTAGSPAUSE

15.00h
Erzählen nach dem Ende der Geschichte – Gibt es ein „freies" Erzählen und wie könnte es aussehen
Tini KIGLE, LMU
Freiheit oder Tradition? Eine falsche Alternative. Zum Beispiel des vers libre
Clara POLLEY, Samir SELLAMY, FU Berlin
Die Freiheit der Wörter: August Stramms und Kurt Schwitters' Gebrauch von morphologischen und morphosyntaktischen
Regeln des Deutschen
Bettina HUPPERTZ, Bonn/ Florenz
Diskussion

PAUSE

16.50h
Ästhetik und Widerstand. Zur Relevanz der politischen Literatur in Deutschland
Carmen FUCHS, Freiburg
„Do thou, great liberty, inspire our souls". Addisons Freiheitskonzepte und ihre Rezeption in Deutschland
Ludwig KEROVA, Graz
Verdeutschung im 19. und 20. Jahrhundert. Weg der Letten zur Freiheit.
Julia KOKINA Freiburg/ Riga
Diskussion

16.01.10 SAMSTAG
Institut für Vergleichende Literaturwissenschaft
Berggasse 11_ SEMINARRAUM B

9.30h
But it aint my country.
Die unmögliche Freiheit der Identifikation als Bewegungsinitiator bei Cormac McCarthy
Agatha FRISCHMUTH, LMU
gender bending in fiction : literarische Denk_frei_räume und alternative Geschlechtskonstruktionen
Jule HESSELER, FU Berlin
Freiheit und Metamorphose bei Antonia S. Byatt und Charlotte Weitze_ Sabine SCHÖNFELLNER, Wien
Julien Torma, oder: Die Freiheit, kein Dichter mehr zu sein.
Markus, GRUBER, Wien
Diskussion

PAUSE

11.45h
Künstlerische Praxis als Emanzipationsstrategie? Die Freiheit der Kunst in der Popkulturindustrie
Andreas HALLER, Bonn
Schundhefte und böse Bildchen – Die Rolle von Zensur und künstlerischen Freiheiten im europäischen, amerikanischen und japanischen Erotikcomic_ Elisabeth KLAR, Wien
Diskussion

MITTAGSPAUSE

15.00h
Von der Freiheit zur Sprache
Carina TIEFENBACH, Wien
Julia Kristevas Begriff des Abjekts als alternativer Karneval
Susanne TEUTSCH, Wien
Die Pervertierung der Freiheit. Zu Elfriede Jelineks Theaterstück Über Tiere_ Julia RÖTHINGER, LMU
Diskussion

PAUSE

16.50h
Vom Golem zum Cyborg – die Freiheit des künstlichen Wesens
Vazul LITKEY, Wien
Von der (Un)freiheit in der Adaption?
Fragen der Werktreue anhand der Comicverfilmung Watchmen des US-amerikanischen Regisseurs Zack Snyder
Petra LADINIGG, Wien
V for Vendetta: Die Fesseln des literarischen Helden und die Freiheit des Volkes_ Gabriella DE ASSUMPÇÃO, LMU
Die Narrenfreiheit in der Literatur
Gruppe AVL Zürich

ModeratorInnen: Judith Götz, Sebastian Kletzl, Vazul Litkey, Julia Meyer, Martina Pellet, Sabine Schönfellner, Carina Tiefenbacher, Susanne Teutsch

17.01.10 SONNTAG
Institut für Vergleichende Literaturwissenschaft
Berggasse 11_ SEMINARRAUM A

10.30h
Ausweitung der Zwangszone.
Zur Konstruktion von Freiheit in pädagogischen Lektüren
Emmanuel DAMMERER, Wien
Der Freiheitsgedanke in klassischer Kinder- und Jugendliteratur_ Wiebke HEBESTEDT, Wien
Literatur, Moral und Politik: Wieso Krimis töten und der "Hobbit" rassistisch ist_ Roland MÜCKSTEIN, Wien
Diskussion

PAUSE

12.15h
„Literatur und Freiheitskampf - Literarische Darstellungen von Aufständen im Spannungsfeld von Nationalismus und Revolu tion"
Johannes LAU, Wien
Kampf für die Freiheit – Literatur für die Freiheit
Judith GÖTZ, Wien
„I was born..." - Literatur als Manifestation von Freiheit am Beispiel der Sklavenerzählungen Nordamerikas
Verena SCHÄTZLER, Bochum

Institut für Vergleichende Literaturwissenschaft
Berggasse 11_ SEMINARRAUM B

10.30h
„Worüber man nicht sprechen kann, darüber muss man schreiben"_ Sebastian KLETZL, Wien
Zum Problem von Freiheit, Geist und literarischer Produktion bei Paul Valéry _ Victoria WEIDMANN, EHESS Paris
Zwischen Illusion und Selbsterfindung: Die Aporie des „freien Ich" in der literarischen Moderne am Beispiel von Luigi Pirandellos Il fu Mattia Pascal_ Laura NOVOTNY, LMU
Diskussion

PAUSE

12.15h
Feder ohne General Das hierarchielose Benjamin-Archiv im Zeichen von „Erinnerung und Freiheit"
Patricia A. GWOZDZ, Münster
„Es ist gleich tödlich für den Geist ein System zu haben, und keins zu haben." Freiheit und Fragment bei Friedrich Schlegel und Theodor W. Adorno_ Martin HINZE, Göttingen

Café Prückel, Stubenring 24, 1. Bezirk, http://www.prueckel.at/
14.00h
Kaffeeklatsch, Verabschiedung und Diskussion/ Reflexion über Studierendenkongress der Komparatistik 2011 – Zukunft
15.00h
Café Prückel Start Literarischer Streifzug Morbides Wien

Bibliographie

Beck, Ulrich; Beck-Gernsheim, Elisabeth [Hg.Innen]: Riskante Freiheiten: Individualisierung in modernen Gesellschaften. Frankfurt am Main: Suhrkamp 1994.

Cervantes, Miguel de: Don Quijote de la Mancha. Herausgegeben von Martín de Riquer. Barcelona: Planeta 1980.

Gülke, Peter: Versuch zur Ästhetik der Musik Leoš Janáčeks. In: Metzger, Heinz-Klaus; Riehn, Rainer: Leoš Janáček - Musik-Konzepte. Die Reihe über Komponisten. Bd. 7. München: edition text + kritik 1979.

Janáček, Leoš: Die Ausflüge des Herrn Brouček. In: Janáček, Leoš: Musik des Lebens. Skizzen, Feuilletons. Herausgegeben von Theodora Straková. Übersetzung: Jan Gruna. Leipzig: Reclam 1979.

Kneif, Tibor: Ein Plädoyer für Broučeks Freispruch. In: Bernhart, Walter v. [Hg.]: Leoš Janáček. Konzeption und Rezeption seines musikdramatischen Schaffens. Wort und Musik. Salzburger akademische Beiträge. Bd. 34. Anif / Salzburg: Verlag Müller-Speiser 1997.

Lindow, Wolfgang [Hg.]: Ein kurtzweilig Lesen von Dil Ulenspiegel. Nach dem Druck von 1515. Mit 87 Holzschnitten. Stuttgart: Reclam 2007.

Radin, Paul; Kerényi, Karl; Jung, C.G.: Der göttliche Schelm. Ein indianischer Mythen-Zyklus. Zürich: Rhein-Verlag 1954.

Rotterdam, Erasmus von: Das Lob der Torheit: eine Lehrrede. Übersetzung: Kurt Steinmann. Zürich: Manesse Verlag 2002.

Werner, Dieter: Das Burleske. Versuch einer literaturwissenschaftlichen Begriffsbestimmung. Berlin: Diss. 1966.

Zedler, Johann Heinrich: Grosses vollständiges Universal-Lexikon. (= Photomechan. Nachdr. der Ausg. Halle: Verlegts Johann Heinrich Zedler, 1732–1754.) Graz: Akademische Druck und Verlagsanstalt 1964.

Narrenfreiheit in der Literatur

AVL Zürich

Boyd, Brian: Vladimir Nabokov. Die russischen Jahre 1899-1940. Reinbek bei Hamburg: Rowohlt 1999.

Derrida, Jacques: Gesetzeskraft. Der „mystischen Grund der Autorität". Frankfurt am Main: Suhrkamp 1991.

Derrida, Jacques: Eine gewisse unmögliche Möglichkeit, vom Ereignis zu sprechen. Berlin: Merve Verlag 2003.

Derrida, Jacques: Positionen. Gespräche mit Henri Ronse, Julia Kristeva, Jean-Louis Houdebine, Guy Scarpetta. Wien: Passagen Verlag 2009.

Nabokov, Vladimir: Einladung zur Enthauptung. Gesammelte Werke. Bd. 4. Reinbek bei Hamburg: Rowohlt 2003.

„Worüber man nicht sprechen kann, darüber muss man schreiben"

Sebastian Kletzl

Nabokov, Vladimir: Lushins Verteidigung. Gesammelte Werke. Bd. 2. Reinbek bei Hamburg: Rowohlt 2008.

Nietzsche, Friedrich: Jenseits von Gut und Böse. In: Colli, Giorgi; Montinari, Mazzino: Kritische Studien Ausgabe. München / New York: dtv 1980.

Platon: Sämtliche Werke. Bd 2. Übersetzt von Friedrich Schleiermacher. Reinbek bei Hamburg: Rowohlt 2006.

Rorty, Richard: Der Spiegel der Natur. Eine Kritik der Philosophie. Frankfurt am Main: Suhrkamp 1981.

Erzählen nach dem Ende der Geschichte

Gibt es ein ‚freies' Erzählen und wie könnte es aussehen?

Martina Kigle

Aristoteles: Die Poetik. Griechisch/Deutsch. Herausgegeben von Manfred Fuhrmann. Stuttgart: Reclam 1982.

Balestrini, Nanni: Tristano Nr. 7535. Frankfurt am Main: Suhrkamp 2009.

Eco, Umberto: Das offene Kunstwerk. Frankfurt am Main: Suhrkamp 1973.

Federman, Raymond: Surfiction: Eine postmoderne Position. In: Wagner, Karl v.: Moderne Erzähltheorie. Wien: WUV 2002.

Fischer-Lichte, Erika: Ästhetik des Performativen. Frankfurt am Main: Suhrkamp 2004.

Hentschel, Ingrid: Dionysos kann nicht sterben: Theater in der Gegenwart. Berlin: Lit 2007.

Hülswitt, Tobias: Das Prinzip Korsakow. Bisher unveröffentlichtes Manuskript.

Lehmann, Hans-Thies: Postdramatisches Theater. Frankfurt am Main: Verlag der Autoren 2005.

Von der Freiheit zur Sprache

Dekonstruktive Textverfahren in Elfriede Jelineks Rechnitz oder Der Würgeengel

Carina Tiefenbacher

Barthes, Roland: Der Tod des Autors. In: Barthes, Roland: Das Rauschen der Sprache. Frankfurt am Main: Suhrkamp 2006.

Foucault, Michel: Die Ordnung der Dinge. Eine Archäologie der Humanwissenschaften. Frankfurt am Main: Suhrkamp 1971.

Jelinek, Elfriede: Rechnitz oder Der Würgeengel. In: Jelinek, Elfriede: Drei Theaterstücke. Reinbek bei Hamburg: Rowohlt 2009.

Jelinek, Elfriede: sich mit der Sprache spielen. Johann Nestroy. In: http://www.elfriedejelinek.com, zuletzt eingesehen am 14.1.2010.

Lücke, Bärbel: Elfriede Jelinek. Eine Einführung in das Werk. Paderborn: Wilhelm Fink Verlag 2008.

El Ángel exterminador. Regie: Luis Buñuel. 1962.

Baudelaire, Charles: Le spleen de Paris. Gedichte in Prosa. In: Kemp, Friedhelm v.; Pichois, Claude: C. B., Sämtliche Werke / Briefe. Bd. 8. Darmstadt: Verlag Wissenschaftliche Buchgesellschaft 1985.

Gourmont, Rémy de : Esthétique de la langue française. La Déformation, la Métaphore, le Vers libre, le Vers populaire, Le Cliché, Fasano u.a.: Schena 2008.

Kahn, Gustave: Préface sur le vers libre. In: Kahn, Gustave : Premières Poèmes. Paris : Mercure de France 1897.

Lübbe, Hermann: Aufklärung und Gegenaufklärung. In: Zöller, Michael [Hg.]: Aufklärung heute. Bedingungen unserer Freiheit. Zürich: Edition Interfrom 1980.

Mallarmé, Stephane : Crise de Vers. In: Marchal, Bertrand [Hg.] : Mallarmé, Stephane : Œuvres complètes. Tome II. Paris : Gallimard 2003.

Murat, Michel: Le vers libre. Paris: Champion 2008.

Osterhammel, Jürgen: Die Verwandlung der Welt. Eine Geschichte des 19. Jahrhunderts. München: C.H. Beck 2009.

Rimbaud, Arthur: Marine. In: Rimbaud, Arthur: Sämtliche Werke. Französisch/Deutsch. Übersetzung: Sigmar Löffler; Dieter Tauchmann. Frankfurt am Main: Insel-Verlag 1992.

Scott, Clive: Vers libre. The emergence of free verse in France 1886-1914. Oxford: Clarendon Press 1990.

Freiheit oder Tradition? Eine falsche Alternative.

Zum Beispiel des vers libre

Clara Polley
Samir Sellami

Fleischer, Wolfgang; Barz, Irmhild: Wortbildung der deutschen Gegenwartssprache. Tübingen: Niemeyer 2007.

Lach, Friedhelm [Hg.]: Schwitters, Kurt: Das literarische Werk. Bd.1: Lyrik. Köln: Dumont 1998.

Linke, Angelika; Nussbaumer, Markus; Portmann, Paul R.: Studienbuch Linguistik. Tübingen: Niemeyer 2004.

Pirsich, Volker: Der Sturm. Eine Monographie. Herzberg: Traugott Bautz Verlag 1985.

Scheffer, Bernd: Anfänger experimenteller Literatur. Das literarische Werk von Kurt Schwitters. Bonn: Bouvier Verlag 1978.

Stramm, August: Das Werk. Herausgegeben von René Radrizzani. Wiesbaden: Limes Verlag 1963.

Volkova, Anastasia: Kunst ist Gabe und nicht Wiedergabe. Amimetische Gestaltungstendenzen in der expressionistischen Lyrik als Niederschlag europäischer Kunstströmungen im frühen 20. Jahrhundert. Eine Studie an exemplarischen Texten August Stramms und Otto Nebels. Frankfurt am Main: Verlag der deutschen Hochschulschriften 2004.

Die Freiheit der Sprache.

Eine vergleichende linguistische Analyse der „Wortkunst" August Stramms und Kurt Schwitters'.

Bettina Huppertz

Brantenberg, Gerd: Die Töchter Egalias. Ulm: Olle und Wolter 1980.

Butler, Judith: Hass spricht. Zur Politik des Performativen. Frankfurt am Main: Suhrkamp 2006.

Butler, Judith: Performative Akte und Geschlechterkonstruktion. Phänomenologie und feministische Theorie. In: Wirth, Uwe: Performanz. Zwischen Sprachwissenschaften und Kulturwissenschaften. Frankfurt am Main: Suhrkamp 2001.

Feinberg, Leslie: Stone Butch Blues. Berlin: Krug und Schadenberg 2008.

Feinberg, Leslie: Transgender Warriors. Making History from Joan of Arc to Denis Rodman. Boston: Beacon Press 1996.

Feldmann, Doris; Schülting, Sabine: Gender. In: Nünning, Ansgar [Hg.]: Metzlar Lexikon der Literatur- und Kulturtheorie. Stuttgart: J.B. Metzlar 2004.

Hark, Sabine: Technologien-Disziplinierung-Subjektivierung. Politik der Körperbilder in Stone Butch Blues. In: Kea. Zeitschrift für Kulturwissenschaften, Ausg. 11. Marburg: kea-Edition 1998. (S. 99 – 112.)

Herrmann, Steffen Kitty (alias s_he): Performing the Gap – Queere Gestalten und geschlechtliche Aneignung. In: arranca!, Ausg. 28. Berlin. November 2003. Abrufbar unter: http://arranca.nadir.org/arranca/article.do?id=245, zuletzt eingesehen am 25.1.2010.

Lann Hornscheidt, Antje: Sprachliche Kategorisierung als Grundlage und Problem des Redens über Interdependenzen, Aspekte sprachlicher Normalisierung und Priveligierung. In: Walgenbach, Katharina; Dietze, Gabriele; Lann Hornscheidt, Antja; Palm, Kerstin [Hg.innen]: Gender als interdependente Kategorie. Neue Perspektiven auf Intersektionalität, Diversität und Heterogenität. Opladen / Farmington Hills: Barbara Budrich 2007.

Lann Hornscheidt, Antje: Sprache / Semiotik. In: Braun, Christine v.; Stephan, Inge [Hg.innen]: Gender@Wissen. Ein Handbuch der Gender-Theorien. Köln: Böhlau 2005.

Lorenz, Renate: Aufwändige Durchquerungen. Subjektivität als sexuelle Arbeit. Bielefeld: transcript 2009.

Mattuschka, Mara (alias Madame Pingpong): Primäre Geschlechtsmerkmale sind vor allem grammatikalische Endungen. In: Babka, Anna; Hochreiter, Susanne [Hg.innen]: Queer Reading in den Philologien. Modelle und Anwendungen. Göttingen: V&R Unipress 2007

Müller, Herta: Der König verneigt sich und tötet. Frankfurt am Main: S. Fischer 2009.

Rubin, Gayle: The Traffic in Women. Notes on the ‚Political Economy' of Sex. In: Reiter, Rayna R. [Hg.in]: Toward an Anthropology of Women. New York / London: Monthly Review Press 1975.

Wittig, Monique: Les Guérillères. Paris : Les Éditions de Minuit 1969.

Wittig, Monique: L'Opoponax. Paris : Les Éditions de Minuit 1964.

Wittig, Monique: Opoponax. Reinbek bei Hamburg: Rowohlt Verlag 1966.

Wittig, Monique: La Pensée straight. Paris: Éditions Amsterdam 2007.

Wittig, Monique: Die Verschwörung der Balkis. München: Frauenoffensive Verlag 1980.

Woolf, Virginia: Orlando. Eine Biografie. Frankfurt am Main: S. Fischer 1990.

http://arranca.nadir.org/arranca/article.do?id=245, zuletzt eingesehen am 25.1.2010

(Un)freiheit durch Metamorphose

Weibliche Verwandlungen bei Antonia S. Byatt und Charlotte Weitze

Sabine Schönfellner

Byatt, Antonia S.: A Lamia in the Cévennes. In: Byatt, Antonia S.: Elementals. Stories of Fire and Ice. London: Chatto & Windus 1998.

Byatt, Antonia S.: A Stone Woman. In: Byatt, Antonia S.: Little Black Book of Stories. New York: Random House Vintage Books 2005.

Bynum, Caroline Walker: Metamorphosis and Identity. New York: Zone Books 2001.

Harzer, Friedmann: Erzählte Verwandlung: Eine Poetik epischer Metamorphosen (Ovid - Kafka - Ransmayr). Tübingen: Niemeyer 2000.

Kuon, Peter: Metamorphosen: Ein Forschungsprogramm für die Geisteswissenschaften. In: Coelsch-Foisner, Sabine; Schwarzbauer, Michaela [Hg.innen]: Metamorphosen. Wissenschaft und Kunst. Bd.1. Heidelberg: Universitätsverlag Winter, 2005.

Reber, Ursula: Bildverschleifungen: Zu einer Theorie der Metamorphose. Universität Wien: Diss. 2005.

Wallhead, Celia M.: The Old, the New and the Metaphor: A Critical Study of the Novels of A.S. Byatt. Atlanta, Ga. [u.a.]: Minerva Press 1999.

Weitze, Charlotte: Dukken. In: Weitze, Charlotte: Bjergtaget. Viborg: Samleren 1999.

Weitze, Charlotte: Vinter. In: Weitze, Charlotte: Bjergtaget. Viborg: Samleren 1999.http://www.litteratursiden.dk/forfattere/charlotte-weitze, zuletzt eingesehen am 9.1.2010

But it aint my country.

Die unmögliche Freiheit der Identifikation als Bewegunsinitiator bei Cormac McCarthy

Agatha Frischmuth

Bachmann, Ingeborg: Malina. Frankfurt am Main: Suhrkamp 1980.

Bollnow, Otto Friedrich: Mensch und Raum. Stuttgart: Kohlhammer 1963.

Grimm, Jacob; Grimm, Wilhelm: Deutsches Wörterbuch von Jacob Grimm und Wilhelm Grimm. 16 Bde. [in 32 Teilbänden]. Leipzig: S. Hirzel 1960.

Fussel, Paul: British Literary Traveling Between the Wars. Oxford: Oxford University Press 1980.

Lotman, Jurij M: Die Struktur literarischer Texte. Übersetzung: Rolf-Dietrich Keil. München: Wilhelm Fink 1993.

McCarthy, Cormac: All the Pretty Horses. London: Picador 1993.

Proust, Marcel. In Swanns Welt. Übersetzung: Eva Rechel-Mertens. Frankfurt am Main: Suhrkamp 1997.

Vom Golem zum Cyborg

Die Freiheit des künstlichen Wesens

Vazul Litkey

Anders, Günther: Die Antiquiertheit des Menschen 1. München: C.H. Beck 1956.

Asimov, Isaac: Meine Freunde, die Roboter. München: Heyne 1997.

Cebulla, Frank: Schöpfung aus dem Lehm 1-3. In: Online-Magazin: Der Golem, Ausg. 1-3. 2000/2001

Gibson, William: Neuromancer. New York: Ace - Penguin Putnam 1984.

Milton, John: Paradise Lost. London: Penguin 1989.

Ovid: Metamorphosen. Stuttgart: Reclam 1994.

Hofstadter, Douglas R.: Gödel, Escher, Bach – an Eternal Golden Braid. New York: Basic Books 1979.

Shelley, Mary: Frankenstein. London: Penguin 2003

Wöll, Alexander: Der Golem. Kommt der erste künstliche Mensch und Roboter aus Prag? In: Nekula, Marek; Koschmal, Walter; Rogall, Joachim [Hg.]: Deutsche und Tschechen. Geschichte - Kultur - Politik. München: Beck 2001.

Blade Runner. Regie: Ridley Scott. 1982.

Blade Runner – The final Cut. Regie: Ridley Scott. 1982/2007

http://www.golem-net.de/index.htm, zuletzt eingesehen am 11.02.2010.

„Es ist gleich tödlich für den Geist, ein System zu haben, und keins zu haben."

Fragment und Freiheit bei Friedrich Schlegel und Theodor W. Adorno

Martin Hinze

Adorno, Theodor W.: Ästhetische Theorie. Herausgegeben von Rolf Tiedemann. Frankfurt am Main: Suhrkamp 2003.

Adorno, Theodor W.: Zur Lehre von der Geschichte und von der Freiheit. Herausgegeben von Rolf Tiedemann. Frankfurt am Main: Suhrkamp 2006.

Adorno, Theodor W.: Philosophische Elemente einer Theorie der Gesellschaft. Herausgegeben von Brink, Tobias ten; Nogueira, Marc Philipp. Frankfurt am Main: Suhrkamp 2008.

Schlegel, Friedrich: Athenäums-Fragmente. In: Eichner, Hans: Charakteristiken und Kritiken I (1796–1801). München u.a.: Schöningh 1967.

Schlegel, Friedrich: Philosophische Lehrjahre. 1796–1806 – nebst philosophischen Manuskripten aus den Jahren 1796 – 1828. Erster Teil. Herausgegeben von Ernst Behler. München u.a.: Schöningh 1963.

Schlegel, Friedrich: Wissenschaft der europäischen Literatur. Vorlesungen, Aufsätze und Fragmente aus der Zeit von 1795–1804. Herausgegeben von Ernst Behler. München u.a.: Schöningh 1958.

Walzl, Oskar F.: Friedrich Schlegels Briefe an seinen Bruder August Wilhelm. Berlin: Speyer & Peters 1890.

Kulturelle Produktion und die Einheit von Kunst und Leben.

Zur Ästhetik der Revolte in Stewart Homes Pure Mania und Nanni Balestrinis Gli inivisibili.

Andreas Haller

Adorno, Theodor W.: Ästhetische Theorie. Gesammelte Schriften. Bd. 7. Frankfurt am Main: Suhrkamp 2003.

Asholt, Wolfgang; Fähnders, Walter [Hg.]: Manifeste und Proklamationen der europäischen Avantgarde 1909-1938. Stuttgart / Weimar: J.B. Metzler 2005.

Balestrini, Nanni: Die Unsichtbaren. Übersetzung: Renate Heimbucher-Bengs. Berlin / Hamburg / Göttingen: Assoziation A 2001.

Balestrini, Nanni: Die Wütenden. Übersetzung: Dario Azzellini. Berlin: ID Verlag 2001.

Barthes, Roland: Mythen des Alltags. Frankfurt am Main: Suhrkamp 2003.

Behrens, Roger: Die Diktatur der Angepassten. Texte zur kritischen Theorie der Popkultur. Bielefeld: Transcript 2003.

Benjamin, Walter: Das Kunstwerk im Zeitalter seiner technischen Reproduzierbarkeit. Drei Studien zur Kunstsoziologie. Frankfurt am Main: Suhrkamp 1963.

Chollet, Laurent: Les situationistes. L'utopie incarnée. Paris: Gallimard 2004.

Debord, Guy: Die Gesellschaft des Spektakels. Übersetzung: Jean-Jacques Raspaud. Berlin: Tiamat 1996.

Home, Stewart: Pure Mania. Edinburgh: Polygon 1989.

Horkheimer, Max; Adorno, Theodor W.: Dialektik der Aufklärung. Philosophische Fragmente. Frankfurt am Main: Suhrkamp 2001.

Savage, Jon: England's Dreaming. Anarchie, Sex Pistols, Punk Rock. Übersetzung: Conny Lösch. Berlin: Tiamat 2003.

„Die schweigenden Wortführer" –

Zur Rolle der SchriftstellerInnen während der friedlichen Revolution in der DDR

Susanne Bach

Anz, Thomas: Es geht nicht um Christa Wolf. Der Literaturstreit im vereinten Deutschland. München: Spangenberg 1991.

Emmerich, Wolfgang: Kleine Literaturgeschichte der DDR. Erweiterte Neuausgabe. Leipzig: Kieperheuer Verlag 1996.

Fest, Joachim: Schweigende Wortführer. Überlegungen am Ende des Jahres 1989. In.: Fest, Joachim: Fremdheit und Nähe: Von der Gegenwart des Gewesenen. Stuttgart: Deutsche Verlags-Anstalt 1996.

Für notwendige Erneuerung. Dokumentation. In: Neue Deutsche Literatur, Ausg. 38. 1990. Heft 1 (S.145-175.), Heft 2 (S. 152- 189.), Heft 3 (S. 163-191.)

Grub, Frank Thomas: „Wende" und „Einheit" im Spiegel der deutschsprachigen Literatur. Bd. 1.Untersuchungen. Berlin / New York: Walter de Gruyter 2003.

Grünbaum, Robert: Jenseits des Alltags. Die Schriftsteller der DDR und die

Revolution von 1989/90. Baden-Baden: Nomos-Verlagsgemeinschaft 1999.

Hage, Volker: Nacht mit Folgen. In: Der Spiegel, Nr. 15. 10.04.1995. S. 200.

Herhoffer, Astrid / Liebold, Birgit: Schwanengesang auf ein geteiltes Land. Der Herbst 1989 und seine Folgen in der Literatur. In: Buch und Bibliothek 45. 1993. Heft 6/7 (S. 587-604.)

Heym, Stefan: Ist die DDR noch zu retten? Ein Schriftsteller und sein Staat. Aus dem real existierenden muss ein wirklicher Sozialismus werden. In: Die Zeit. 13.10.1989. Abrufbar unter: http://www.zeit.de/1989/42/Ist-die-DDR-noch-zu-retten?page=all, zuletzt eingesehen am 19.1.2010.

Kirsch, Rainer: Das Rad der Geschichte. Gesellschaftlicher Status und soziale Situation der Schriftsteller in den neuen Bundesländern. In: Überlebenschancen? Die berufliche und soziale Situation der Schriftsteller und die Existenzbedingungen der Literatur in den neuen Bundesländern - Bestandsaufnahme eines gesellschaftlichen Problems. Symposium der Deutschen Literaturkonferenz. Leipzig 24.-25.April 1991. Protokoll. In: Neue Deutsche Literatur, Ausg. 39. 1991. Heft 8 (S. 141-170.)

Kormann, Julia: Literatur und Wende. Ostdeutsche Autorinnen und Autoren nach 1989. Wiesbaden: Deutscher Universitätsverlag 1999.

Kuczynski, Rita: Mauerblume. Ein Leben auf der Grenze. München: Claasen 1999.

Lepenies, Wolf: Folgen einer unerhörten Begebenheit: Die Deutschen nach der Vereinigung. Berlin: Siedler 1992.

Llosa, Mario Vargas: Dinosaurier in schwierigen Zeiten. Rede zur Entgegennahme des Friedenspreises des deutschen Buchhandels. In: Frankfurter Allgemeine Zeitung. 07.10. 2008.

Maron, Monika: Die Schriftsteller und das Volk. In: Der Spiegel, Ausg. 7. 12.02.1990. (S. 68/70.)

Reimann, Kerstin E.: Schreiben nach der Wende – Wende im Schreiben? Reflexionen nach 1989/90.Würzburg: Königshausen / Neumann 2008.

Rüther, Günther: „Greif zur Feder, Kumpel". Schriftsteller, Literatur und Politik in der DDR 1949 – 1990. Düsseldorf: Droste Verlag 1991.

Vinke, Hermann: Akteneinsicht Christa Wolf. Zerrspiegel und Dialog. Hamburg: Luchterhand Verlag 1993.

Wolf, Christa: Zwischenrede. Rede zu Verleihung der Ehrendoktorwürde der Universität Hildesheim. In: Wolf, Christa : Reden im Herbst. Berlin: Aufbau Verlag 1990.

Bílý, František [Hg.]: Praha Korrespondence a zápisky Františka Ladislava Čelakovského. Praha: Česká akademie císaře Františka Josefa pro vědy, slovesnost a umění 1935.

Cermanová, Iveta; Marek, Jindřích: Na rozhraní křesťanského a židovského světa. Příběh

hebrejského cenzora a klementinského knihovníka Karla Fischera (1757-1844). Praha: Národní knihovna ČR 2007.

Köllner, Alena: Buchwesen in Prag. Von Václav Matěj Kramerius bis Jan Otto. Wien: Edition Praesens 2000.

Macura, Vladimír: Znamení zrodu. České národní obrození jako kulturní typ. Jinočany: H&H 1995.

Marx, Julius: Die österreichische Zensur im Vormärz. München: R. Oldenbourg 1959.

Peřina, Josef: Nebyl cenzor jako cenzor. In: Český jazyk a literatura 59. 2008/2009. (S. 26-29.)

Schmidl: Statistische Tabellen zur Literaturgeschichte Österreichs, mit Ausnahme von Ungarn. In: Oesterreichische Blätter für Literatur und Kunst. 1844. (S. 1-6.)

Šimeček, Zdeněk : Bibliografie období 1801-1848 a cenzura (K problematice národní retrospektivní bibliografie 19. století). In: Česká bibliografie 3. 1963. (S. 7-41.)

Šimeček, Zdeněk: Geschichte des Buchhandels in Tschechien und in der Slowakei. Wiesmaden: Harrasowitz 2002.

http://www.univie.ac.at/zensur/, zuletzt eingesehen am 12.1.2010.

http://zensur.literature.at/, zuletzt eingesehen am 12.1. 2010.

Brecht, Bertolt: Die Tage der Commune. In: Brecht, Bertolt: Gesammelte Werke in 20 Bänden Stücke 5. Frankfurt am Main: Suhrkamp 1967.

Engels, Friedrich; Marx Karl: Manifest der kommunistischen Partei. Stuttgart: Reclam 1999.

Fallada, Hans: Bauer, Bonzen, Bomben. Reinbek bei Hamburg: Rowohlt Taschenbuch 2009 .

Fink, Gonthier-Louis: Goethe et la Révolution Française. In: Recherches Germaniques 20. 1990. (S. 3-47.)

Goethe, Johann Wolfgang: Egmont. Stuttgart: Reclam 1993.

Himes, Chester: Plan B. Zürich: Unionsverlag 2000.

O'Casey, Sean: The Plough and the Stars. In: O'Casey, Sean: Three Dublin Plays. London: Faber and Faber 1998.

Schiller, Friedrich: Wilhelm Tell. In: Schiller, Friedrich: Sämtliche Werke. Bd.2. Dramen II. Müchen: Carl Hanser 1960.

Siegert, Wolf: Die Furcht vor der Kommune. Untersuchung und Bedeutung von Bertolt Brechts ‚Die Tage der Commune'. Frankfurt am Main: Peter Lang 1983.

Soboul, Albert: Kurze Geschichte der Französischen Revolution. Berlin: Wagenbach 2000.

Völker, Klaus: Irisches Theater II: Sean O'Casey. Hannover: Friedrich, Velber 1968

Zola, Emile: Germina". In: Zola, Emile: Les Rougon-Macquart. Paris: Gallimard 1964.

„Do thou, great liberty, inspire our souls"

Addisons Freiheitskonzepte und ihre Rezeption in Deutschland und der Schweiz

Ludwig Kevora

[Addison, Joseph]: Tatler No. 161. In: The Tatler. Herausgegeben von Donald F. Bond. Volume II. Oxford: Clarendon Press 1987.

Addison, Joseph: Cato. A Tragedy. In: Bohn, Henry G.: The Works of Joseph Addison, with notes by Richard Hurd. Volume I. London: Bell 1909.

Bodmer, Johann Jakob: Kritische Betrachtungen über die poetischen Gemälde der Dichter. Frankfurt am Main: Athenäum 1971.

Buhr, Heiko: ‚Sprich, soll denn die Natur der Tugend Eintrag tun?' Studien zum Freitod im 17. und 18. Jahrhundert. Würzburg: Königshausen und Neumann 1998.

Gottsched, Johann Christoph: Sterbender Cato. Stuttgart: Reclam 2007.

Gottsched, Johann Christoph: Cato ist nicht als ein unüberwindlicher Weiser gestorben. In: Gottsched, Johann Christoph: Ausgewählte Werke. Herausgegeben von P. M. Mitchell. 9. Band, 2. Teil. Berlin / New York: de Gruyter 1976.

Johnson, Samuel: Joseph Addison, 1672–1719. In: Johnson, Samuel: Lives of the English Poets. Volume 1. London / Toronto / New York: Dent and Dutton 1925.

‚O' [= Addison, Joseph.]: Spectator No. 411–421. In: The Spectator. Herausgegeben von Donald F. Bond. Volume III. Oxford: Clarendon Press 1965.

Vetter, Th.: J. J. Bodmer und die englische Literatur. In: Stiftung Schnyder von Wartensee: Johann Jakob Bodmer. Denkschrift zum CC. Geburtstag (19. Juli 1898). Zürich: Müller 1900.

Makrynikola, Aik: Βιβλιογραφία Γιάννη Ρίτσου 1924-1989, (Ritsos Jannis Bibliografie 1924-1989). Athen: Εταιρεία Σπουδών Νεοελληνικού Πολιτισμού και Γενικής Παιδείας 1993.

Pierrat, Gerard: „Μία νέα φωνή στην Ευρώπη", („Eine neue Stimme in Europa"). In: Makrynikola, Aik v. [Hg.]: Γιάννης Ρίτσος. Η μακριά πορεία ενός ποιητή, (Jannis Ritsos. Der lange Weg eines Dichters). Übersetzung: Spyros Tsakanas. Athen: Kedros 1978.

Prokopaki, Chrysa: Η Πορεία προς τη Γκραγκάντα ή οι περιπέτειες του οράματος, (Der Weg zur Graganta oder die Abenteuer der Vision). Athen: Kedros 1981.

Ricks, David: Problems in the translation of Romiosini. In: Makrynikola , Aik v. [Hg.]: Ο ποιητής και ο πολίτης Γιάννης Ρίτσος, (Der Dichter und der Bürger Jannis Ritsos). Athen: Kedros 2008.

Seyppel, Joachim: Hellas. Geburt einer Tyrannis. Impressionen Analysen Dokumente. Berlin: Blanvalet 1968.

Werner, J: Mein Jannis Ritsos. In: Philia 1. 2006.

Ritsos, Jannis: Mikis Theodorakis Poesiealbum. Übersetzung: Bernd Jentzsch und Klaus-Dieter Sommer. Berlin: Neues Leben 1967.

Ritsos, Jannis: Die Wurzeln der Welt. Übersetzung: Bernd Jentzsch und Klaus-Dieter Sommer. Berlin: Volk und Leben 1970.

Ritsos, Jannis: Die Bäume brauchen diesen Himmel ganz. Hommage à Iannis Ritsos. Texte zur Aufführung im Rahmen des 11. Festivals des politischen Liedes, Kantate für Makronisos (Mikroutsikos / Ritsos), Romiosini (Theodorakis / Ritsos). Übersetzung: Asteris Kutulas und Peter Zacher. Berlin: Junge Welt 1981.

Ritsos, Jannis: Gedichte. Übersetzung: Vagelis Tsakiridis. Berlin: Klaus Wagenbach 1968.

Ritsos, Jannis: Zeugenaussagen. Mit einer Vorbemerkung von Eleni N. Kazantzaki und einer Einleitung von Max Frisch. Übersetzung: Argyris Sfountouris. Zürich: Sonderheft Propyläa 1968.

Ritsos, Jannis: Mit dem Maßstab der Freiheit.... Übersetzung: Isidora Rosenthal-Kamarinea, Ahrensburg: Damokles Verlag 1971.

Ritsos, Jannis: Steine, Wiederholungen, Gitter. Übersetzung: Armin Kerker. Berlin: Rotbuch 1980.

Ritsos, Jannis: Die Einleitung zu den Zeugenaussagen. In: Jannis, Ritsos: Steine Knochen Wurzeln. Essays und Interviews. Übersetzung: Asteris Kutulas. Leipzig / Weimar: Kiepenheuer 1989.

Ritsos, Jannis: Über das Ablegen der Masken. Gespräch mit Intellektuellen auf Zypern. In: Jannis, Ritsos: Steine Knochen Wurzeln. Essays und Interviews. Übersetzung: Asteris Kutulas. Leipzig / Weimar: Kiepenheuer 1989.

Ritsos, Jannis: Über Majakowski. In: Jannis, Ritsos: Steine Knochen Wurzeln. Essays und Interviews. Übersetzung: Asteris Kutulas. Leipzig / Weimar: Kiepenheuer 1989.

Ritsos, Jannis: Deformationen. Eine innere Biographie. Gedichte Texte Begegnungen 1930-1990. Übersetzung: Asteris Kutulas. Köln: Romiosini 1996.

Jannis Ritsos: Ein Traum von Leben und Brot. Jannis Ritsos und sein Griechenland. Regie: Pantelis Voulgaris und Armin Kerker 1987.

Kampf für die Freiheit – Literatur für die Freiheit

Zur Bedeutung autobiographischer Werke von Kärntner SlowenInnen für die Holocaustliteratur

Judith Goetz

Baumgartner, Andreas; Girstmair, Isabella; Kaselitz, Verena [Hg.Innen]: Wer widerstand? Who resisted?. Mauthausen: Edition Mauthausen 2008.

Berner, Michael: Authentische Erinnerung als Konstrukt. Binjamin Wilkomirskis „Bruchstücke" - Analyse einer fiktiven Holocaust-Autobiographie. Wien: Diplomarbeit 2006.

Detela, Lev [Hg.]: Wege der Selbstbehauptung. Die neue slowenische Literatur. Wien Autorenkollektiv d. Zeitschr. für Internat. Literatur LOG. Wien: Verein Literaturzeitschriften Autorenverlag – VLA 1993.

Haas, Hanns; Stuhlpfarrer, Karl: Österreich und seine Slowenen. Wien: Löcker & Wögenstein 1977.

Haderlap, Anton: Graparji. So haben wir gelebt. Erinnerungen eines Kärntner Slowenen an Frieden und Krieg. Übersetztung: Klaus Aman; Mekta Wakounig. Klagenfurt/Celovec: Drava 2008.

Jelen, Tone: Auf den Spuren der Hoffnung. Odyssee eines Kärntner Slowenen 1938-1945. Übersetztung: Vida Obid; Andreas Pittler; Helena Verdel. Klagenfurt/Celovec: Drava 2007.

Kokot, Andrej: Das Kind, das ich war. Erinnerungen an die Vertreibung der Slowenen aus Kärnten. Übsetzung von Autor. Klagenfurt/Celovec: Drava 2007.

Kolenik, Lipej: Für das Leben, gegen den Tod. Mein Weg in den Widerstand. Übersetzung: Köstler, Erwin. Klagenfurt/Celovec: Drava 2001.

Kuhar, Helena: Jelka. Aus dem Leben einer Kärntner Partisanin. Klagenfurt/Celovec: Drava 2009.

Kukovica, Franc: Als uns die Sprache verboten wurde. Eine Kindheit in Kärnten (1938–1945). Übersetzung: Gertraud Pasterk. Klagenfurt/Celovec: Drava 2008.

Leben, Andreas: Vereinnahmt und ausgegrenzt. Die slowenische Literatur in Kärnten. Klagenfurt/Celovec: Drava-Verlag 1994.

Prusnik-Gasper, Karel: Gemsen auf der Lawine. Der Kärntner Partisanenkampf. Übersetztung: Florjan Lipuš; Avguštin Malle; Gerri. Klagenfurt/Celovec: Drava 1984.

Tálos, Emmerich; Hanisch, Ernst; Neugebauer, Wolfgang [Hg.]: NS-Herrschaft in Österreich. Ein Handbuch. Wien: ÖBV & HPT Verlag 2000.

Herausgeberinnen

Ursula Ebel studiert an der Universität Wien Komparatistik und MA Gender Studies. Erasmus-Aufenthalt: Université Paris-Créteil XII, Université Denis Diderot Paris VII; 2009/2010 einjähriger Studienaufenthalt an der Humboldt Universität Berlin.

Sophie Lembcke studiert an der Universität Wien Komparatistik, im Nebenfach: Theater-, Film- und Medienwissenschaft und Philosophie. Erasmus-Aufenthalt: Université Denis-Diderot Paris VII, Paris XII und Sorbonne-Nouvelle Paris III.

Autor/innen

Sonsoles Aramburu studiert an der Universität Zürich im Hauptfach Kunstgeschichte, im ersten Nebenfach Komparatistik und im zweiten Nebenfach Philosophie.

Susanne Bach studierte an der Universität Heidelberg und in London Germanistik, Politische Wissenschaft und Pädagogik. Seit 2009 arbeitet sie an ihrer Dissertation über Identitäts- und Heimatskonstruktionen in ostdeutscher Prosa nach 1989.

Maria Biza studiert an der LMU München im Hauptfach Neogräzistik und Komparatistik im Nebenfach.

Agatha Frischmuth studiert an der LMU München im Hauptfach Komparatistik und im Nebenfach Amerikanische Literaturgeschichte. 2008/09 Erasmus-Aufenthalt am King's College in London.

Judith Goetz studiert an der Universität Wien Literaturwissenschaft und Politikwissenschaft. Studienaufenthalte an der Univerza v Ljubljani und an der Universidad de Buenos Aires.

Andreas Haller studierte an der Universität Bonn und Konstanz im Hauptfach Komparatistik und in den Nebenfächern Kunstgeschichte und Philosophie. Nun promoviert er an der Universität Bonn im Fachbereich der Komparatistik.

Jule_Jakob Hesseler studiert an der Freien Universität Berlin im Hauptfach Philosophie und in den Nebenfächern Komparatistik und Französisch.

Martin Hinze studiert an der Universität Göttingen und Berlin Komparatistik im Hauptfach und in den Nebenfächern Slavische Philologie und Osteuropäischen Geschichte. Studienaufenthalt an der Universität Kazan.

Bettina Huppertz studiert an der Universität Bonn und an Università degli Studi di Firenze Deutsch-Italienische Studien (Master).

Patricia Jäggi studiert an der Universität Zürich Kulturanalyse (Master) und Komparatistik.

Ludwig Kevora studiert an der Karl-Franzens-Universität in Graz Philosophie mit der Fächerkombination Bühne, Film und andere Medien.

Martina Kigle hat die Universitäten Freiburg, Basel und Sorbonne Paris IV in den Fächern Germanistik, (M.A. Hauptfach) Kunstgeschichte und Politikwissenschaft (M.A. Nebenfächer) besucht und studiert jetzt an der LMU München Neuere Deutsche Literatur (M.A. Hauptfach), Komparatistik und Politikwissenschaft (M.A. Nebenfächer) im Hauptstudium.

Sebastian Kletzl studiert an der Universität Wien Philosophie.

Johannes Lau studiert an der Universität Wien im Hauptfach Komparatistik und im Nebenfach Theater-, Film- und Medienwissenschaft.

Vazul Litkey studiert an der Universität Wien Komparatistik und Geschichte.

Petr Píša studiert an der Univerzita Karlova v Praze, Geschichte und Germanistik. Erasmus-Aufenthalt Universität Heidelberg. Studienaufenthalt mit Aktion Österreich-Tschechien in Wien. Der Beitrag ist im Rahmen von Grantprojekt GA ČR P406/10/2127 (Literární cenzura v obrysech. Administrativní kontrola a regulace literární komunikace v české kultuře 19. a 20. století) entstanden.

Clara Polley studiert an der Freien Universität Berlin Geschichte (Master).

Philipp Ramer studiert an der Universität Zürich im Hauptfach Germanistik, im ersten Nebenfach Kunstgeschichte und im zweiten Nebenfach Komparatistik.

Samuel Rusch studiert an der Universität Zürich im Hauptfach Philosophie, im ersten Nebenfach Komparatistik und im zweiten Nebenfach Musikwissenschaft.

Sabine Schönfellner studiert an der Universität Wien Komparatistik und Skandinavistik. 2009 Auslandsaufenthalt an der Universität Aarhus.

Samir Sellami studiert an der Freien Universität im Hauptfach Komparatistik und im Nebenfach Philosophie.

Dragica Stojković studiert an der Universität Zürich im Hauptfach Psychologie, im ersten Nebenfach Komparatistik und im zweiten Nebenfach: Erziehungswissenschaft.

Zeitfracht Medien GmbH
Ferdinand-Jühlke-Straße 7
99095 Erfurt, Deutschland
produktsicherheit@kolibri360.de